Jörg Hagen

Wettbewerbsstrategien im europäischen
Audiovisionsbereich

Jörg Hagen

Wettbewerbsstrategien im europäischen Audiovisionsbereich

Springer Fachmedien Wiesbaden GmbH

Die Deutsche Bibliothek — CIP-Einheitsaufnahme

Hagen, Jörg:
Wettbewerbsstrategien im europäischen Audiovisionsbereich /
Jörg Hagen.
(DUV: Wirtschaftswissenschaft)
Zugl.: Köln, Univ., Diss., 1995
ISBN 978-3-8244-0272-4   ISBN 978-3-663-12446-7 (eBook)
DOI 10.1007/978-3-663-12446-7

© Springer Fachmedien Wiesbaden 1995
Ursprünglich erschienen bei Deutscher Universitäts-Verlag GmbH, Wiesbaden 1995

Lektorat: Monika Mülhausen

Gedruckt auf chlorarm gebleichtem und säurefreiem Papier

ISBN 978-3-8244-0272-4

VORWORT

Dieser Arbeit liegt meine Dissertation "Wettbewerbsstrategien von Medienunternehmen im Audiovisionsbereich - unter besonderer Berücksichtigung des europäischen Marktes" zugrunde, die ich im Dezember 1994 zur Erlangung des Doktorgrades an der Wirtschafts- und Sozialwissenschaftlichen Fakultät der Universität zu Köln einreichte.

Das Thema hat seitdem nichts von seiner Aktualität verloren. Die europäische Rundfunklandschaft steckt in einem dramatischen Umbruch, ausgelöst durch die Auflösung der staatlichen Monopole und des rasanten technischen Fortschritts im Audiovisionsbereich. Durch die Privatisierung des Rundfunks entwickelte sich in den vergangenen Jahren ein neuer Industriezweig mit hohen Wachstumsraten und Investitionen in Milliardenhöhe. Inzwischen haben auch die amerikanischen Medienkonzerne die Attraktivität dieses relativ neuen Wirtschaftsraums erkannt und versuchen nun, ihren Erfahrungs- und Ressourcenvorsprung gegenüber ihrer europäischen Konkurrenz strategisch auszunutzen.

Die Analyse zeigt, daß Medienkonzerne ihre Stellung nur dann erfolgreich ausbauen können, wenn sie mit ihren Produkten international präsent sind und über alle Stufen der Verwertungskette eines Medienprodukts verfügen. Im Alleingang kann dies heute kein Unternehmen mehr leisten. Vielmehr ist es zunehmend auf Koalitionen angewiesen. Diese Notwendigkeit zur Kooperation wird sich im Rahmen der heute schon absehbaren Integration von Telekommunikations-, Medien- und Computerindustrie noch verstärken.

Ohne den Beistand zahlreicher Freunde und Berater wäre diese Arbeit nicht zustandegekommen. Mein Dank gilt zunächst meinem akademischen Lehrer und Doktorvater, Herrn Professor Dr. Günter Sieben, der diese Arbeit tatkräftig unterstützte. Bedanken möchte

VI

ich mich insbesondere auch bei Rafael Kübler, dessen wertvolle inhaltliche Anregungen und persönlicher Einsatz entscheidend zum Gelingen beigetragen haben. Besonders dankbar bin ich nicht zuletzt meiner Frau Andrea, Regina Laska, Maria-Luise Schmidt-Ohr und meiner Mutter. Ohne ihren Einsatz bei Lay-out, Korrektur, Graphik, Literaturrecherche sowie bei der Beschäftigung meiner kleinen Tochter Lisa hätte diese Arbeit niemals ihr jetziges Gesicht bekommen.

Jörg Hagen

INHALTSVERZEICHNIS

ABBILDUNGSVERZEICHNIS

ABKÜRZUNGSVERZEICHNIS

AA	Advertising Age
ABC	American Broadcasting Company
AM	Acquisitions Monthly
AMIT	American Market for International Television
AMJ	Academy of Management Journal
AMR	Academy of Management Review
ARD	Arbeitsgemeinschaft der öffentlich-rechtlichen Rundfunkanstalten der Bundesrepublik Deutschland
BBC	British Broadcasting Corporation
BJE	Bell Journal of Economies
BSB	British Satellite Broadcasting
BSkyB	British Sky Broadcasting
BVerfG	Bundesverfassungsgericht
CAGR	Compound Annual Growth Rate
CBS	Columbia Broadcasting Corporation
CJWB	The Columbia Journal of World Business
CMR	California Management Review
CNN	Cable News Network
CNCL	Conseil National de la Communication et des Libertés
CPB	Corporation for Public Broadcasting
CPM	Kosten pro Tausend (Zuschauer) für eine Werbeeinheit
CSA	Conseil Superieur de l'Audiovisuel
CSE	Cable and Satellite Europe
DGT	Direction Générale des Télécommunications
d.h.	das heißt
EBU	European Broadcasting Union
ECU	European Currency Unit
etc.	et cetera
EU	Europäische Union
FAZ	Frankfurter Allgemeine Zeitung
FCC	Federal Communications Commission
FinSyn rules	Financial Interest /Syndication rules
FR	Frankfurter Rundschau

FT	Financial Times
FTC	Federal Trade Commission
HB	Handelsblatt
HBO	Home Box Office
HBR	Harvard Business Review
HDTV	High Definition Television
HR	The Hollywood Reporter
IBA	Independent Broadcasting Authority
IJA	International Journal of Advertising
ITAP	Information Technology Advisory Panel
ITC	Independent Television Commission
ITV	Independent Television
JA	Journal of Advertising
JBS	Journal of Business Strategy
JC	Journal of Communication
JEBO	Journal of Economic Behaviour & Organization
JIBS	Journal of International Business Studies
JIE	The Journal of Industrial Economics
JM	Journal of Marketing
JoGM	Journal of General Management
KEF	Kommission zur Ermittlung des Finanzbedarfs
La S.E.P.T.	Société d'Edition de Programmes de Télévision
LEI	Les Echos Industrie
MAC	Multiplex Analogue Component
M & A	Mergers & Acquisitions
MB	Medien Bulletin
MCS	Media, Culture and Society
MIR	Management International Review
MP	Media Perspektiven
MQ	McKinsey Quarterly
MS	Management Science
MTV	Music Television
NAB	National Association of Broadcasters
NBC	National Broadcasting Corporation
NYM	New York Magazine

NYT	New York Times
PAL	Phase Alternation by Line
PBS	Public Broadcasting Service
PpV	Pay-per-View
PTAR	Prime Time Access Rule
QRFS	Quarterly Review of Film Studies
RAI	Radiotelevisione Italiana
RuF	Rundfunk und Fernsehen
SECAM	Séquentiel á Mémoire
SES	Societé Europeénne des Satellites
SMJ	Strategic Management Journal
SMR	Sloan Management Review
S & P	Standards & Poor's
TDF	Télédiffusion de France
TH	The Historian
UCI	United Cinema International
Var.	Variety
VSA	Veronis, Suhler & Associates
WA	Wide Angel
WBIT	Warner Bros. International Theaters
WSJ	Wall Street Journal
WSJE	Wall Street Journal Europe
ZDF	Zweites Deutsches Fernsehen

I. EINLEITUNG

1. Vorbemerkungen

Die europäische Rundfunklandschaft befindet sich in einem dramatischen Umbruch. In den vergangenen Jahren sind in den meisten
Ländern die seit Jahrzehnten bestehenden staatlichen Rundfunkmonopole aufgebrochen worden; eine Vielzahl von privaten Fernsehveranstaltern konnte sich inzwischen z.T. erfolgreich im Markt
etablieren.[1] Diese Entwicklung löste eine merklich steigende
Nachfrage nach audiovisuellen Produkten aus. Darüber hinaus
wurden mit dem Einzug des Videos neue Produktmärkte geschaffen,
und mit der Einführung des Zahlfernsehens etablierte sich eine
neue Form des Fernsehkonsums. Diese Entwicklung setzt sich fort.

Ausgelöst wurden diese durchgreifenden Veränderungen vor allem
durch den technologischen Fortschritt.[2] Die Existenz staatlicher
Monopole wurde in erster Linie mit der begrenzten Anzahl der für
die Ausstrahlung von Programmen zur Verfügung stehenden terrestrischen Frequenzen begründet. Ausgewogene, pluralistische
Programmkonzepte für die technisch realisierbaren zwei bis drei
Vollprogramme sah man in der Regel durch private Anbieter nicht
gewährleistet.[3] Die politischen Kräfte widersetzten sich aber auch
aus eigenem Interesse einer Privatisierung des öffentlichen Rundfunks: Sie sahen das Massenmedium Fernsehen als wichtigen Ein-
flußfaktor an, von dem sie sich nur ungern trennen wollten.[4]

---

[1] Als Beispiele lassen sich RTL Plus und Pro 7 in Deutschland, die zum
Fininvest Konzern gehörenden Sender Italia 1, Rete 4 und Canale 5 in
Italien sowie Canal + in Frankreich anführen.

[2] "It is a truism to state that communications are undergoing rapid and
comprehensive change. New technologies and new ideologies are re-
articulating the relations between old-established communication media."
Collins (1990), S. 1.

[3] Vgl. Kap. III.1 und III.2.

[4] Vgl. Bullinger (1988), S. 62, vgl. auch Noam (1991), S. 150, zur Situation
in Italien, und Kuhn (1985), S. 50, zur Lage in Frankreich; vgl. hierzu
ebenfalls Noam (1991), S. 95.

Mit dem Einzug von Satellitentechnik und Kabeltechnologien entstanden Alternativen zu den terrestrischen Übertragungswegen, die das Argument für den Ausschluß privater Rundfunkveranstalter obsolet werden ließen. Gleichzeitig mußten sich die jeweiligen Regierungen mit einer weiteren Konsequenz des technischen Fortschritts auseinandersetzen: Mit Hilfe der Satellitentechnik blieb die Ausstrahlung von Programmen erstmals nicht mehr ausschließlich auf das nationale Territorium beschränkt, sondern überschritt alle Grenzen und damit zwangsläufig auch den rechtlichen Zuständigkeitsbereich der jeweiligen Regierungen. Diese Veränderungen - und schließlich auch höchstrichterliche Entscheidungen[5] - haben in den wirtschaftlich wichtigsten europäischen Ländern[6] dazu geführt, daß sich mit einer erheblichen Dynamik private Programmveranstaltung entwickeln konnte.

2. Problemstellung und Zielsetzung

Dieser Prozeß hat eine ganze Reihe von Folgeentwicklungen ausgelöst, die sich wiederum wechselseitig beeinflußten. In Europa entstand in den vergangenen Jahren ein neuer Industriezweig im Medienbereich, der ein hohes Wachstum verspricht. Medienunternehmen, die vorwiegend aus dem Verlagsgeschäft stammen, entdeckten die Audiovisionsindustrie als ein neues Wachstumsfeld. Aus strategischen und finanziellen Gründen war und ist es auch heute noch ihr Ziel, diese Märkte zu besetzen.[7] Die Investitionsmittel, die in die audiovisuellen Medien fließen, haben inzwischen eine Milliarden-DM-Größenordnung erreicht. Diese Marktentwicklung resultiert zum einen aus der hohen Nachfrage der Werbetreibenden, die in der Vergangenheit wegen der beschränkten Anzahl an Werbeträgern und den umfangreichen Werbe-Restriktionen der öffentlichen Programme ihre Budgets nicht optimal plazieren

---

[5] Vgl. Kap. III.2.

[6] Gemeint sind Frankreich, Großbritannien, Italien und Deutschland. Diese Länder repräsentierten 1985 ca. 83 Prozent des europäischen Audiovisionsmarkts und haben sich seitdem noch schneller entwickelt als der europäische Durchschnitt. Vgl. hierzu Jeandou (1988), S. 5.

[7] In Deutschland sind dies vor allem die Verlagshäuser Springer, Bertelsmann und Burda; in Frankreich z.B. Hachette und Havas und in Großbritannien beispielsweise der Verlag Pearson sowie der Elektronik- und Musikkonzern Thorn-EMI.

konnten. Zum anderen zeigt auch der Konsument großes Interesse an einer höheren Vielfalt des audiovisuellen Angebots. Für eine größere Auswahl an Programmen ist der Verbraucher auch durchaus bereit, einen direkten Beitrag zu leisten, z.B. im Rahmen eines Abonnements (Pay-TV) oder durch Erwerb einer Satellitenempfangsanlage.

Die Nachfrage potentieller Programmveranstalter und der bei den Konsumenten geweckte Bedarf nach mehr Programmen hatte noch einmal einen zusätzlichen Pull-Effekt auf die Entwicklung der Übertragungswege. Die bis dahin für die Übertragungswege zuständigen Telekommunikationsbehörden konnten sich dem Wandel nicht entziehen. Für sie gelten in zunehmendem Maße Marktmechanismen, die sie bei ihren Aktivitäten in der Zukunft akzeptieren müssen.[8] Die Telekommunikationsbehörden haben deshalb bereits in großem Umfang in die Verbreitung von Kabelanschlüssen sowie in die Satellitentechnik investiert. Darüber hinaus wurden mit Hilfe neuer Technologien die Übertragungskapazitäten von terrestrischen Frequenzen erhöht. Auch organisatorisch haben sie damit begonnen, sich in am Markt leistungsfähige Unternehmen umzuwandeln, um wettbewerbsfähig zu bleiben.

Die technischen, rechtlichen und wirtschaftlichen Umbrüche im Audiovisionsbereich hatten aber noch eine weitere Konsequenz: Die Entstehung von Märkten mit attraktivem Wachstumspotential ließ den europäischen Raum auch für die amerikanischen Medienunternehmen interessant werden. Während in der Vergangenheit Europa lediglich als margenerhöhender Absatzmarkt bereits amortisierter Film- und Fernsehprodukte galt, da mit den vorherrschenden Monopolstrukturen keine hohen Umsätze zu tätigen waren, stehen diese Unternehmen heute vor der strategischen Herausforderung, diesen seit der Deregulierung attraktiven Wirtschaftsraum gewinnbringend zu nutzen. Dabei haben sie gegenüber ihrer europäischen Konkurrenz aufgrund der bei weitem weiterentwickelten amerikani-

---

[8]   So ist ihnen in Europa beispielsweise mit dem Betreiber des luxemburgischen Astra-Satellitensystems erstmals ein ernstzunehmender Konkurrent erwachsen, der mit den öffentlichen Anbietern im Hinblick auf die Vermietung von Transpondern im Wettbewerb steht. "The existence of the Astra services testifies to the rapid erosion of national communication sovereignty in the satellite era." Collins (1990), S. 111.

schen Audiovisionsindustrie einen immensen Erfahrungs- und Ressourcenvorsprung.

Für die europäischen Medienhäuser stellt sich die unternehmeri-sche Herausforderung gleich in zweifacher Weise. Sie verfügen noch über wenig, bzw. keine Produkterfahrung, weder im Betrieb von Fernsehsendern noch in der Programmproduktion. Damit stellt sich für sie die Frage der optimalen Ressourcenallokation auf na-tionaler und internationaler Ebene. Darüber hinaus müssen sie ein Strategiekonzept entwickeln, das festlegt, in welcher Form sie einer starken amerikanischen Konkurrenz begegnen wollen.

Entscheidenden Einfluß werden in diesem Zusammenhang die in-dustriepolitischen Weichenstellungen auf nationaler und europäi-scher Ebene nehmen. Damit ist in erster Linie der strukturelle Rahmen gemeint, der Regeln für die Werbung, Programmquoten und Medienkonzentration festlegt. Eine wichtige Rolle spielt letzten Endes aber auch der Grad der Einflußnahme durch den Staat - und zwar sowohl als Gesetzgeber als auch als konkurrierender Pro-grammveranstalter. Vor allem auf europäischer Ebene besteht hier noch erheblicher Handlungsbedarf.

Die vorliegende Arbeit hat zunächst zum Ziel, diesen Handlungsbe-darf darzustellen sowie ein Konzept zu erarbeiten, das einer me-dienindustriellen Entwicklung in Europa Rechnung tragen soll. In der Analyse dieser Entwicklung geht es nicht darum, die spezifi-schen Strukturen eines jeden Landes darzustellen. Ziel ist es viel-mehr, in einem länderübergreifenden Ansatz die ökonomischen Probleme aufzuzeigen, die sich durch die erheblichen Marktverän-derungen ergeben werden.

Schwerpunkt der Arbeit ist es daher, die Strukturen und Entwick-lungstendenzen im europäischen Audiovisionsbereich darzustellen und zu analysieren, um daraus Schlüsse für die künftigen Wettbe-werbsstrategien der Medienunternehmen zu ziehen.[9] Hierbei wird in erforderlichem Umfang auch auf die amerikanischen Strukturen

---

[9] "Thinking strategically about the present and future of mass communication requires an understanding of what organizations and industries are, how they operate, and how the relate to society at large." Turow (1992), S. 19.

eingegangen. Die amerikanische Audiovisionsindustrie ist sehr komplex und unterliegt laufenden Veränderungen.[10] Eine Analyse der Entwicklung in den USA ermöglicht

"[...] de construire des hypothèses de développement de la télévision du marché unique européen (formes de financement, d'organisation, de stratégies)".[11]

Es ist erstaunlich, wie wenig Aufmerksamkeit die deutsche Betriebwirtschaft diesen medienökonomischen Prozessen widmet. "Eine 'Betriebswirtschaft der Neuen Medien' ist in der deutschsprachigen Literatur bisher kaum in Gang gekommen, [...]."[12] Diese Arbeit soll daher dazu beitragen, dieses wissenschaftliche Defizit zu verringern.

3. Vorgehensweise

Nach einer Einführung in medienökonomische Grundbegriffe und einer kurzen Übersicht zur Strategieforschung im zweiten Kapitel werden im dritten Kapitel die technischen und rechtlichen Rahmenbedingungen herausgestellt, die für das Verständnis der Medienmärkte eine wichtige Voraussetzung sind. Hierbei orientiert sich die Bestandsaufnahme an den wirtschaftlich bedeutendsten europäischen Audiovisionsmärkten in den Ländern Frankreich, Großbritannien, Italien und Deutschland.[13] Zum Vergleich wird kurz die medienrechtliche Entwicklung in den USA dargestellt.

Das vierte Kapitel wird durch eine Analyse der Industriestrukturen bestimmt. Industriestrukturen haben einen ganz erheblichen Einfluß auf die Entwicklung von Wettbewerbsstrategien, da sie gewissermaßen den Rahmen vorgeben, in dem sich die Unternehmen be-

---

[10] "En effet, sur ce marché, le rythme des innovations, des changements des structures, des fusions d'entreprises est tel que toute description, a peine achevée, se trouve périmée." Bonnell (1989), S. 421

[11] Mariet (1990), S. 10.

[12] Schenk (1989), S. 9; vgl. auch Kopper (1982), S. 102.

[13] Vgl. Jeandou (1988), S. 5.

wegen, und die Profitabilität maßgeblich bestimmen.[14] Die Analyse dieser Strukturen umfaßt sowohl eine Einschätzung des Marktpotentials als auch eine detaillierte Untersuchung der Produkte. Um die anstehenden Marktumwälzungen richtig einschätzen zu können, ist hierbei erneut eine Analyse der amerikanischen Verhältnisse, deren Entwicklung gegenüber Europa einen zeitlichen Vorsprung von mehreren Jahrzehnten hat, unabdingbar.

Im fünften Kapitel werden nach einer kurzen Einführung zur erkennbar wachsenden Medienkonzentration die bestimmenden Marktteilnehmer vorgestellt. Dies erlaubt eine erste Bewertung der Wettbewerbsposition und damit der unterschiedlichen Herausforderungen, die sich den jeweiligen Medienunternehmen stellen. Zunächst wird hierfür der theoretische Rahmen für ein Strategiekonzept festgelegt. Aus diesem Konzept werden anschließend die als erforderlich angesehenen Wettbewerbsstrategien abgeleitet und zwar getrennt für die beiden wesentlichen Bestandteile der Audiovisionsindustrie: Die Produktion von audiovisuellen Werken und ihre Distribution sowie die Veranstaltung von Fernsehprogrammen.

---

[14] "In achieving favorable performance it is striking how important industry characteristics can be." Bettis/Mahajan (1985), S. 796; vgl. hierzu auch Prahalad/Bettis (1986), S. 487; Porter (1980), S. 3.

II. MEDIENÖKONOMISCHE UND STRATEGISCHE GRUNDLAGEN

Das folgende Kapitel stellt die Grundlagen dieser Arbeit dar. Diese umfassen zwei Bestandteile: Zunächst werden in einem kurzen Überblick zur Medienindustrie die jeweiligen Sektoren vorgestellt und anschließend einige medienökonomische Besonderheiten aufgezeigt. Der zweite Teil des Kapitels befaßt sich mit den Grundlagen zur Unternehmensstrategie und hier vor allem mit einer Übersicht zu den vorhandenen Strategiekonzepten.

1. Überblick zur Medienindustrie

Dieses Kapitel behandelt die Grundlagen der Medienindustrie[1], d.h., die ökonomischen Bedingungen und Aspekte der Massenmedien im allgemeinen und der Audiovisionsindustrie im speziellen. Massenmedien lassen sich definieren als "[...]the technological vehicles through which mass communication takes place."[2] Hierzu gehören u.a. Tageszeitungen und Publikumszeitschriften; bei elektronischen Medien insbesondere der Hörfunk und das Fernsehen.

Massenkommunikation wiederum beschreibt die Schaffung und Verbreitung von Informationen unter Einsatz bestimmter Technologien und industrieller Prozesse. Insofern umfaßt dieser Begriff "[...] the industrialized production, reproduction, and multiple distribution of messages through technological devices."[3]

Massenmedien und Massenkommunikation haben eine wirtschaftswissenschaftliche und eine sehr starke sozialwissenschaftliche Komponente. Kein anderer Industriezweig beeinflußt die gesell-

---

[1] Der Begriff Medium kann definiert werden als: "Alles, was für und zwischen Menschen ein 'bedeutungsvolles' Zeichen mit Hilfe geeigneter Transmitter vermittelt und zwar über zeitliche und/oder räumliche Distanzen hinweg." Ronneberger (1991), S. 31.

[2] Turow (1992), S. 9.

[3] Ebenda, S. 10.

schaftliche Entwicklung so stark wie die Medienindustrie. Als wirtschaftswissenschaftliche Arbeit ist der Fokus im folgenden jedoch
auf die industriellen Prozesse und Zusammenhänge gerichtet.

1.1 Sektoren der Medienindustrie

Der Medienbereich läßt sich entsprechend der jeweiligen Produkt-
merkmale in drei verschiedene Sektoren unterteilen. Dabei bieten
sich als Einteilungskriterien die Produktionsform und die Art der
Kommunikation an.[4] Bücher, Zeitungen und Zeitschriften sind ge-
druckte Erzeugnisse, die vom Rezipienten visuell aufgenommen
werden. Diese Produkte werden im allgemeinen unter dem Begriff
"Verlagsgeschäft" subsumiert. Der zweite Sektor umfaßt Medienprodukte, die vom Rezipienten ausschließlich in auditiver Form
konsumiert werden. Dazu zählen die Musikproduktion und der Betrieb von Radios. Der dritte Teilbereich besteht aus den audiovisuellen Medien, d.h. den Medien, die Bild und Ton kombinieren.

• Der Verlagssektor

Das Verlagsgeschäft kann in die beiden Bereiche Buchver-
lag und Verlag von Presseerzeugnissen unterteilt werden.
Zum Pressebereich werden Zeitungen und Zeitschriften gezählt. Buchverlage lassen sich nach ihrem Zielmarkt in
Publikums- und Fachverlage unterscheiden. Gleiches gilt für
die Einteilung der Zeitschriften.

Während der Tageszeitungsmarkt offensichtlich den Sätti-
gungsgrad erreicht hat, ist im Zeitschriftenbereich noch
Wachstum zu verzeichnen. Dies gilt vor allem für den Fach-
zeitschriftenbereich[5] und geographisch für die noch nicht so
weit entwickelten europäischen Länder (vor allem Osteu-
ropa).

• Der Musiksektor

Schwerpunkt des Musikgeschäfts ist die Produktion von
Musikerzeugnissen. Es läßt sich grob in die beiden Ge-

---

[4] Vgl. Picard (1989), S. 23.
[5] Vgl. Wilke (1990), S. 12.

schäftsfelder Tonträger- und Musikverlagsgeschäft unterteilen. Das Tonträgergeschäft schließt die Musikproduktion und den Verkauf über verschiedene Tonträger (CD, Musikkassette, LP) ein. Das Musikverlagsgeschäft umfaßt den Verkauf oder die Vermietung von Rechten an Musikerzeugnissen, wie z.B. die Vermietung von klassischen Stücken an Orchester. Analog zur Definition des Audiovisionsbereichs wird der Betrieb von Radiosendern ebenfalls dem Musiksektor zugerechnet. Der Musikbereich verzeichnete in den 80er Jahren durch die Entwicklung der CD enorme Wachstumsraten.[6]

• Der Audiovisionssektor

Zur Audiovisionsindustrie zählen alle Bereiche aus Fernsehen, Video- und Filmindustrie, die mit einem audiovisuellen Werk verbunden sind. Dazu gehören in erster Linie die Bereiche der Produktion, der Vorführung bzw. Aussendung und der technischen Übertragung als Schnittstelle zur Telekommunikation.[7] Der Übertragungssektor umfaßt den Satelliten- und den Kabelsektor sowie den Bereich der terrestrischen Frequenzen. Zum zweiten Bereich, d.h. der Vorführung und Verbreitung, werden der Kino- und der Videosektor sowie - als inzwischen bedeutendstes Medium - das Fernsehen gezählt.[8] Als Nutzerkriterien gelten für das Kino die Besucher-

---

[6] Der Musikbereich weist seit einigen Jahren einen ähnlichen Trend zur Globalisierung und Konzentration auf wie die Audiovisionsindustrie. Heute dominieren die fünf Medienkonzerne Sony, Time Warner, Bertelsmann, Polygram und Thorn EMI den internationalen Musikmarkt.

[7] Vgl. Peters (1990), S. 56.

[8] Einige Autoren zählen auch die Musik zum Audiovisionsbereich (vgl. z.B. Wilke (1990), S. 26). Betrachtungsgegenstand der Rundfunkökonomie sind Fernsehen und Hörfunk; vgl. Eichhorn (1983), S. 3f. Schenk (1989) bezieht bereits alle elektronischen Medien mit ein. Diesem Ansatz soll in dieser Arbeit jedoch nicht gefolgt werden. Trotz vieler Ähnlichkeiten zwischen Musik- und Filmprodukten - z.B. globales Medienprodukt, Unikate, Hit-Geschäft etc. - und zwischen Hörfunk und Fernsehen - z.B. gleiche Übertragungswege - handelt es sich doch um verschiedene Medienprodukte mit strategischen Unterschieden. Der in dieser Arbeit gewählte Ansatz folgt daher einer Vielzahl von Autoren (stellvertretend seien hier Picard (1989) und Vogel (1990) genannt) sowie - was vor dem Hintergrund des Themas dieser Arbeit unter Umständen noch wichtiger ist - der strategischen Entscheidung der meisten Medienunternehmen zur Trennung dieser Aktivitäten in verschiedenen Unternehmensbereichen (z.B. Time Warner, Sony, MCA). Vgl. Kap. V.2.2. Auch auf rechtlicher

zahl, für Video die Ausleihfrequenzen und die Absatzstück-
zahlen und für das Fernsehen die Einschaltquoten und die
Reichweiten, bzw. die Zahl der Abonnenten.[9]

Der audiovisuelle Markt besitzt heute bereits eine beachtliche wirtschaftliche Bedeutung. In den in dieser Arbeit untersuchten Ländern Frankreich, Italien, Deutschland und Großbritannien hat die
Produktion und Verbreitung von audiovisuellen Werken einen Anteil
von drei Prozent bis fünf Prozent am Bruttoinlandsprodukt.[10] Zusammengenommen lag der Anteil dieser vier Länder an den europäischen Audiovisionsmärkten 1985 bei 83 Prozent.

Der europäische Audiovisionssektor ist vor allem durch drei Entwicklungen, die sich auch gegenseitig bedingt haben, in den letzten
Jahren verändert worden:[11]

• Auflösung von öffentlichen Monopolstrukturen

• Deutliche Vermehrung des Programmangebots

• Verbesserung der technischen Versorgungswege

Diese Umwälzungen haben sich unmittelbar auf die Sektoren der
Programmveranstaltung, d.h. Fernsehen, und der Programmüber-
tragung ausgewirkt. "Television has become more like the highly
competitive, pluralistic magazine industry than the tight-knit oligo-
poly of the television's own first decades."[12]

Mittelbar sind jedoch die Strukturen der gesamten Audiovisionsindustrie in Bewegung geraten. Während Fernsehen und audiovisuelle Produkte vorher vornehmlich unter politischen und kulturellen
Gesichtspunkten gesehen wurden, setzte sich in der Folge sehr
rasch die Betrachtung der audiovisuellen Medien als Wirtschafts-

---

Ebene wird eine Trennung von Fernseh- und Hörfunkaktivitäten als
sinnvoll angesehen. In England gibt es inzwischen für beide Bereiche eine
eigene Kontrollbehörde; vgl. Kap. III.2.1.1.

[9] Vgl. Schrape/Kessler (1989), S. 269.
[10] Vgl. Wenger (1988), S. 26.
[11] Vgl. Wilke (1990), S. 13.
[12] Owen/Wildman (1992), S. 1.

güter durch.[13] Diese Ökonomisierung der Medien hat privaten Unternehmen große Marktchancen eröffnet, die vor allem international ausgerichteten, finanzstarken Medienkonzernen zugute kommen werden.[14]

1.2 Grundlegende medienökonomische Aspekte

Medienökonomie beschäftigt sich grundsätzlich mit der Fragestellung, "how media operators meet the informational and entertainment wants and needs of audiences, advertisers, and society with available resources".[15] Damit sind zum einen die Faktoren angesprochen, die die Herstellung von Medienprodukten beeinflussen und zum anderen das Problem, welche Produkte wie produziert werden und wer die Produkte verbraucht; d.h. die Allokation der Medienprodukte. Die Gesamtheit dieser Faktoren bildet die Marktstruktur und nimmt auf das Verhalten der Marktteilnehmer deutlichen Einfluß.[16]

1.2.1 Spezifika der Medienindustrie

Die Medienindustrie weist eine Besonderheit auf, da sie in einem sogenannten Zwei-Güter-Markt tätig ist.[17] Es wird zwar nur ein Gut hergestellt, aber es werden Güter auf zwei verschiedenen Güter- und Dienstleistungsmärkten angeboten. Dem Konsumenten werden Unterhaltung und Information, dem Werbetreibenden Werbeplätze

---

13 Vgl. Kleinsteuber (1990), S. 42. Für das Fernsehen sprechen Negrine/Papathanassopoulos von einer "reconceptualisation of broadcasting as a market place rather than a place of culture"; vgl. Negrine/Papathanassopoulos (1990), S. 8. Ähnlich dem Pressewesen hat die Fachökonomie auch den Rundfunk als Untersuchungsgegenstand bisher kaum beachtet; vgl. Kruse (1989a), S. 77. Dies gilt freilich - zumindest in Deutschland - auch für die Filmwirtschaft.

14 Vgl. Peters (1990), S. 77.

15 Picard (1989), S. 7; vgl. auch die noch etwas weiter gefaßte Definition von Schenk (1989), S. 4: "Zum Forschungsgegenstand der Medienökonomie gehören die ökonomischen Aspekte des Mediensystems und deren Bedeutung für die Struktur und Funktion des gesamten Informationssystems."

16 Vgl. Zohlnhöfer (1989), S. 42.

17 Vgl. Picard (1989), S. 17; Kruse spricht von Zwei-Güter-Produktion; Kruse (1989a), S. 86.

bzw. Publizität angeboten.[18] "Performance in each market affects performance in the other."[19] Diese Struktur macht es möglich, daß der Konsument nicht immer Geld für den Gebrauch von Medienprodukten zahlen muß; allerdings muß er immer seine Zeit zur Verfügung stellen.[20]

Ein weiteres spezifisches Kennzeichen der Medienindustrie ist, daß der Großteil der Medienprodukte sowohl Merkmale eines öffentlichen als auch eines privaten Gutes aufweist.[21] Ihr Inhalt stellt ein öffentliches Gut dar, während sie an den Verbraucher in Form eines privaten Gutes - z.B. Buch, Zeitung, Videocassette - gelangen. "Television, however, has a public good as its delivery mechanism."[22] Dabei ist es im übrigen unerheblich, ob der Zuschauer für den Konsum zahlen muß oder nicht. "Being able to exclude by enforcing payment does not convert the public good into a private good."[23] Dieser Sachverhalt des öffentlichen Gutes ist bedeutend für die medienökonomische Diskussion der Aktivitäten der gesamten Audiovisionsindustrie.

Die Medienindustrie - und insbesondere die Audiovisionsindustrie - unterscheidet sich von anderen Industrien durch einige spezifische Merkmale, die die Marktprozesse entscheidend bestimmen. Sie sollen im folgenden kurz angesprochen werden:[24]

- Jedes Produkt ist ein Unikat, das nicht reproduzierbar ist. Der Absatzerfolg eines jeden Produktes ist daher nicht ex ante bestimmbar, sondern im Prinzip zufällig. Diese Singularität des Produktes hat u.a. zur Folge, daß Produktivitätszuwächse bei vermehrter Produktion schwach sind.

---

[18] Es ist offensichtlich, daß nur die ganz oder teilweise durch Werbung finanzierten Medien am Zwei-Güter-Markt teilnehmen.

[19] Picard (1989), S. 17.

[20] Vgl. Dittmers (1983), S. 111.

[21] Öffentliche Güter sind vor allem dadurch gekennzeichnet, daß ihr Verbrauch nicht den Nutzen eines weiteren Konsumenten reduziert.

[22] Owen/Wildman (1992),. S.24. Vgl. auch Gläser (1987), S. 123.

[23] Ebenda, S. 92.

[24] Vgl. Bonnell (1989), S. 14.

- Im Zusammenhang mit der Singularität des Produkts gilt auch, daß der Marktwert eines Produktes unabhängig von seinen Kosten ist. Der Absatzerfolg wird nicht von Kosten beeinflußt. Software, die mit hohem Produktionsaufwand hergestellt wurde, ist nicht zwangsläufig am Markt erfolgreicher als ein Produkt geringeren Aufwands.

- Ob in der Software-Produktion oder im Rahmen der Programmveranstaltung: Der Großteil der Kosten fällt an, bevor das Produkt auf dem Markt ist, bzw., bevor das Programm gesendet wird. Dieser hohe Anteil an Fixkosten sowie die Kostenneutralität im Hinblick auf den Erfolg eines Produktes verdeutlichen, daß mit dem Mediengeschäft ein hohes wirtschaftliches Risiko verbunden ist.

- Da der Absatzerfolg nicht bzw. kaum im voraus bestimmt werden kann, ist die Attraktivität jeder einzelnen Produktion sehr unsicher.

- Stellt sich die Investition als Mißerfolg heraus, dann ist in der Regel die gesamte Investitionssumme verloren. Dies gilt vor allem für den Sendebetrieb.[25] Investitionsentscheidungen sind in hohem Maße irreversibel.

- Insbesondere für Film- und Fernsehsoftware ist es von Bedeutung, daß der Nutzen eines Zuschauers nicht den Nutzen eines weiteren Zuschauers verringert. Damit zusammenhängend sind die Grenzkosten weiterer Zuschauer annähernd Null.[26]

Die dargestellten spezifischen Merkmale des Audiovisionsbereichs haben - wie gezeigt wird - einen ganz außerordentlichen Einfluß auf Marktstruktur und Verhalten der Marktteilnehmer.[27]

---

[25] Vgl. Kapitel V.3.4.1.

[26] Vgl. Kruse (1989b), S. 256; dieser Sachverhalt bedingt u.a. einen Anreiz zur Maximierung der Zuschauer.

[27] Vgl. Kap. V.3.3 und 3.4.

14

1.2.2 Medienkonkurrenz

Grundsätzlich wird die Wettbewerbsintensität auf den Medienmärkten von deren künftigem Wachstum bestimmt werden. Dieses hängt einerseits von der Zeit ab, die der Konsument zur Mediennutzung bereitstellt und andererseits von den Ausgaben der Werbeindustrie und der Verbraucher. Zwischen Umfang der Mediennutzung und der zur Verfügung stehenden Freizeit besteht eine starke Korrelation. Die verfügbare Freizeit wiederum ist in engem Zusammenhang mit der Produktivität der Wirtschaft zu sehen.[28] Darüber hinaus wird die Mediennutzung auch vom Angebot der Medien sowie von gesellschaftlichen und soziodemographischen Faktoren beeinflußt. Tendenziell führt beispielsweise ein höheres Angebot von Fernsehprogrammen zu einem Anstieg des Fernsehkonsums.

Die Konkurrenz zwischen den Medien findet - entsprechend dem Zwei-Güter-Markt - sowohl auf den Produktmärkten, als auch auf den Werbemärkten statt. Auf beiden Märkten stellt sich dabei die Frage nach dem Grad der Substituierbarkeit eines Mediums durch ein Konkurrenzmedium. "In the broadest sense, all media compete in the content product market by providing information and entertainment."[29]

Dennoch ist hier zu beachten, daß die jeweiligen Medien unterschiedlichen Bedürfnissen dienen und unterschiedlich genutzt werden.[30] Diese Unterschiede in der Nutzung führen dazu, daß die Substitutionskonkurrenz nicht vollständig, sondern nur partiell ist.[31] Der gleiche Schluß läßt sich für die Beurteilung des Wettbewerbs auf den Werbemärkten ziehen. Unterschiede im Nutzen eines Mediums, aber auch geographische, demographische und psychographische Besonderheiten von Mediennutzern werden für die Werbe-

---

[28] Vgl. Vogel (1990), S. 11.

[29] Picard (1989), S. 22.

[30] So kann beispielsweise der Informationsbedarf zwar durch das Fernsehen, die Zeitung oder das Radio gedeckt werden; auf dem Weg zur Arbeit jedoch scheidet das Fernsehen - zumindest bisher noch - aus.

[31] Zohlnhöfer spricht hier vom komplementären Charakter des Wettbewerbs; vgl. Zohlnhöfer (1989), S. 41.

treibenden die Substitution der einzelnen Medien in Grenzen halten.[32]

Der Wettbewerb zwischen den jeweiligen Medien und innerhalb eines Mediums wird in intermediäre Konkurrenz und intramediäre Konkurrenz unterschieden.

• Intermediärer Wettbewerb

Unter intermediärem Wettbewerb wird die Konkurrenz zwischen den verschiedenen Medien - z.B. Zeitschriften/Fernsehen - verstanden. Eine kurzfristige Substitution zwischen den einzelnen Medien konnte bisher nicht nachgewiesen werden. Untersuchungen haben jedoch gezeigt, daß sehr wohl eine langfristige Substitutionsbeziehung zwischen verschiedenen Medien besteht; "[...] resulting from the development and diffusion of new media technology."[33]

In Europa wird sich der Wettbewerb zwischen Printmedien und elektronischen Medien vor allem auf die Verteilung der Werbegelder konzentrieren. Dabei wird von entscheidender Bedeutung sein, ob die Öffnung des Rundfunkmarktes für das private Fernsehen einen Wachstumsschub des Werbemarktes auslöst, oder lediglich eine Umverteilung stattfindet. Deutliche Anzeichen sprechen dafür, daß zunächst ein hoher Nachfrageüberhang bei den Werbetreibenden bestand, der nach der Deregulierung zu hohen Wachstumsraten führte.[34] Letztendlich wird aber nach Abbau dieses Nachfrageüberhangs auch eine Umverteilung zu Lasten der Printmedien und des Radios nicht auszuschließen sein. Erste Anzeichen für diese Entwicklung lassen sich bereits erkennen.[35]

---

[32] Vgl. Picard (1989), S. 24.

[33] Ebenda, S. 22; ein krasses Beispiel, das diese Aussage unterstützt, stellt die Substitution des Kinokonsums in Europa durch das Fernsehen dar; vgl. Kap. IV.2.2.

[34] Vgl. Kap. IV.2.1

[35] In den USA hat vor allem eine Umverteilung des Werbebudgets von Markenartiklern stattgefunden. Die Werbeeinnahmen der amerikanischen Zeitungsindustrie betrugen 1989 ca. 32,4 Mrd. Dollar, davon 11,4 Prozent

Die zweite Komponente der intermediären Konkurrenz zwischen elektronischen Medien und Printmedien ist der Substitutionswettbewerb auf dem Rezipientenmarkt.[36] Hier kann sich eine Erhöhung des Zeiteinsatzes für den Konsum von elektronischen Medien vor allem pauschal zu Lasten des Printmedienbereichs entwickeln. Außerdem können im Einzelfall z.B. aktuelle Nachrichtenprogramme im Fernsehen den Bedarf an Tageszeitungen reduzieren. Darüber hinaus besteht potentiell eine partielle Substitutionskonkurrenz zwischen den einzelnen Medien, die Software anbieten (Kino, Video und Fernsehen).[37]

- Intramediärer Wettbewerb

Der intramediäre Wettbewerb umfaßt die Konkurrenzbeziehungen innerhalb eines Mediums. Bezogen auf den Audiovisionsbereich bedeutet dies z.B. die Konkurrenz zwischen den einzelnen Programmen. Da diese - wie bereits angeführt - Unikate sind, tritt der Rechteinhaber zwar als Monopolist auf;[38] die einzelnen Produkte sind aufgrund ihrer Ähnlichkeit allerdings substituierbar.

Da bei denselben Medien die Form der Nutzung durch den Konsumenten im Prinzip identisch ist, können sie sich nur durch Produktdifferenzierung und Marktsegmentierung unterscheiden. Eine Differenzierung erfolgt z.B. über Exklusivität von Rechten, über ein zeitlich früheres Angebot von Produkten oder durch die Programmgestaltung. Dies erhöht zwangsläufig den Grad der Substituierbarkeit bei intramediärer Konkurrenz gegenüber intermediärem Wettbewerb.[39] Zwischen den verschiedenen Fernsehprogrammen ist daher

---

von Markenartiklern mit nationaler Verbreitung ihrer Werbebotschaft. Zwei Jahrzehnte vorher lag ihr Anteil noch bei 25 Prozent; vgl. Kapitel IV.2.1.

[36] Vgl. Zohlnhöfer (1989), S. 68.

[37] Vgl. Owen/Wildman (1992), S.54. Allerdings hat man in Untersuchungen noch keine unmittelbare Konkurrenz zwischen dem Kinosektor und dem Videobereich feststellen können; vgl. Mariet (1990), S. 101. Auch zwischen Video und Fernsehen haben empirische Studien eher eine Komplementär- als eine Substitutionsbeziehung aufgezeigt; vgl. Levy/Pitsch (1985), S. 56 - 92.

[38] Vgl. Kruse (1989b), S. 260.

[39] Vgl. Picard (1989), S. 27

17

von einer starken Substitutionskonkurrenz auszugehen.[40] Dies gilt insbesondere für Vollprogramme; weniger betroffen sind Spartenprogramme, sofern sich diese an unterschiedliche Zielgruppen richten.

1.3 Begriffsabklärungen im Audiovisionsbereich

Der Begriff "Programm" hat gewöhnlich zwei verschiedene Bedeutungen: Zum einen wird er als Synonym für einzelne Sendungen verwendet. "Sendungen bezeichnen einzelne, relativ kurze, zeitlich und inhaltlich zusammenhängende Einheiten."[41] Im folgenden werden für Programmproduktionen auch die Begriffe "audiovisuelle Produkte" bzw. "Werke" sowie "Software" verwendet. Unter Software sollen sämtliche audiovisuellen Produkte verstanden werden, die sich zum Abspiel in den Kinos, auf Video oder zur Ausstrahlung im Fernsehen eignen.[42]

Zum anderen werden unter dem Programmbegriff Konglomerate von Einzelprogrammen zusammengefaßt. Dabei ist zwischen der unstrukturierten Zusammenstellung von Einzelprogrammen (z.B. Videoverleihkatalog) und der - sachlich und zeitlich - strukturierten Kombination von Einzelprogrammen (z.B. Fernsehprogramme) zu unterscheiden.[43]

Um ein audiovisuelles Produkt kommerziell verwerten zu können, d.h. im Kino aufzuführen, im Fernsehen zu senden etc., muß der Kinobetreiber oder der Programmveranstalter das Verwertungsrecht am Produkt haben. Dieses Recht wird entweder durch die eigene Herstellung oder durch den Kauf vom Rechteinhaber (dieser muß nicht der Hersteller sein) erworben. Beim Kauf von Programmrechten wird in der Regel die regionale Begrenzung sowie die Nutzungsperiode und die Anzahl der Abspieltermine genau festgelegt.[44] Dabei können diese Rechte exklusiv, d.h. ausschließlich nutzbar für den Käufer in einer bestimmten Region oder für ein

---

[40] Vgl. Buchholz (1990), S. 41.
[41] Kruse (1989a), S. 81.
[42] In Anlehnung an Kruse (1989b), S. 255.
[43] Vgl. Schrape/Kessler (1989), S. 269.
[44] Vgl. Kruse (1989b), S. 255.

bestimmtes Übertragungsmedium, oder nicht-exklusiv erworben werden. Das Kriterium der Exklusivität bestimmt nachhaltig den Preis einer Software.

2. Grundlagen zur Unternehmensstrategie

2.1 Definition und Abgrenzung des Strategiebegriffs

Der Begriff "Strategie" stammt aus der Antike: Er umschrieb die Planung von Militäreinsätzen.[45] Analog dazu beschreibt der Begriff Wettbewerbsstrategie in der Wirtschaftswissenschaft das Ziel, Marktanteile zu gewinnen und letztendlich den Konkurrenten zu "besiegen".[46] Da aber die neuesten Theorien einen ihrer Schwerpunkte auf Kooperationsstrategien legen, soll im folgenden eine neutralere Definition gewählt werden.[47]

Strategie soll daher verstanden werden als "langfristig angelegte, die Gesamtunternehmung berührende und der Erreichung der Unternehmensziele dienende Verhaltensweisen der Unternehmung in ihren Aktivitätsbereichen."[48]. Diese Definition umschließt auch die Geschäftsfeldstrategie.

Die Strategie läßt sich als ein Bestandteil der Unternehmensführung einordnen. Obwohl es keine eindeutige Abgrenzung des Begriffs der Unternehmensführung gibt, werden im allgemeinen auch Struktur und Entscheidung dazu gezählt. Ein Teil der Literatur beschreibt darüber hinaus seit einiger Zeit die Unternehmensidentität als weiteres Element der Unternehmensführung.[49] Inhalt und Auf-

---

[45] Vgl. Gälweiler (1987), S. 59; Kreikebaum (1989), S. 24.

[46] Vgl. Ohmae (1988), S. 149.

[47] Vgl. Strategor (1988), S. 18.

[48] Hahn (1984), S. 20; ähnlich bei Chandler (1962); Learned et al, (1969); Andrews (1987), S. 28. Vgl. auch Mintzberg, der den Strategiebegriff u.a. unter fünf verschiedenen, miteinander verbundenen Aspekten sieht: Den fünf P's der Strategie, d.h., plan, ploy, pattern, position und perspective; Mintzberg (1987a) S. 11ff. Für Mintzberg läßt sich die Strategieentwicklung auch als eine Art iterativer Prozeß darstellen; vgl. Mintzberg (1987b), S. 68. Insgesamt gibt es eine Vielzahl von Strategiebegriffen, wobei allerdings im allgemeinen inhaltliche Gemeinsamkeiten festgestellt wurden; vgl. Sieben/Ossadnik/Wachter (1988), S. 67.

[49] Vgl. Strategor (1988), S. 21.

gabe der strategischen Unternehmensführung seien hier definiert als "das weitsichtige Erkennen und Erschließen der zukünftigen Erfolgspotentiale eines Unternehmens".[50] Gegenstand ist ferner die ständige Überprüfung der Unternehmensstrategie auf z.B. geänderte Rahmenbedingungen.[51] Im Rahmen dieser Arbeit kann auf diese drei Teilbereiche allenfalls am Rande eingegangen werden.

Strategien unterteilen sich aufgrund ihrer Ziele und Dimensionen in Unternehmensstrategien und Geschäftsfeldstrategien. Nur in einem Ein-Produkt-Unternehmen sind beide Strategien identisch.[52] Darüber hinaus sind als dritter Bereich die Strategien für die verschiedenen Funktionsbereiche wie z.B. Finanzierung, Personal etc. zu nennen.[53] Ziel einer Funktionsbereichsstrategie ist es, dafür zu sorgen, daß der jeweilige Bereich nicht zu einem Engpaßfaktor für die Entwicklung des Unternehmens wird.

Die Unternehmensstrategie muß in erster Linie festlegen, wie die individuellen Geschäftseinheiten in das Gesamtunternehmen integriert werden.[54] Ihr Ziel ist es, dafür zu sorgen, daß das Unternehmen einen höheren Wert hat als die Summe der Geschäftseinheiten. Die Geschäftsfeldstrategien müssen vor allem auf die Erzielung von Wettbewerbsvorteilen ausgerichtet sein.[55]

2.2 Anforderungen an die Strategieformulierung

Die zunehmende Dynamik und Komplexität der Umwelt stellen eine wachsende Herausforderung an die Unternehmensführung dar. Unternehmen sehen sich zunehmend einer erhöhten Wettbewerbsintensität (sowohl auf nationaler als auch auf internationaler Basis) und kürzeren Produktlebenszyklen konfrontiert.[56] Diese Faktoren

---

[50] Bussiek (1989), S. 142.

[51] Vgl. Feider (1988), S. 681.

[52] Vgl. Ohmae (1982), S. 137.

[53] Vgl. Bussiek (1989), S. 152; Andrews (1987), S. 13ff. Auch quasi "querliegende" Funktionen wie Führung und Organisation können Gegenstand von Strategien sein.

[54] Vgl. Ohmae (1982), S. 136. Ähnliche Ansätze finden sich bei Pümpin (1986), Hinterhuber (1989) und Kreikebaum (1989).

[55] Ebenda, S. 36.

[56] Vgl. Hahn (1984), S. 70.

tragen zur größeren Unsicherheit bei künftigen Entwicklungen und damit zu einem gestiegenen Risiko für die strategische Unternehmensführung bei.

Entscheidend für die Formulierung einer Strategie ist daher eine detaillierte Analyse der Ausgangsposition eines Unternehmens[57], der Marktattraktivität, sowie - darauf aufbauend - eine klare Festlegung der Ziele.[58] Die Analyse der Ausgangsposition muß vor allem die knappen Ressourcen des Unternehmens berücksichtigen[59] und Lösungen aufzeigen, um die notwendigen Fähigkeiten für eine angestrebte strategische Position zu erreichen.[60]

2.3 Darstellung wichtiger Strategiekonzepte

Im folgenden sollen kurz drei Strategiekonzepte vorgestellt werden, die die Strategieforschung und die Praxis wohl am nachhaltigsten geprägt haben. Allen drei Modellen ist gemeinsam, daß sie einen rationalen Ansatz verfolgen.

2.3.1 Modelle der Harvard Business School

Die ersten strategischen Analysemodelle wurden in den 60er Jahren in den USA entwickelt[61]. Dabei lieferten die Arbeiten von Learned, Christensen, Andrews und Gutti von der Harvard Business School[62] sowie von Ansoff[63] und Chandler[64] grundsätzliche Beiträge. Vor allem Chandler kritisierte die Trennung von Marktverhalten einerseits und Unternehmensführung andererseits in der wirtschaftswissenschaftlichen Forschung.[65] Das Strategiemodell von Learned et al. umfaßt vier Teilbereiche, die miteinander verbunden

---

57 Vgl. Kreilkamp (1987), S. 70.
58 Vgl. Hahn (1984), S. 72.
59 Vgl. Hedley (1984), S. 132.
60 Vgl. Ansoff/Declerck/Hayes (1984), S..490.
61 Vgl. Strategor (1988), S. 25.
62 Vgl. Learned et al. (1965). Vgl. Mintzberg (1990) mit einer kritischen Auseinandersetzung mit dieser Denkschule und ihrer Weiterentwicklung.
63 Vgl. Ansoff (1965).
64 Vgl. Chandler (1965).
65 Vgl. Chandler (1962), S. 396.

sind. Eine eingehende Analyse des Unternehmens sollte Stärken und Schwächen aufzeigen, um seine strategischen Vorteile zu bestimmen. Durch die Diagnose der Umwelt werden Chancen und Risiken bestimmt, die sich für das Unternehmen auf den jeweiligen Märkten ergeben. Ein Vergleich der internen und der externen Analyse in Form eines iterativen Prozesses sollte dem Unternehmen die vorhandenen strategischen Alternativen aufzeigen.[66] Die beiden weiteren Teilbereiche des Konzepts umfassen die Formulierung sowie die Umsetzung der Strategie (vgl. Abbildung 1).

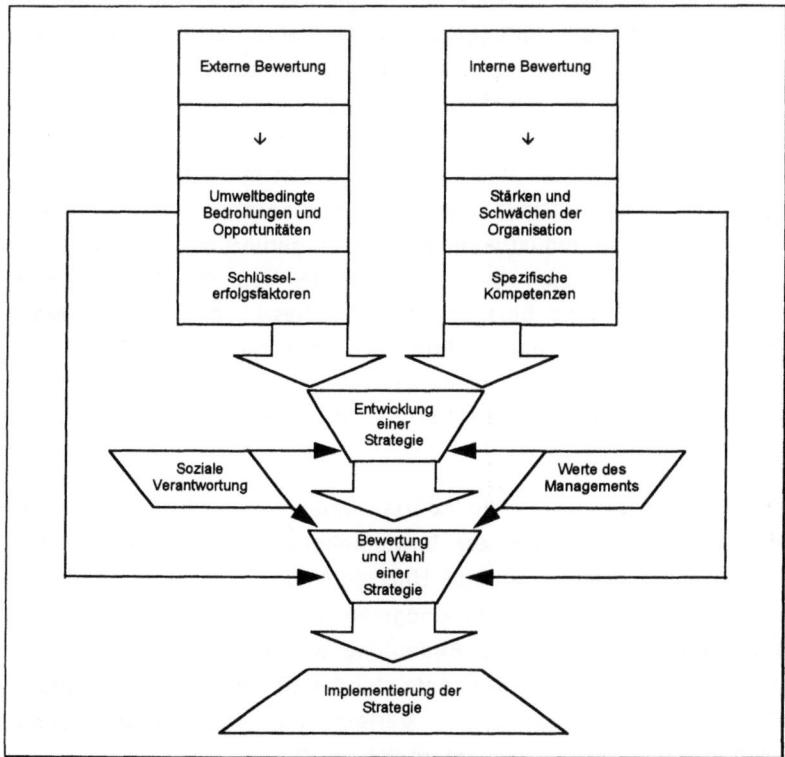

Abb. 1:   Basismodell der Harvard Business School
Quelle: Mintzberg (1990), S. 174

Die ersten Strategiemodelle litten vor allem an ihrer ungenauen Definition des Begriffs "Strategie": Entweder wurden wichtige

---

[66]   Vgl. Learned et al. (1969), S. 24; Strategor (1988), S. 26; Ansoff (1965), S. 25.

Aspekte ausgelassen, oder aber die Strategie wurde zu umfassend definiert.[67] Daraus resultierend wurde auch die mangelnde Operationalität der Modelle kritisiert.

2.3.2 Entwicklung von Portfoliokonzepten

Mit dem Ziel, Strategieformulierung und -umsetzung operationeller zu gestalten, entwickelte die Strategieberatung in den 70er Jahren strategische Analysemodelle. Die Ausgestaltung dieser Modelle war vor allem auf zwei Umstände zurückzuführen. Zum einen folgten die Unternehmen seit Anfang der 60er Jahre einem Diversifikationstrend, der Folge einer äußerst dynamischen Wirtschaftsentwicklung mit hohem Wachstum und attraktiven Rentabilitäten war. Anstatt hohe Dividenden auszuschütten, investierten sie in neue Geschäfte, die in der Regel wenig mit den bisherigen Aktivitäten gemeinsam hatten. Diese unverbundene Diversifikation, die zur Bildung von großen Industriekonglomeraten geführt hatte, stützte sich in ihrer theoretischen Grundlage auf die von der Finanztheorie entwickelte Portfolio Selection Theory. Diese, vor allem von Markowitz entwickelte Theorie, hatte als wesentliche Aussage, daß - vereinfacht ausgedrückt - der Diversifikationsgrad einer Auswahl von Wertpapieren in einem Portfolio das Risiko des Portfolios signifikant beeinflußt.[68]

Die Erkenntnisse der Finanztheorie wirkten sich auch auf die neuen instrumentellen Ansätze der Strategieberatung aus. Ziel der Modelle war die Steuerung eines Unternehmensportfolios mit Aktivitäten in unterschiedlichen Marktsegmenten.[69] Dabei hatte die finanzielle Analyse die gleiche Bedeutung wie die Wettbewerbsanalyse.[70] Im Mittelpunkt des Konzepts stand eindeutig die Identifikation, Erzielung und langfristige Verteidigung von strategischen Wettbewerbsvorteilen des Unternehmens.[71]

---

[67] Vgl. Strategor (1988), S. 27.
[68] Vgl. die grundlegende Arbeit von Markowitz (1959); vgl. auch Salter/Weinhold (1979) zur Risikoreduktion durch Diversifikation. Vgl. ebenfalls Amit/Livnat (1988), S. 100.
[69] Vgl. Strategor (1988), S. 116.
[70] Vgl. Davidson (1985), S. 17.
[71] Vgl. Strategor (1988), S. 27.

Ohne auf eine detaillierte Darstellung vorhandener Portfoliokonzepte einzugehen, seien an dieser Stelle nur die beiden bekanntesten Modelle genannt: die Boston Consulting Group (BCG)-Matrix und die McKinsey-Matrix. Beide Modelle basieren auf jeweils zwei strategischen Variablen. Während BCG auf die Wachstumsrate des Marktsegments (Marktattraktivität) und den relativen Marktanteil des Unternehmens abstellt, stützt sich McKinsey auf die Variablen Wettbewerbsposition und Wert der Aktivität. Beide Modelle bauen auf dem gleichen Prinzip auf: Das wesentliche Ziel der aus den Modellen abgeleiteten Strategie ist die optimale Allokation der Ressourcen, um die Wettbewerbsposition des Unternehmens zu verbessern.

Die größte Kritik, die die Portfoliokonzepte erfahren haben, bestand in ihrer extremen Vereinfachung der Realität.[72] Obwohl die Reduktion der Komplexität von Umweltsituationen für deren Analyse durchaus hilfreich und notwendig ist, konnten die Modelle für eine Vielzahl von Umweltsituationen keine Erklärung liefern. Darüber hinaus wurde kritisiert, daß die Portfoliobetrachtung zu stark auf dem Konzept des Produktlebenszyklus' basierte. "If all products and businesses must eventually die, it is clear that long term survival of the firm is problematic."[73]

2.3.3 Porters Industriestrukturmodell

Anfang der 80er Jahre legte Porter mit seinem grundlegenden Werk "Competitive Strategy" die Basis für die neuere Strategieliteratur. Im Mittelpunkt seiner Arbeit steht die Wettbewerbsanalyse. Porter erkannte den Einfluß der Industriestrukturen auf die Wettbewerbsregeln und die sich daraus abzuleitenden Strategien.[74] In einer gegebenen Struktur führen nur bestimmte Verhaltensweisen (conduct) zum Erfolg (performance).

"Competitive Strategy is the search for a favorable competitive position in an industry, the fundamental arena in which competition

---

[72] Vgl. Strategor (1988), S. 27. Darüber hinaus wurde kritisiert, daß die reine Portfoliobetrachtung den Blick auf potentielle Verbundvorteile zwischen den Unternehmenseinheiten verstellt hat. Vgl. Porter (1985), S. 381.

[73] Chakravarthy (1984), S. 537.

[74] Vgl. Porter (1980), S. 3.

occurs".[75] Auf die Umwelt als Erklärungsfaktor der Strategie wurde - entsprechend den ersten Ansätzen der Strategieforschung - wieder größeres Gewicht gelegt.[76] "The essence of formulating competitive strategy is relating a company to its environment."[77]

Die Wettbewerbsintensität einer Industrie hängt in erster Linie von fünf Wettbewerbskräften ab, die letztendlich das Profitpotential und damit die Attraktivität der Industrie bestimmen. Diese fünf Faktoren sind in Abbildung 2 dargestellt:

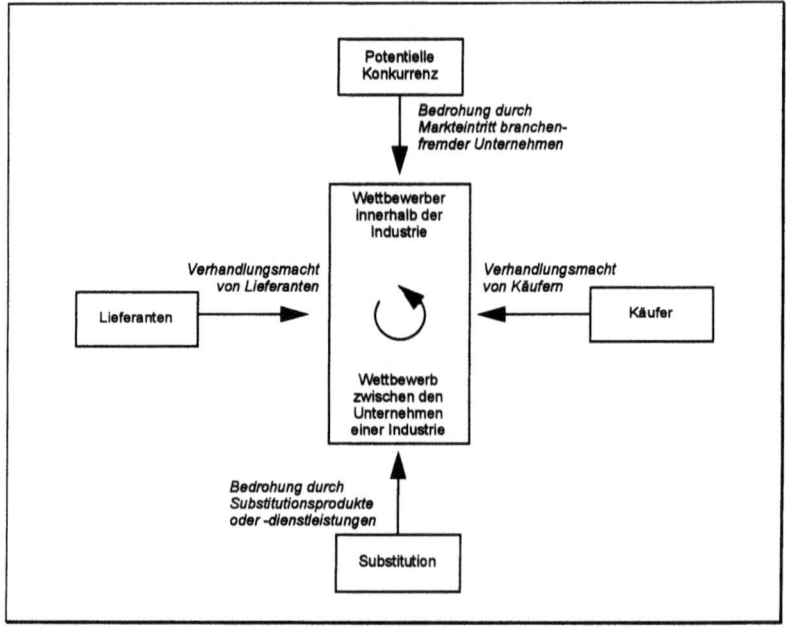

Abb. 2:   Wettbewerbsantriebskräfte einer Industrie
Quelle: Porter (1980), S. 4

Voraussetzung für den Erfolg einer Strategie ist die Analyse und das Verständnis dieser Faktoren.[78] Ziel der Wettbewerbsstrategie muß es sein, eine Position im Markt zu finden, von der aus sich das Unternehmen am besten gegen die o.g. Kräfte verteidigen kann.

---

[75]   Porter (1985), S. 1.
[76]   Vgl. Strategor (1988), S. 28.
[77]   Porter (1980), S. 3.
[78]   Vgl. Porter (1980), S. 4.

Zur Analyse der Industriestruktur hat Porter bestimmte Charakteristika untersucht, die die Stärke der Wettbewerbsfaktoren bestimmen.[79]

- Gefahr des Markteintritts von potentiellen Wettbewerbern:

   Die Größe der Gefahr wird vor allem durch die Markteintrittsbarrieren, durch zu erwartende Gegenreaktionen sowie durch die Erfahrung der bereits im Markt aktiven Unternehmen bestimmt.

- Der Umfang der Rivalität zwischen den am Markt tätigen Unternehmen:

   Die Rivalität äußert sich z.B. durch den Umfang der Werbung, die Häufigkeit von Produktinnovationen und vor allem in Preiskämpfen. Der Grad der Rivalität wird beeinflußt durch Faktoren wie Austrittsbarrieren und die strategische Bedeutung.

- Gefahr durch Substitutionsprodukte:

   Potentielle Substitutionsprodukte beeinflussen vor allem den Preisspielraum eines Produkts. Es ist daher wichtig zu untersuchen, welche Produkte die gleiche oder eine ähnliche Funktion wie die Produkte der Branche aufweisen.

- Verhandlungsmacht von Lieferanten und Käufern:

   Die Verhandlungsmacht wird ganz wesentlich durch den Grad der Konzentration der Branchen, von Lieferanten und von Käufern bestimmt. Darüber hinaus spielen die Substituierbarkeit des Produkts, seine Bedeutung für Lieferanten oder Käufer sowie der Grad seiner Standardisierung eine entscheidende Rolle.[80] Der Branchenanalyse folgt in Porters Modell eine Analyse der Stärken und Schwächen des Unter-

---

[79] Porters Analyse-Instrumentarium soll in seinen Grundaussagen in Kap. IV auf die Untersuchung der europäischen Audiovisionsindustrie angewendet werden.

[80] Vgl. Porter (1980), S. 24 - 29.

nehmens - eine grundlegende Voraussetzung für dessen Positionierung im Markt.[81]

Porter identifiziert drei grundsätzliche (generische) Wettbewerbsstrategien als Voraussetzung für die Erreichung einer gefestigten Marktposition. Diese drei Strategien sind Kostenführerschaft, Differenzierung und Fokussierung.[82] Welche von diesen drei Strategien verfolgt werden sollte, ergibt sich aus einer Analyse der Fähigkeiten des Unternehmens und der Umweltbedingungen (z.B. Marktstrukturen).

• Kostenführerschaft bedeutet, daß ein dem Konkurrenzprodukt im Nutzen vergleichbares Produkt zu einem günstigeren Preis angeboten werden kann und das Unternehmen eine Alleinstellung hat.[83] ·Die Kostenführerschaft baut in der Regel auf Skalen- und Lernkurveneffekte auf. Kostenführer sind im allgemeinen gekennzeichnet durch eine strenge Kostenkontrolle in allen Bereichen des Unternehmens.[84] Die Wertschöpfungskette wird von Aktivitäten bereinigt, die nicht dem Erzielen eines Kostenvorteils dienen.

• Die Differenzierungsstrategie verfolgt das Ziel, Produkte oder Dienstleistungen zu schaffen, die industrieweit als einzigartig bewertet werden, d. h., die einen höheren wahrgenommenen Kundennutzen bieten. Darüber hinaus muß versucht werden, eine Kostengleichheit im Verhältnis zur Konkurrenz zu realisieren.

• Die Fokussierungsstrategie zielt auf ein bestimmtes Segment der Industrie ab. In diesem bestimmten Segment kann ein Unternehmen entweder die Differenzierung oder die Kostenführerschaft verfolgen.[85]

Nach Porter ist es Unternehmen in der Regel nur möglich, jeweils eine dieser drei Strategien erfolgreich zu verfolgen. Das Verfolgen

---

[81] Ebenda, S. 29.
[82] Ebenda, S. 34.
[83] Vgl. Porter (1985), S. 13.
[84] Vgl. Porter (1980), S. 35.
[85] Ebenda, S. 38.

anderer als der generischen Strategien führt zu einer Position "Stuck in the Middle" und zu unterdurchschnittlicher Performance. Diese These ist bereits auf Kritik gestoßen. Studien zeigen, daß "[...] low cost and high quality are not alternative, but complementary strategies."[86] Porter leitet seine Aussage u.a. aus dem Zusammenhang zwischen Marktanteil und Performance ab. Im Audiovisionsbereich läßt sich dieser Zusammenhang bei der Film- und Fernsehproduktion allerdings nicht nachweisen.[87] Eine simultane Verfolgung beider generischer Strategien wird auch deshalb für möglich gehalten, weil die Voraussetzungen für eine Kostenführerschaft von den Industriestrukturen abhängen, während die Differenzierungspotentiale in erster Linie vom Konsumenten bestimmt werden.[88]

Im Gegensatz zu den Portfoliokonzepten, die die Umwelt als gegebene Größe sehen, ist nach Auffassung Porters ein Unternehmen durchaus in der Lage, durch bestimmte Strategien, die auf den Stärken der Firmen aufbauen, Markteinflußgrößen zu verändern.[89]

2.4 Integrierte Strategiekonzepte als Lösungsansatz

Technologischer Wandel sowie das Zusammenwachsen nationaler Märkte und Industrien haben in den vergangenen Jahren erhebliche Veränderungen in der Unternehmungsführung erforderlich gemacht.

Kürzere Produktlebenszyklen und ein dementsprechend hoher Entwicklungsaufwand erhöhen das Marktrisiko und führen zu der Notwendigkeit, Produkte international auf einer Vielzahl von Märkten anzubieten. Diese Entwicklung bedingt eine erhebliche Steigerung der Wettbewerbsintensität.

Die stark erhöhte Komplexität der Unternehmung spiegelt diese kurz skizzierte Entwicklung wider und hat die Anforderungen an das strategische Management drastisch verändert. Immer zahlreicher werden die Industrien (z.B. Computer, Auto und - wie später

---

[86] Yip (1992), S. 119.

[87] Vgl. Kap. V.3.

[88] Vgl. Murray (1988), S. 395f; mit gegenteiligen Erkenntnissen empirischer Untersuchungen vgl. Dess/Davis (1994), S. 484.

[89] Vgl. Porter (1985), S. 7. Vgl. auch Varadarajan/Clark/Pride (1992), S. 42.

gezeigt wird - auch die Audiovisionsindustrie), die sich nicht national, sondern nur noch unter globalen Gesichtspunkten bewerten
lassen. Darüber hinaus verbinden sich - bedingt durch den technologischen Fortschritt - bis dato völlig verschiedene Industrien in
zunehmendem Maße.[90] Um auf diese Herausforderungen reagieren
zu können, werden strategische Fähigkeiten notwendig, die ein
Unternehmen allein nicht, bzw. nicht unmittelbar, darstellen kann.
Daher ist es immer häufiger auf Kooperationen mit anderen Unternehmen angewiesen.

Die Ausführungen deuten auf die wachsende Problematik bei der
künftigen Entwicklung und Bewertung von Wettbewerbsfaktoren
hin. In dieser Arbeit soll ein Strategiekonzept angewendet werden,
mit dem sich die heutigen Vorgänge auf den Medienmärkten erklären und künftige Veränderungen aufzeigen lassen. Dieses Konzept
baut auf Porters Arbeiten auf, da das Modell Porters in der Lage
ist, die Industriestrukturen zu berücksichtigen. Es versucht aber
auch, praxisorientiert neuere Ansätze wie Kooperationsstrategien
und globale Strategien zu integrieren.[91] Es ist anzunehmen, daß
die Integration von Teilstrategien zu einem Gesamtkonzept an Bedeutung gewinnen wird, um die zunehmende Komplexität strategischer Probleme zu lösen.[92]

---

[90] Im Medienbereich zeichnet sich beispielsweise eine immer stärkere
Verzahnung von Computer-, Telekommunikations- und Medienindustrie ab.

[91] Vgl. dazu detailliert Kap. V.3. "Strategic management as a field of inquiry
is firmly grounded in practice [...]." Rumelt/Schendel/Teece (1991), S. 6.

[92] Vgl. z.B. Porter (1985), S. 32, mit der Forderung nach einer Integration der
Globalisierungs- und Kooperationsstrategie. Vgl. auch Hart (1992) mit dem
Vorschlag eines integrierten Rahmens im Hinblick auf den Prozeß der
Strategieerstellung.

III. RAHMENBEDINGUNGEN DES EUROPÄISCHEN RUNDFUNKMARKTES

Das Kapitel behandelt die technischen und rechtlichen Rahmenbedingungen, die maßgeblichen Einfluß auf die weitere Entwicklung
der Film- und Fernsehindustrie in Europa haben werden. Der Tech-
nologiefortschritt wird in zwei Teilen dargestellt. Zunächst wird ein
kurzer Überblick zur Entwicklung der Übertragungstechnik gegeben; daran schließt sich eine Beschreibung der neuen Einsatz-
möglichkeiten des Fernsehens sowie ein Ausblick auf die künftigen
technischen Veränderungen an.

Bei den rechtlichen Rahmenbedingungen werden in einem ersten
Schritt die Rundfunkordnungen von einigen wenigen ausgewählten
Ländern dargestellt und - darauf aufbauend - die bereits erfolgten
und noch erforderlichen rechtlichen Veränderungen aus europäischer Perspektive beleuchtet. Abschließend wird knapp die medienrechtliche Entwicklung in den USA zum Vergleich herangezogen.

1. Technische Rahmenbedingungen

1.1 Entwicklung der Übertragungstechnik

Die technischen Innovationen der 80er Jahre haben einen nicht zu
unterschätzenden Einfluß auf die Veränderungen der Audiovisionsindustrie in der westlichen Welt gehabt. Insbesondere die Entwicklung der Kabel- und Satellitentechnik revolutionierten die
rechtlichen und wirtschaftlichen Strukturen der Film- und Fernsehmärkte.[1]

Als einzige Übertragungstechnik stellten die terrestrischen Frequenzen einen Engpaßfaktor für die Programmversorgung dar, sie
dienten in Europa lange Zeit als Argument für die Existenz staatli-

---

[1] Vgl. Kleinsteuber (1991), S. 507; Kabel- und Satellitentechnik werden als
konkurrierende Distributionswege bewertet. Dies ist zwar in Einzelfällen
richtig; sehr häufig werden diese beiden Technologien aber auch
komplementär eingesetzt; vgl. Collins (1990), S. 21.

cher Rundfunkmonopole.[2] Kabel- und Satellitentechnik machten
nicht nur die Übertragung von einer Vielzahl von Programmen möglich. Gleichzeitig schufen sie die technischen Voraussetzungen für
grenzüberschreitenden Rundfunk und ließen das transnationale
Fernsehen an Bedeutung gewinnen.[3] Fernsehen wurde damit dem
Einfluß nationaler Regierungen teilweise entzogen. Diese Umwälzungen mußten zwangsläufig zu einer Öffnung des Rundfunks für
private Anbieter führen und den Weg für eine kommerzielle Expansion öffnen.

Die technische Entwicklung in den Ländern Westeuropas spiegelt
noch sehr deutlich ihre Heterogenität und die unterschiedlichen,
teilweise kollidierenden Interessen der maßgeblichen Akteure (vor
allem Telekommunikationsverwaltungen, geräteherstellende Industrie und Programmanbieter) wider.[4] Dabei scheinen sich die
Perspektiven in Richtung einer Globalisierung zu verschieben. Die
Länder der EU versuchen, ihre Technologieentwicklung zu eu-
ropäisieren, um sich gegen die starke Konkurrenz aus den USA und
Japan behaupten zu können.[5] "To achieve the unified European
television market desired by the European Commission requires the
harmonisation of transmission standards for television in Western
Europe."[6]

Für den Konsumenten bedeuten diese technischen Neuerungen vor
allem ein stark wachsendes Angebot an Fernsehprogrammen sowie
neue Formen des Fernsehkonsums.[7]

1.1.1 Terrestrische Übertragung

Ursprünglich wurden Fernsehsignale über terrestrische Frequenzen
übertragen. Die Fernsehversorgung in den meisten europäischen

---

[2]   Vgl. Negrine/Papathanassopoulos (1990), S. 9.

[3]   Vgl. Melody (1988), S. 149.

[4]   Vgl. Kleinsteuber (1991), S. 507.

[5]   Diese europäische Einmütigkeit war in der Vergangenheit, wie z.B. bei der
      Durchsetzung der unterschiedlichen Farbfernsehstandards PAL (Phase
      Alternation by Line) und SECAM (Séquentiel à Mémoire) sicher nicht zu
      beobachten; vgl. Crane (1979).

[6]   Collins (1990), S. 40.

[7]   Vgl. Bonnell (1989), S.357. Vgl. auch Kap. IV.2.2.

Ländern hängt immer noch von dieser Übertragungstechnik ab. In den wirtschaftlich wichtigsten Ländern Westeuropas haben die Fernsehsendenetze für die öffentlichen Programme einen nationalen Versorgungsgrad von annähernd 100 Prozent.[8]

Neben den öffentlichen Programmen werden in der Mehrzahl der Länder auch private Programme terrestrisch ausgestrahlt, die jedoch zum Großteil nicht die technische Reichweite der öffentlichen Programme erreichen. Das Problem der terrestrischen Frequenzen ist vor allem ihr stark limitiertes Potential.[9] Die bisherigen analogen Sendenetze erfordern, daß benachbarte Sender, die auf der gleichen Frequenz senden, einen bestimmten räumlichen Abstand einhalten, um Störungen zu vermeiden. Dies begrenzt die Anzahl der national ausgestrahlten Programme auf drei bis vier. Zusätzlich können einige Teil-Sendeketten eingerichtet werden.[10]

Außerdem hinaus verlangt die Reduzierung von Abschattungen in bestimmten geographischen Regionen eine Vielzahl zusätzlicher Fernsehsender mit geringen Leistungen. In Deutschland gibt es über 10.000 derartiger Sender.[11] Dies macht die terrestrische Übertragung zu einem relativ teuren Medium. Die Kosten für die Unterhaltung eines nationalen terrestrischen Sendenetzes sind etwa drei- bis viermal so hoch wie für einen Satelliten mit drei Kanälen.[12]

1.1.2 Übertragung per Satellit

Ein Satellitensystem hat grundsätzlich drei Bestandteile. Die Programme werden von einer Erdfunkstelle zum Satelliten gesendet. Der Satellit ist im Orbit in ca. 36.000 Kilometern Entfernung von der Erde in einer geostationären Position plaziert.[13] Den dritten Teil dieses Systems stellen die Satellitenantennen für den Empfang der

---

[8] Zur Situation in Deutschland vgl. Müller-Römer (1992), S. A126.

[9] Vgl. Bonnell (1989), S. 382.

[10] Vgl. Müller-Römer (1992), S. A151.

[11] Müller-Römer (1992), S. A126.

[12] Vgl. Bonnell (1989), S.382

[13] In einer geostationären Position hält ein Satellit eine konstante Position zur Erde; vgl. Collins (1990), S. 11.

Signale auf der Erde dar. Die Sendeleistung eines Satelliten bestimmt den notwendigen Durchmesser der Satellitenantenne für den Empfang der Signale.[14] Außerdem ist es von Bedeutung, wo sich der Empfänger auf der ellipsenförmigen Ausstrahlungsfläche eines Satelliten befindet.

Die Satellitentechnik hat neue Rahmenbedingungen der Signalübertragung geschaffen. Im Unterschied zum Kabel und zur terrestrischen Übertragung ist eine flächendeckende Ausstrahlung möglich. Darüber hinaus "[...] beendet es den bisher bestehenden festen Zusammenhang zwischen der Entfernung der Signalübertragung und den Übertragungskosten".[15]

Es kann im Prinzip zwischen zwei Kategorien von Satelliten differenziert werden: Fernmeldesatelliten und Direkt-Fernsehsatelliten. Der wesentliche Unterschied zwischen den beiden Typen liegt in ihrer jeweiligen Sendeleistung. Sie erfüllen daher unterschiedliche Funktionen. 1993 sollten im europäischen Raum mehr als 200 Transponder für die Ausstrahlung von Programmen zur Verfügung stehen.[16]

1.1.2.1 Fernmeldesatelliten

Fernmeldesatelliten dienen zur Übertragung von Rundfunkprogrammen, Daten, Telefongesprächen, Telefax etc. Die relativ schwache Sendeleistung von Fernmeldesatelliten läßt oft nur eine Punkt-zu-Punkt-Übertragung zu. Der Empfang der Signale erfordert große Parabolspiegel mit bis zu 32 Metern Durchmesser.[17] Im Bereich des Rundfunks wird dieser Satellitentyp in erster Linie zur internationalen Verteilung von Sendungen eingesetzt und stellt deshalb keine Konkurrenz zum Kabel dar, sondern ist eher als Komplementärprodukt zu sehen.[18]

---

[14] Vgl. Müller-Römer (1992), S. A128
[15] Kleinsteuber (1991), S.509; vgl. auch Collins (1990), S. 3.
[16] Vgl. Noam (1991), S. 310 .
[17] Vgl. Bonnell (1989), S. 387.
[18] Vgl. Mission TV-Cable (1986), S. 150.

Zu Beginn ihrer Entwicklung wurden Fernmeldesatelliten vorwiegend von internationalen Organisationen eingesetzt. Intelsat z.B.,
1964 gegründet, ist eine weltweite Organisation und operiert für die
Vereinten Nationen. In Europa wurde zusätzlich in den 70er Jahren
die Eutelsat gegründet, die wenige Jahre später die Plazierung
eines eigenen Satellitensystems, des European Communication
Satellite (ECS-F-1 und F-2), vornahm.[19] Inzwischen haben einige
europäische Länder auch ihren eigenen Fernmeldesatelliten entwickelt und in den Orbit gebracht.

1.1.2.2 Direktempfangbare Satelliten

Dieser Satellitentyp verfügt über eine wesentlich größere Sendeleistung als Fernmeldesatelliten und wird ausschließlich für die
Übertragung von Rundfunkprogrammen verwendet. Der Empfang
der Satellitensignale ist bereits mit einer Antenne mit einem
Durchmesser von 30 cm bis 90 cm möglich. Die Verteilung der Or-
bitpositionen für direkt empfangbare Satelliten wurde 1977 auf der
World Administrative Radio Conference (WARC) geregelt. Jedem
Land wurden fünf Satellitenfrequenzen mit insgesamt 40 Kanälen
zugewiesen.[20]

Die Regierungen Frankreichs und Deutschlands beschlossen dann
in einem Gemeinschaftsprojekt die Entwicklung von direktempfangbaren Satelliten. Insgesamt sollten vier Satelliten, zwei französische und zwei deutsche, mit jeweils fünf Transpondern gebaut
werden. Ein Transponder kann entweder ein Fernsehprogramm
oder 16 Hörfunkprogramme ausstrahlen. Zu einem späteren Zeitpunkt sollten noch Back-up Satelliten in Auftrag gegeben werden.[21]

Der erste dieses Satellitentyps, der deutsche TVSAT1, wurde 1987
gestartet. Durch eine technische Panne war TVSAT1 jedoch von
Beginn an funktionsunfähig. Da die Entwicklung der Satellitensen-
de- und -empfangstechnik das TVSAT/TDF-System bereits als zu
kostenintensiv und nicht mehr leistungsgerecht erscheinen ließ,
wurde 1989 nur noch der schon in Auftrag gegebene TVSAT2 ins

---

19 Vgl. Kleinsteuber (1991), S. 514.
20 Vgl. Balle (1984), S.462
21 Vgl. Humphreys (1990), S. 233.

All gebracht. Für die Kommerzialisierung ist jedoch mindestens ein weiterer Satellit erforderlich, der bei einem Ausfall als Reserve (sog. Stand-by-Satelliten) eingesetzt werden kann. Ansonsten wäre das finanzielle Risiko eines privaten Programmveranstalters nicht tragbar, da es Jahre dauert, bis ein ausgefallener Satellit ersetzt werden kann. Die Reservekanäle für TV-SAT2 wurden deshalb auf dem Satelliten Kopernikus 1 bereitgestellt. Der französischen TDF gelang der Start von TDF1 und TDF2.[22] Bereits zum damaligen Zeitpunkt war es sehr fraglich, ob sich die geschätzten Investitionskosten von ca. 1,8 Mrd. DM jemals rentieren werden.[23]

Die Satelliten strahlen ihre Signale im neuen Fernsehstandard D2 MAC aus; dies erfordert beim Empfang zusätzliche Einrichtungen. Der Vorteil von D2 MAC besteht zum einen in einer verbesserten Bildqualität und zum anderen in der Möglichkeit, Programme mehrsprachig auszustrahlen.[24] In Großbritannien entschied sich die Regierung gegen eine direkte Beteiligung an der Entwicklung dieses Satellitentyps. Auch die BBC und die IBA schreckten vor den hohen Investitionskosten und den geringen Aussichten, diese amortisieren zu können, zurück.[25] Der einzige privat finanzierte Direktempfangssatellit in Europa ist von der British Satellite Broadcasting Company (BSB) gestartet worden.

1.1.2.3 Die neue Generation - Hybridsatelliten

Die neue Generation von Satelliten wird rechtlich zu den Fernmeldesatelliten gezählt. Die Unterschiede zwischen den klassischen Fernmeldesatelliten und den direktempfangbaren Satelliten scheinen mit diesem Satellitentyp[26] jedoch zunehmend zu ver-

---

[22] Allerdings sind auch in diesem System einige Transponder nicht funktionstüchtig.

[23] Vgl. Luyken (1987), S. 618. In Frankreich lag die Zahl der auf die beiden Satelliten eingestellten Empfangsanlagen 1992 bei unter 50.000 Haushalten; vgl. Williams (1992), S. 56.

[24] Vgl. Müller-Römer (1992), S. A130; allerdings werden die Daten nach wie vor in analoger und nicht in digitaler Form übermittelt; vgl. Noam (1991), S. 296.

[25] Vgl. Garnham (1987), S. 147; eine bereits erzielte Einigung über den Bau eines Satelliten zwischen der BBC und einer Gruppe von Investoren (darunter die beiden Medienunternehmen Virgin und Thorn-EMI) scheiterte schon zu Beginn der Projektrealisierung ;vgl. Levy (1990), S. 165.

[26] Auch als Hybrid-Satellit bezeichnet; vgl. Kleinsteuber (1991), S. 504.

schwinden. Die stärkere Leistung dieser Satelliten (sog. Medium-Power Satelliten) und die deutliche Verbesserung der Antennentechnik ermöglichen einen Direktempfang der Signale mit einem Antennendurchmesser von unter 90 Zentimetern.[27] Der wirtschaftlich entscheidende Erfolgsfaktor ist die technische Möglichkeit, wesentlich mehr Programme ausstrahlen zu können als die Direktempfangssatelliten. Darüber hinaus sind die Produktionskosten eines Medium-Power Satelliten deutlich geringer.[28]

Zu den ersten Satelliten dieses Typs gehört das luxemburgische Astra-System, dessen zwei Satelliten mit jeweils 16 Transpondern von der privaten Gesellschaft Société Européenne des Satellites (SES) finanziert werden. Für 1994 ist der Start eines weiteren Satelliten dieses Typs geplant. Die Transponder sind in erster Linie von deutschen und britischen Programmveranstaltern gemietet. Das Astra-System ist heute bereits kommerziell erfolgreich.[29]

Da die Satelliten überwiegend in der Fernsehnorm PAL senden und das größte Programmangebot haben, werden 90 Prozent der Satellitenantennen für das Astra-System gekauft.[30] Die Antennen liegen in einer Preisklasse von 800 bis 1000 DM.[31] Programme, die über Astra und Kabel verfügbar sind, können in Europa bereits von über 20 Mio. Zuschauern gesehen werden.[32] In Deutschland wurde mit dem vom Staat finanzierten Kopernikus-System gleichfalls ein Medium-Power Satellit in Betrieb genommen. Wie Astra, strahlt der Satellit in der Fernsehnorm PAL aus.

1.1.3 Übertragung per Kabel

In den 70er Jahren begann in einigen europäischen Ländern der Aufbau von Kabelnetzen. Diese lassen sich aufgrund ihrer unterschiedlichen Verkabelungspolitik in drei Gruppen einteilen.[33] Klei-

---

[27] Vgl. Müller-Römer (1989), S. 410.
[28] Vgl. Henry (1985), S. 37.
[29] Vgl. Noam (1991), S. 30.
[30] Vgl. Müller-Römer (1992), S. A136.
[31] Vgl. Kleinsteuber (1991), S. 515.
[32] Ebenda, S. 515.
[33] Vgl. Negrine/Papathanassopoulos (1990), S. 30.

nere Länder, wie Belgien, die Niederlande, Luxemburg und die Schweiz, weisen eine ausgesprochen hohe Kabeldichte auf. Dies wird vor allem auf das hohe Angebot an Programmen aus den Nachbarländern, die in die Kabelnetze eingespeist werden können, und die ausgeprägte Vielsprachigkeit der Bevölkerungen zurückgeführt.

Zur zweiten Gruppe zählen Deutschland, Frankreich und Großbritannien, die zwar über Verkabelungsprogramme verfügen, bisher aber ihr Konzept noch nicht voll umgesetzt haben.[34] In der dritten Gruppe - Italien, Spanien, Portugal etc. - hat die Verkabelung noch keinen Stellenwert in der Kommunikationspolitik.

Die Entwicklung des Kabelfernsehens in Italien ist zum einen durch eine gesetzliche Regelung aus den 70er Jahren behindert worden, die die Größe eines Kabelnetzes begrenzte und außerdem die Übertragung von nur einem Kanal erlaubte. Damit war der wirtschaftliche Betrieb eines Kabelnetzes nicht möglich.[35] Zum anderen bot der frühe Markteinstieg privater Anbieter, die über terrestrische Frequenzen ausstrahlen, wenig Anreize für zusätzliche Kanäle.[36] Darüber hinaus sind die Kompetenzen für den Bereich der Telekommunikation auf eine Vielzahl von Institutionen verteilt, und es besteht auch keine konzeptionelle Verbindung zwischen audiovisueller Gesetzgebung und der Telekommunikation.

Insgesamt verfügten Ende 1990 ca. 20 Prozent der westeuropäischen Haushalte mit Fernseher auch über einen Kabelanschluß.[37] Ein Kabelsystem besteht aus einer Kopfstation, die die Programme terrestrisch oder per Satellit über Radiowellen empfängt, oder mit einer anderen Kopfstation direkt verbunden ist, oder schließlich die Programme physisch per Kassette erhält.[38] Die Kopfstation ist verbunden mit den Verteilstationen, von denen aus die Signale zu den Kabelhaushalten gesendet werden.[39]

[34] Vgl. die nachfolgenden Unterkapitel zur Verkabelungspolitik dieser Länder.
[35] Vgl. Jeandou (1988), S. 82.
[36] Vgl. Richeri (1987), S. 444.
[37] Vgl. Kleinsteuber (1991), S. 512.
[38] Vgl. Bonnell (1989), S. 359.
[39] Vgl. Flichy (1987), S. 10.

37

Zum Kabelsystem gehört natürlich das Kabel selbst, das es in zwei Versionen gibt: Als Kupferkoaxial- und als Glasfaserkabel.[40] Kupferkabel können heute über 20 Fernsehprogramme transportieren. Ihr Nachteil gegenüber Glasfaserkabeln besteht darin, daß die Informationen nur in eine Richtung gesendet werden können, während sich das Glasfaserkabel durch seine technischen Möglichkeiten zur Dialogfähigkeit (Interaktivität) auszeichnet.[41] Daher ergeben sich bei Glasfaserkabelnetzen deutlich mehr Möglichkeiten der Nutzung. So wäre z.B. das Angebot einer Filmbibliothek möglich, aus der der Verbraucher zu der von ihm gewünschten Zeit einen Film auswählen kann. Außerdem können diese Kabelnetze ein interaktives Lernsystem anbieten, das ein individuelles Studieren erlaubt.[42] Nicht zuletzt lassen sich mit einer derartigen Kabeltechnologie auch Videospiele, Teleshopping, E-mail und Hausüberwachung bereitstellen.[43] Da sich die Signale aufgrund ihres hohen Frequenzbereichs - der des Lichts - über große Distanzen übertragen lassen, sind wesentlich weniger Verstärker als bei der herkömmlichen Kabeltechnik notwendig. Zusätzlich hinaus verfügt das Glasfaserkabel über eine wesentlich höhere Kapazität, die den Transport von mehr als 60 Programmen erlaubt, wobei die Kopfstelle deren Verschlüsselung übernimmt.[44]

Allerdings kostet das Glasfaserkabel immer noch ungefähr das Vierfache des Kupferkabels und ist damit eine sehr teure Alternative. Gerade aus diesem Grund wurde z.B. in Deutschland das Kupferkabel als wirtschaftlichere Lösung vorgezogen. Langfristig wird jedoch damit gerechnet, daß die Kosten der Glasfaser-Verkabelung geringer sein werden als der Gebrauch von Kupferkoaxialkabeln.[45]

---

[40] Die ältere Technologie ist das Kupferkoaxialkabel, das auch in den Breitbandkabelnetzen der Deutschen Bundespost-Telekom verwendet wird.
[41] Vgl. Le Fèbvre (1987), S. 36.
[42] Vgl. Flichy (1987), S. 20.
[43] Vgl. zu den Angebotsmöglichkeiten eines interaktiven Netzes Baer (1985), S. 192f.
[44] Die größeren Nutzungsmöglichkeiten des Glasfaserkabels geben die Entwicklungsrichtung klar vor: "Technologically, the future of wired video distribution is clear: it will be all-switched, all-digital, and all-fiber"; Baer (1985), S. 189.
[45] Vgl. Lanzendorf (1986), S. 105; vgl. Gilder (1991), S. 156.

In bezug auf die Finanzierung hat das Kabel gegenüber anderen Übertragungsformen einen großen Vorteil. Bei der Übertragung mittels Direkt-Fernsehsatellit oder bei terrestrischer Übertragung scheidet der Verbraucher als direkte Finanzierungsquelle für das private Fernsehen praktisch aus.[46] Eine Ausnahme stellen Pay-TV Kanäle mit aufwendiger Kodierung dar. Mit dem Kabel verschwindet dieser Antagonismus zwischen Finanzierungsmodus und Technologie, da es eine absolut neutrale Technologie in bezug auf den Finanzierungskreislauf darstellt.

Dennoch muß berücksichtigt werden, daß mit der Verkabelung wesentlich größere Investitionen verbunden sind als mit allen anderen Übertragungstechnologien. In der Regel ist auch eine landesweite Versorgung mit Kabel nicht zu erreichen. Da die Kosten eines einzelnen Kabelanschlusses in umgekehrt proportionalem Verhältnis zu den jeweiligen Anschlußquoten stehen, kommt der Anschlußdichte eine strategische Bedeutung im Hinblick auf die Rentabilität eines Kabelnetzes zu.

1.1.3.1 Verkabelung in Deutschland

Von den in dieser Arbeit näher untersuchten europäischen Ländern ist Deutschland bei der Verkabelung am weitesten fortgeschritten. Als Bestandteil des Fernmeldewesens wird sie ausschließlich mit öffentlichen Mitteln durch die Telekom-Deutsche Bundespost finanziert. Das ursprüngliche Ziel der Telekom, die flächendeckende Verkabelung Deutschlands, wurde nach einem Gutachten des Bundesrechnungshofes auf eine großflächige Verkabelung der Ballungsräume reduziert.[47] Bis Ende 1995 sollen nach Planung der Telekom 80 Prozent aller Wohnungen (in den alten Bundesländern) an das Kabelnetz anschließbar sein.[48] Die Anschlußdichte der tatsächlich angeschlossenen Wohnungen im Verhältnis zu den anschließbaren Wohnungen, ursprünglich auf 90 Prozent geschätzt, wird inzwischen mit 60 Prozent angegeben.[49] Anfang 1992 lag die

---

[46] Vgl. Frèches (1985), S. 42.
[47] Vgl. Lange, Bernd-Peter, (1987), S. 188; Müller-Römer (1992), S. A139.
[48] Vgl. Halefeldt (1990), S. 306.
[49] Vgl. Müller-Römer (1992), S. A140.

Anschlußdichte bei 55,8 Prozent. Die Anzahl der Kabelanschlüsse beträgt inzwischen über 10 Mio.[50]

1.1.3.2 Verkabelung in Frankreich

Nachdem die Anfang der 70er Jahre in den Städten gestarteten Kabelprojekte wenige Jahre später wieder gestoppt worden waren, um die Finanzmittel für den Ausbau eines dritten terrestrischen Sendenetzes (France Regions 3) freizusetzen[51], schuf das Audiovisionsgesetz von 1982 die rechtlichen Voraussetzungen für die Verkabelung in Frankreich. Bis 1992 sollten laut eines Ministerratsbeschlusses sechs Mio. Haushalte mit Glasfaserkabel ausgestattet sein.[52]

Analog zur deutschen Struktur sollte die dem Postministerium unterstellte Fernmeldebehörde France Télécom - die Nachfolgeorganisation der Direction Générale des Télécommunications (DGT) - die Verkabelung vornehmen.[53] Die Entwicklung verlief jedoch weitaus langsamer als geplant. Statt der vorgegebenen 1,4 Mio. Haushalte waren 1985 nur 200.000 Haushalte an das Kabelnetz anschließbar. Dies lag z.T. daran, daß die Kosten der Verkabelung mit Glasfaser von der verantwortlichen DGT deutlich unterschätzt worden waren.[54]

Mit dem Audiovisionsgesetz von 1986 wurde die Struktur grundlegend geändert. Die DGT-Nachfolgerin France Télécom besitzt seitdem kein Monopol mehr für den Ausbau der Kabelnetze.[55] Vielmehr steht sie bei Ausschreibungen im Wettbewerb mit privaten Gesellschaften wie z.B. den großen Versorgungsunternehmen Compagnie Générale des Eaux und Lyonnaise des Eaux sowie der staatlichen Bank Caisse des Dépots et Consignations[56], die allesamt bereits sehr stark im Audiovisionsbereich engagiert sind. Li-

---

[50] Vgl. o.V. (1992a), S. 4.
[51] Vgl. Schwanebeck 1982, S. 93.
[52] Vgl. Guillou (1987), S. 31.
[53] Vgl. Miège et al. (1986), S. 162.
[54] Vgl. Neuschwander et al. (1986), S. 98.
[55] Vgl. Cayrol (1991), S. 301.
[56] Vgl. Meise (1992), S. 241.

zenzen sollten durch die nationale Audiovisionsbehörde Conseil National de la Communication et des Libertés (CNCL) vergeben werden. Bis zum Jahr 1994 sollen diese drei Gesellschaften bereits 5,5 Mio. Anschlüsse in den von ihnen geführten Kabelnetzen installiert haben.[57] Die ihnen erteilte Betreiberlizenz wird zwischen 25 und 30 Jahren andauern. Das Vorhaben, die Verkabelung auf der Basis von Glasfaserkabel auszuführen, wurde inzwischen zu Gunsten des kostengünstigeren Kupferkoaxialkabels aufgegeben.

Trotz der wiederholten Bemühungen der französischen Regierung, die Verkabelung zu fördern[58], nehmen die Konsumenten das Kabelangebot bisher nicht an. Die Anschlußdichte überschreitet selten 10 Prozent in einem Kabelnetz. In Paris investierte die France Télécom Ende 1988 insgesamt 2,3 Mrd. Francs, um 325.000 Wohnungen anschließbar zu machen. Nur für 8000 Wohnungen wurden schließlich Kabelanschlüsse nachgefragt. Insgesamt gab es in Frankreich 1990 rund 2,65 Mio. anschließbare Wohnungen, und die Anschlußdichte lag bei unter 17 Prozent.[59]

Der wichtigste Grund für diese geringe Akzeptanz des Kabels dürfte wohl in den relativ hohen monatlichen Abonnementsgebühren von 130 bis 150 Francs liegen und den bisher relativ geringen Zusatzleistungen im Hinblick auf die Programmvielfalt, die ein Abonnement dafür erhält. Deshalb versuchen die privaten Kabelnetzbetreiber, das Programmangebot auszudehnen und neue Spartenprogramme in den Bereichen Sport, Kino und Nachrichten anzubieten.[60]

1.1.3.3 Verkabelung in Großbritannien

In Großbritannien sieht die Situation ähnlich wie in Frankreich aus. Die Verkabelung wurde in Großbritannien von Beginn an mehr als industrie- denn als rundfunkpolitische Maßnahme gesehen. Die für die Bewertung einer eventuellen Verkabelung eingesetzte Kommission ITAP (Information Technology Advisory Panel) sah in einer

---

[57] Vgl. Bonnell (1989), S. 363.
[58] Für 1995 werden nun 8 bis 10 Mio. anschließbare Wohnungen angestrebt.
[59] Vgl. Noam (1991), S. 113.
[60] Vgl. Bonnell (1989), S. 367.

Kabelpolitik vor allem ein Investitionsprogramm zur Ankurbelung des ökonomischen Aufschwungs.[61]

Trotz der Tatsache, daß bereits Anfang der 80er Jahre die ersten Lizenzen zum Betrieb von Kabelnetzen vergeben wurden, ist die Verkabelung bisher wenig fortgeschritten. Zehn Jahre später waren erst 670.000 Haushalte an ein Breitbandkabelnetz anschließbar, und nur 150.000 Kabelanschlüsse waren tatsächlich installiert.[62] Mit dem Cable and Broadcasting Act von 1984 wurde erstmals ein rechtlicher Rahmen geschaffen. Eine Aufsichtsbehörde, die Cable Authority, hatte die Aufgabe, Lizenzen zu vergeben, deren Laufzeit in der Regel 15 bis 23 Jahre betrug, sowie den Betrieb von Kabelnetzen im Hinblick auf Programmstandards und Werbung zu kontrollieren.[63]

In ihrer Verkabelungspolitik verfolgte die Regierung von Beginn an das Ziel, privates Kapital für die Investition in Kabelnetze zu gewinnen. Gleichzeitig versuchte sie aber auch, im Rahmen ihrer Telekommunikationspolitik die Verkabelung mit der wesentlich teureren Glasfasertechnik durchzusetzen.[64] Unter Berücksichtigung der dynamischen Entwicklung der Videorekorderpenetration und der Unsicherheit hinsichtlich der Konkurrenz zwischen der Satellitenentwicklung schien vielen privaten Investoren die Investition sehr risikoreich. Deshalb wurde zwar eine Vielzahl von Lizenzen beantragt und vergeben, der Ausbau von vielen Kabelnetzen de facto aber nie begonnen.[65] Die geringe Anschlußdichte liefert auch keinen zusätzlichen Investitionsanreiz. Es ist deshalb schon heute absehbar, daß sich das Satelliten- gegenüber dem Kabelfernsehen durchsetzen wird.[66]

---

[61] Vgl. Seaton (1985), S. 19.

[62] Vgl. Noam (1991), S. 140; hierbei sind nicht die über zwei Millionen Haushalte einbezogen, die über Kabel an eine Zentralantenne angeschlossen sind.

[63] Vgl. Garnham (1987), S. 143.

[64] Die Regierung beteiligte sich überhaupt nicht an Investitionen im Kabelbereich; nur die British Telecom investierte in die Entwicklung von Glasfaserkabel; vgl. Levy (1990), S.164.

[65] Vgl. Noam (1991), S. 137.

[66] Vgl. Clarke (1992), S.56.

1.2 Neue Einsatzmöglichkeiten des Fernsehens

1.2.1 Elektronische Textmedien

1.2.1.1 Fernsehtext

Fernsehtext steht für schriftliche Informationen, die zusätzlich zum Fernsehbild genutzt werden können. Für den Empfang wird ein Decoder benötigt, der heute bereits in der Regel in den neuen Fernsehgeräten integriert ist. Fernsehtext ist vor allem für kurze, aktuelle Nachrichten, Wettervorhersagen und Programmvorschauen geeignet. Der Fernsehtext ist vom Zuschauer individuell abrufbar.[67]

Fernsehtext ist mittlerweile in seiner Popularität stark gestiegen. In Deutschland gilt er als Rundfunkmedium; insofern sind die Rundfunkanbieter auch für die Inhalte zuständig.[68] Die Fernsehtext-Reichweite ist mit 22 Mio. potentiellen Zuschauern im Vergleich zu den anderen europäischen Ländern am höchsten. Ca. fünf Mio. Zuschauer pro Tag kann der Fernsehtext inzwischen verzeichnen.[69] Neben den öffentlich-rechtlichen Anstalten bieten in Deutschland u.a. auch SAT.1, RTL und Pro Sieben diesen zusätzlichen Service an. Außer in Deutschland ist Fernsehtext auch in Großbritannien sehr gefragt. BBC und die IBA haben jeweils einen eigenen Standard entwickelt (CEEFAX bzw. ORACLE) und stellen zusammen das umfangreichste Angebot in Europa bereit.[70]

1.2.1.2 Bildschirmtext

Beim Bildschirmtext (Btx; international Videotex) handelt es sich um einen Fernmeldedienst, der dem Benutzer den Zugang zu Datenbanken, Home Banking Diensten etc. eröffnet sowie die Nutzung von Telex- und Telefax-Diensten möglich macht. Die Entwicklung von Bildschirmtext-Systemen wurde Ende der 70er Jahre in Frank-

---

[67] Vgl. Müller-Römer (1992), S. A144.

[68] Dies hat bereits bei der Einführung des Fernsehtextes Anfang der 80er Jahre zu erheblichen Unstimmigkeiten mit den Zeitungsverlegern geführt, die sich, da es sich dabei um ein Textmedium handelt, selbst für zuständig hielten; vgl. Tonnemacher (1987), S. 202.

[69] Vgl. Seeger (1992), S. A161.

[70] Vgl. Noam (1991), S. 143; Seeger (1992), S. A161.

reich, Deutschland, Großbritannien und den Niederlanden begonnen. In Frankreich verfolgte man von Beginn an das Ziel, Bildschirmtext als Massenmedium zu etablieren. Neben dem elektronischen Telefonbuch wurde in Kooperation zwischen der Postbehörde und den Pressemedien eine Vielzahl von Serviceleistungen angeboten.[71] Darüber hinaus wurden die Geräte kostenfrei zur Verfügung gestellt.

Während der Bildschirmtext sich in Frankreich durch diese Absatzstrategie der Postbehörde sehr erfolgreich entwickelt hat und heute über sechs Mio. Anschlüsse aufweist, war das Btx-Angebot in Deutschland bisher ein Flop. Von den Einschätzungen der Telekom, Btx als Massendienst zu etablieren, ist er noch weit entfernt.[72] Das größte Problem für den privaten Gebrauch stellten die hohen Kosten des Decoders und das mangelnde Angebot an Serviceleistungen dar.[73] Nur ca. 20 Prozent der Btx-Anschlüsse wurden aus rein privaten Gründen bestellt. Ca. 50 Prozent der Anschlüsse werden ausschließlich für geschäftliche Zwecke eingerichtet. Insgesamt hat die Telekom bis 1991 rund 285 .000 Anschlüsse gewinnen und damit ihre Kosten zu schätzungsweise 10 Prozent bis 15 Prozent decken können.[74] Auf dieser Basis ist ein langfristiges Bestehen dieses Dienstes unwahrscheinlich. Auch das britische Bildschirmtextsystem, Prestel, sowie das italienische Videotel konnten sich nicht durchsetzen.

1.2.2 Hochauflösendes Fernsehen (HDTV)

Beim HDTV (High Definition Television) geht es um einen neuen Fernsehstandard, der eine wesentlich höhere Auflösung des Fernsehbildes ermöglicht. Dies erlaubt die Vergrößerung des Bildschirmes und eine Veränderung der Seiten- bzw. Höhenverhältnisse ohne eine Minderung der Bildqualität.[75] Der Zuschauer be-

---

71 Vgl. Charon (1987a), S. 93. "The French experience showed that, at the right price, if the equipment was consumer-friendly and the services offered were useful, consumers would use videotex."; Dunnett (1990), S. 158.
72 Vgl. Seeger (1992), S. A157.
73 Vgl. Tonnemacher (1987), S. 208.
74 Vgl. Seeger (1992), S. A158. Bis 1994 stieg die Zahl auf 700.000.
75 Vgl. Zielinski (1989), S. 389.

kommt durch das größere Bildformat eine Fernsehqualität, die sich mehr und mehr dem Kinoerlebnis angleicht.

Eine der größten Herausforderungen für die westlichen Industrienationen ist es hierbei, sich auf einen Weltstandard für HDTV zu einigen. Dieser bedeutet eine größere Sicherheit für den Konsumenten beim Kauf der Fernseh-, aber auch der Peripheriegeräte. Letztendlich wird dies ebenfalls Einfluß auf den Preis der Geräte haben, da eine rasche Entwicklung nach der Markteinführung hohe Skalenerträge bringt.

Dem Filmproduzenten bietet HDTV die Möglichkeit, die Produktion in einer elektronischen statt wie bisher in der mechanisch-chemischen Materialform auszuführen. Dies eröffnet vor allem in der Nachbereitungsphase der Produktion - z.B. beim Editing (Schneiden) und bei den Spezialeffekten - deutliche Einsparungspotentiale. Voraussetzung für eine Produktion im HDTV-Standard ist jedoch ein ausreichend großer und möglichst international einheitlicher Gerätemarkt. Eine Einigung auf Weltstandard könnte darüber hinaus die Distribution von Produkten bzw. den internationalen Programmaustausch wesentlich erleichtern.

Ungeachtet dieser Vorteile besteht das Problem, wer die neuen Absatzmärkte der Geräteindustrie bearbeiten kann. Dies wird im wesentlichen durch die Festlegung der Fernsehnorm bestimmt. Aus diesem Grund besteht ein Interessenkonflikt zwischen EU, Japan und den USA.[76] Jede der drei Regionen der Triade arbeitet an einem eigenen System, um die Gerätemärkte nicht den lokalen Konkurrenten der anderen Regionen zu überlassen. Immerhin verfügt allein der europäische Fernsehendgerätemarkt über ein Volumen von 30 bis 40 Mrd. DM; hinzu kommen jährlich weitere 700 Mio. DM für studiotechnische Einrichtungen.[77] Eine entscheidende Voraussetzung für die Durchsetzung eines Standards wird in jedem Fall eine ausreichende Programmversorgung sein.[78]

---

[76] Ebenda, S. 395.
[77] Vgl. Müller-Römer (1992), S. A15.
[78] Vgl. Owen/Wildman (1992), S. 292.

In Europa wird im Rahmen des Eureka-Projekts mehr als eine Milliarde DM in die Entwicklung einer eigenen HDTV-Fernsehnorm investiert. Es zeichnet sich aber schon heute ab, daß sich die europäische Zwischenlösung D2MAC[79] und darauf aufbauend HDMAC als Weltstandard nicht durchsetzen wird. Als größtes Problem gilt allgemein, daß das europäische System auf einer analogen statt einer digitalen Datenübertragungstechnik aufbaut.[80]

Da sich D2MAC angesichts des Astra-Erfolgs nicht im Wettbewerb durchsetzen kann, versuchen einige Länder, innerhalb der EU eine Richtlinie zu verabschieden, die alle neuen Satellitensender neben der Übertragung in den konventionellen Fernsehstandards PAL und SECAM an die zusätzliche Ausstrahlung in der D2MAC-Norm binden soll.[81] Antennenanlagen sowie Fernsehgeräte ab einer bestimmten Größe sollen entsprechend der geplanten Auflage D2MAC-Empfangsanlagen besitzen. Interessanterweise haben sich eine Reihe öffentlicher Programmanbieter sowie Geräteproduzenten aus mehreren Ländern zusammengeschlossen, um stattdessen den bisherigen Fernsehstandard PAL weiterzuentwickeln. Eine einheitliche Politik für einen Fernsehstandard, mit dem sich kommerzielle Interessen mit den Interessen des Zuschauers vereinbaren ließen, ist bisher noch nicht abzusehen.

Ein weiteres Problem des HDTV ist die Tatsache, daß es nicht kompatibel mit den heutigen Fernsehsystemen PAL und SECAM ist. Das bedeutet zwangsläufig, daß beide Fernsehsignale (HDTV und alte Systeme) gleichzeitig ausgestrahlt werden müssen. Der amerikanische Forschungsansatz verfolgt dagegen das Ziel, ein HDTV-System zu entwickeln, das mit den bisher existierenden Fernsehstandards kompatibel ist.[82]

Die Ausstrahlung von HDTV-Fernsehbildern ist aufgrund der erforderlichen Bandbreite über terrestrische Frequenzen nicht mög-

---

79 MAC = Multiplexed Analogue Component.

80 Vgl. Owen/Wildman (1992), S. 283; der amerikanische Ansatz verfolgt eine digitale Datentechnik; vgl. Gilder (1991), S. 156; vgl. auch Ktitareff (1994), S. 28.

81 Vgl. Kleinsteuber (1991), S. 517. Das Astra-System erfüllt diese Anforderungen bereits.

82 Vgl. Negrine/Papathanassopoulos (1990), S. 41.

lich.[83] Die Übertragung muß daher ausschließlich über Satellit oder Kabel erfolgen, was die Verbreitung in Europa zumindest mittelfristig deutlich behindern kann.

1.3 Ausblick - Entwicklung zur Kommunikationsgesellschaft

Es ist davon auszugehen, daß die Geschwindigkeit des technischen Fortschritts in der Zukunft eher noch zunehmen wird. Diese Veränderungen können in dieser Arbeit allerdings nur kurz angesprochen werden.

Eine der wesentlichen Entwicklungen, die sich heute bereits abzeichnet, ist das Zusammenwachsen von Telekommunikations-, Computer- und Audiovisionsindustrie. Die heutige Form der Nutzung von Computern wird sich deutlich verändern und einen verstärkten Einsatz im Unterhaltungs- und Informationsmedium Fernsehen erfahren. "[...], powerful new telecomputers will process many different forms of information, combining voice, video, data, news, education, sports, film, and photos in one interactive digital stream."[84]

Diese Geräte, die Computer und Fernsehen integrieren, werden nicht mehr wie bisher ausschließlich zum Empfangen von Fernsehsignalen genutzt, sondern darüber hinaus zum Speichern, Bearbeiten und auch Senden von Informationen eingesetzt. Die software- und hardwaretechnischen Voraussetzungen sind heute bereits größtenteils gegeben. Bedingung für diese Telecomputer ist der Einsatz digitaler Datentechnik. Sie ermöglicht in Zusammenhang mit neu entwickelten Verfahren zur Datenkompression im terrestrischen Rundfunk eine beachtliche Frequenzökonomie und erlaubt die Übertragung von zusätzlichen Programmen auf den heute überfüllten Frequenzbereichen. Eine Digitalisierung der Signale würde aber auch die Transportkapazitäten von Satelliten und Kabel erhöhen. Bis zu zehn Programme pro Satellitenkanal werden bereits für möglich gehalten.[85] Die Verwendung digitaler Datentechnik erhöht darüber hinaus die Bildqualität und vermeidet Reflektionen

---

[83] Vgl. Müller-Römer (1992), S. A147.

[84] Gilder (1991), S. 151.

[85] Vgl. Kleinsteuber (1991), S. 522.

oder sonstige Empfangsbeeinträchtigungen. Außerdem läßt sich auch ein Bildformat 16:9 realisieren. Digitalisierung und Datenkompression werden aber nicht nur die Übertragungskapazitäten erhöhen, sondern auch die Signalübertragung erheblich beschleunigen.[86]

Eine weitere Veränderung betrifft die angestammte Nutzung verschiedener Übertragungswege durch den Telekommunikations- und Audiovisionsbereich. Während Rundfunk historisch über terrestrische Frequenzen verbreitet wurde und Telekommunikationsleistungen über Leitungsnetze angeboten wurden, entwickelt sich dies heute in die entgegengesetzte Richtung: "[...] what currently goes through wires, chiefly voice, will move to the air; what currently goes through the air, chiefly video, will move to the wires."[87] Nicht mehr überzogen scheint heute die Aussage, daß sich die über Jahrzehnte entstandene Fernsehgesellschaft relativ kurzfristig in eine Kommunikationsgesellschaft wandeln wird, für die Fernsehen nur noch eine von vielen - z.T. interaktiven - Kommunikationsmöglichkeiten sein wird.

2. Rechtliche Rahmenbedingungen

2.1 Entwicklung der Rundfunkordnungen in den bedeutendsten europäischen Rundfunkmärkten

Im folgenden wird die Veränderung der Rundfunkordnungen in den wirtschaftlich bedeutendsten Audiovisionsmärkten der EG analysiert. Deutschland, Frankreich, Großbritannien und Italien hatten 1985 einen Anteil von 85 Prozent am Audiovisionsmarkt der EG, wovon 57 Prozent dem Fernsehbereich zugerechnet werden können. Der Gesamtumfang des Marktes zu diesem Zeitpunkt wurde auf 15 Mrd. ECU geschätzt.[88] Die Entwicklung in diesen Ländern wird sich gesamteuropäisch auswirken.

---

[86] Vgl. Gilder (1991), S. 154; was vor allem bei individualisiertem Fernsehservice (Pay-per-view, Video on demand) von großem Vorteil ist.

[87] Nicholas Negroponte, zitiert nach Gilder (1991), S. 154.

[88] Vgl. Jeandou (1988), S .5.

Die medienrechtliche Ausgangsbasis vor den Marktveränderungen war in allen Ländern völlig unterschiedlich und ist separat von der amerikanischen Situation zu bewerten. In Europa herrschte (und herrscht z.T. immer noch) in einigen Ländern ein wettbewerbshemmender Kultur-und Politikprotektionismus, der die Kräfte des Marktes aussetzt. Dieser Kulturprotektionismus äußert sich beispielsweise in hohen Programmauflagen bei privaten Betreibern von TV-Programmen.[89] Rundfunk wurde außerdem auch als Herrschaftsinstrument gesehen und war deshalb ständig einer hohen staatlichen, bzw. halbstaatlichen, Einflußnahme ausgesetzt.[90] Dies gilt vor allem für Italien und Frankreich; aber z.T. ist diese Aussage auch für Deutschland gerechtfertigt.

Die Grundlagen der jeweiligen Rundfunkordnungen wurden über einen langen Zeitraum hinweg nicht in Frage gestellt, weil sie durch die Knappheit der Frequenzen gerechtfertigt erschienen. Erst der technologische Fortschritt erzwang auch eine Änderung des Verständnisses.[91]

Die Entwicklung der Rundfunkordnungen in der zweiten Hälfte der 80er Jahre verlief in den meisten europäischen Ländern gleichmäßig. Sie war vor allem durch folgende Ereignisse gekennzeichnet:

• Die Aufhebung des staatlichen Monopols und die Etablierung von dualen Rundfunksystemen.[92]

• Die Schaffung unabhängiger Kontrollinstanzen, die die Überwachung von privaten TV-Anbietern übernahmen.[93]

Der Wechsel von einem ausschließlich staatlichen System zu einem dualen Rundfunksystem folgte den strukturformenden Veränderungen der technischen und wirtschaftlichen Rahmenbedingungen. Er erforderte die Bildung adäquater Kontrollmechanismen für

---

[89] Zu anspruchsvolle und kostspielige Programmauflagen haben wesentlich dazu beigetragen, daß der private französische TV-Betreiber La Cinq in Konkurs gehen mußte.

[90] Vgl. Bullinger (1988), S. 62.

[91] Vgl. Mestmäcker (1988), S. 10.

[92] Vgl. Faul (1991), S. 51.

[93] Vgl. Jeandou (1988), S. 12.

den neugeschaffenen privaten Rundfunk. Zur Wahrung des Pluralismus war und ist es darüber hinaus notwendig, ein funktionieren-
des Instrumentarium zur Verhinderung von Medienkonzentration zu
etablieren, das allerdings auch ökonomischen Erfordernissen
Rechnung trägt. Für eine derartige "Multi-Media-Gesetzgebung"
bieten sich grundsätzlich mehrere Optionen an:

- Beschränkungen der Reichweiten,

- Grenzen für lokale, regionale oder landesweite Ausstrahlung,

- Grenzen für die Höhe der Beteiligung an Programmveranstaltern,

- Schranken für eine Beteiligung von Unternehmen, die bereits in anderen Medienbereichen aktiv sind.[94]

Die einzelnen Länder trugen diesen beiden Aspekten unterschiedlich Rechnung. Eine internationale Regelung ist derzeit allerdings
noch nicht abzusehen. Hierauf wird in den folgenden Kapiteln näher eingegangen.

In einem kurzen Abriß wird im folgenden zunächst die Entwicklung
der Rundfunkordnungen in den untersuchten Ländern dargestellt.
Daran schließt sich eine Analyse der medienrechtlichen Entwicklung auf europäischer Ebene an. Aufgrund des großen zeitlich be-
dingten Erfahrungsvorsprungs der USA in Fragen des Medienrechts
und der Medienökonomie wird auch auf die medienrechtliche
Entwicklung in den USA eingegangen.

2.1.1 Rundfunk in Großbritannien

Die Anfänge des britischen Fernsehens reichen in die zweite Hälfte
der 30er Jahre zurück. Wie in den USA die großen Radioketten,
entwickelte sich auch in Großbritannien die öffentlich-rechtliche
Radioanstalt British Broadcasting Corporation (BBC) zum Fern-
sehpionier; bereits 1936 strahlte sie die ersten Sendungen für ein

---

[94] Ebenda, S. 142.

paar hundert Haushalte aus.[95] Die eigentliche Entwicklung der BBC als TV-Sender begann allerdings erst in den 50er Jahren.

Die BBC war von Anfang an unabhängig organisiert. Ihr staatlicher Rundfunkauftrag bezog sich in erster Linie auf eine landesweite Versorgung, auf die Sicherung der Pluralität des Programms und die Übertragung wichtiger Ereignisse.[96]

Insgesamt läßt sich die Entwicklung des britischen Fernsehens in den letzten 50 Jahren in drei Phasen unterteilen:

• Monopol bis 1955,

• Duopol bis 1990 mit klarer Ausrichtung am "Public-Service"- Programmauftrag,

• Seitdem voraussichtlich wachsende Dominanz des privaten Fernsehens als Konsequenz des Broadcasting Acts von 1990.

Im Unterschied zu den übrigen europäischen Ländern wurde in Großbritannien das staatliche TV-Monopol schon sehr frühzeitig aufgelöst. Das Gesetz von 1955 schuf das Independent Television (ITV), einen Zusammenschluß privater regionaler Anbieter, sowie gleichzeitig die Independent Broadcasting Authority (IBA), die die heute 16 ITV-Gesellschaften kontrolliert. Das britische Modell des Duopols hatte jedoch wenig gemeinsam mit den heutigen kontinentalen Strukturen.[97] Da die BBC weiterhin ausschließlich durch Rundfunkgebühren finanziert wurde, konnten sich die ITV-Gesellschaften konkurrenzlos auf die Werbefinanzierung stützen.[98]

Die Sender des ITV waren dem gleichen Reglement wie die BBC unterworfen und hatten wie sie öffentliche Programmaufträge zu erfüllen.[99] Die IBA kontrollierte Programmstandards und -qualität sowie die Werbung. Ihre wichtigste Aufgabe war jedoch die Ver-

---

[95] Vgl. Davis (1990), S. 111.

[96] Ebenda, S. 113.

[97] Vgl. Levy (1991), S. 142; vgl. auch Cayrol (1991), S. 353.

[98] Vgl. Buscombe (1990), S. 398.

[99] Vgl. Davis (1990), S. 122.

gabe von Lizenzen. Entscheidend war hierbei, ob der Lizenznehmer finanziell stabil war, ob seine Programme den Qualitätsanforderungen entsprachen und "im Dienste der Öffentlichkeit" (public service) standen.[100]

Während dieser Phase führte die BBC ihren zweiten Kanal ein (1966), und der erste nationale Privatsender, Channel 4, nahm 1982 seine Arbeit auf. Der Sender wird durch die ITV-Gesellschaften finanziert, die im Gegenzug die Werbezeiten von Channel 4 verkaufen konnten. Der Programmauftrag verpflichtet Channel 4 zur Ausstrahlung von Minderheitenprogrammen.[101] Channel 4 darf keine Eigenproduktionen vornehmen, sondern muß bei originärer Software auf Auftragsproduktionen zurückgreifen.[102]

Zum Ende dieser Phase, Anfang der 80er Jahre, wurde die britische Medienpolitik immer inkohärenter und widersprüchlicher.[103] So unterließ sie es z.b. völlig, eine klare Richtung für Investitionen in Kabel und Satelliten vorzugeben, aus denen sie sich selbst völlig heraushielt.[104]

Die dritte und vorerst letzte Phase des britischen Fernsehen begann in der zweiten Hälfte der 80er Jahre mit der Einsetzung der nach ihrem Vorsitzenden benannten Peacock-Kommission. Ihre Untersuchungsergebnisse führten 1988 zu einem Weißbuch (Broadcasting in the 1990's: Competition, Choices and Quality) und letztendlich, mit wenigen Änderungen, zum Broadcasting Act von 1990. Die künftige Richtung des britischen Rundfunks wird durch die Schwerpunkte des Gesetzes sehr deutlich: Die neuen Regelungen beziehen sich fast ausschließlich auf den privaten Rundfunkbereich.[105]

---

[100] Vgl. Levy (1990), S. 153.

[101] Vgl. Dunnett (1990), S. 125.

[102] Vgl. Buscombe (1990), S. 398; diese Anforderung hat zu einer enormen Verbesserung der Strukturen für unabhängige Produzenten geführt; vgl. hierzu Wiedemann (1988), S. 96; vgl. auch Noam (1991), S. 124.

[103] Vgl. Levy (1991), S.163.

[104] An dieser Stelle muß erwähnt werden, daß ein wichtiges Ziel der 1979 an die Regierung gekommenen Konservativen der größtmögliche Rückzug des Staates aus dem öffentlichen Bereich, darunter auch dem Audiovisionsbereich, war; vgl. Tunstall (1987), S.156.

[105] Vgl. Hearst (1991), S. 170.

Das Gesetz trennt künftig stärker den Fernseh- und Hörfunksektor. Die bisherige Aufsichtsbehörde für den Rundfunk, IBA, wurde durch zwei Aufsichtsorgane, die Independent Television Commission (ITC) und die Radio Authority, ersetzt. Die ITC umfaßt die für Fernsehen zuständige Abteilung der IBA sowie die Cable Authority, die bisher die Aufsicht über den Kabelbereich hatte. Aufgabengebiet und -umfang haben sich jedoch kaum geändert. Neu ist lediglich, daß das Gesetz bestimmte Standards bezüglich der Darstellung von Gewalt und Sex aufstellt, deren Einhaltung vom British Broadcast Committee überwacht wird.

Für Channel 3 (das frühere ITV-Netz) wurden im Rahmen eines Auktionsverfahrens Lizenzen an regionale Veranstalter für eine zehnjährige Laufzeit neu vergeben. Entscheidende Kriterien für die Auswahl der Bewerber sollten Programmqualität und die Höhe des finanziellen Gebots sein.[106] Bei der Neuvergabe der Lizenzen wurden einige der etablierten Programmveranstalter überraschenderweise nicht berücksichtigt.[107] Die ITC bevorzugte in ihren Lizenzentscheidungen deutlich das Programmkonzept des "Publisher-Broadcaster".[108] Der Publisher-Broadcaster unterscheidet sich vom "Producer-Broadcaster" durch den hohen Anteil an Fremdproduktionen. Die Erfüllung der durch das neue Rundfunkgesetz vorgesehenen Produktionsquote von 25 Prozent (Aufträge an unabhängige Produzenten) dürfte daher für die neuen Veranstalter kein Problem darstellen.

Der vierte Kanal (Channel 4) wird als vom ITV-Netz künftig unabhängiger public service-Kanal weitergeführt, seine möglichen Defizite aus zu geringen Werbeeinnahmen sollen durch die Einnahmen aus den Lizenzverträgen für Channel 3 durch die ITC kompensiert werden. Ferner wird 1994 ein dritter durch Werbung fi-

---

[106] Vgl. Noam (1991), S. 145; So ungewöhnlich ein Auktionsverfahren zur Lizenzvergabe auf den ersten Blick erscheint, so mindert es doch die Problematik, daß ein Wirtschaftsgut - in Form einer Lizenz - ohne Einfluß des Marktes (vor allem Preis) vergeben wird. "The scarcity of licences has led to economic rents for license holders." Owen/Wildman (1992), S. 15. Ein Auktionsverfahren kann daher eine wirtschaftlich sinnvolle Lösung sein.

[107] Das prominenteste Opfer war der zum Thorn-EMI-Konzern gehörende und in der ITV größte Programmveranstalter Thames Television.

[108] Murdock (1992), S. 230.

nanzierter, nationaler Kanal (Channel 5) mit einer technischen Reichweite von ca. 60 bis 70 Prozent geschaffen.[109]

Insgesamt wird das Gesetz zu einer stärkeren Kommerzialisierung des Fernsehens führen. Die durch die Verauktionierung im allgemeinen gestiegenen Lizenzgebühren mit den entsprechenden Auswirkungen auf die Margen der TV-Veranstalter sowie die künftige Konkurrenz durch Channel 5 um die Werbegelder werden starke Anreize für die Ausstrahlung massenattraktiver Programme darstellen. Da das Broadcasting Act zudem nicht spezifiziert hat, was unter Programmvielfalt und -qualität zu verstehen ist[110], ist eine allgemeine Verschlechterung des britischen Programmstandards nicht ausgeschlossen.

Bis auf die Tatsache, daß nun auch die BBC 25 Prozent ihrer Sendezeit durch Produktionen unabhängiger Produzenten zu füllen hat, änderte sich für sie in erster Linie nur die Finanzierung. Das Wachstum des Gebührenaufkommens soll bis zu einer endgültigen Regelung der Finanzierung der BBC im Jahr 1996 an den Einzelhandelspreisindex gekoppelt bleiben.[111] Obwohl die BBC damit über mehr Planungssicherheit und auch über größere Unabhängigkeit verfügt, ist ein hoher Rationalisierungsdruck sehr wahrscheinlich, da die Kosten im Film- und Fernsehbereich erfahrungsgemäß im Vergleich zum Preisindex überdurchschnittlich steigen. Dies gilt insbesondere auch für die Personalkosten, die 70 Prozent des BBC-Budgets ausmachen.[112]

Auch im Hinblick auf die Beschränkung von Medienkonzentration hat das Gesetz erstmalig Regelungen vorgesehen.[113] Unternehmen aus Ländern außerhalb der EU dürfen demnach keine mehrheitliche Beteiligung an einer Rundfunklizenz erwerben. Grundsätzlich darf ein Unternehmen nicht mehr als zwei große regionale Channel 3-

---

[109] Vgl. Hearst (1991), S. 171; allerdings benötigt die dem Channel 5 bisher zugedachte Frequenz eine neue Antenne beim Empfänger; Noam (1991), S. 147.

[110] Vgl. Murdock (1992), S. 234.

[111] (RPI : Retail Price Index). Zur Darstellung und Analyse dieses Verfahrens vgl. Kopper (1991), S. 716f.

[112] Vgl. Noam (1991), S. 123.

[113] Vgl. Murdock (1992), S. 226.

Lizenzen halten. Diese dürfen darüber hinaus nicht benachbart sein. Lizenznehmer für den Channel 3 haben zudem nicht die Möglichkeit, sich am neuen Sender Channel 5 zu beteiligen. Diese Regeln zeigen, daß der Gesetzgeber keine Dominanz eines einzelnen Unternehmers in der Programmveranstaltung zulassen wollte.

Die Beschränkungen von medienübergreifenden Beteiligungen wurden gleichfalls geregelt. Im selben regionalen Markt dürfen TV-Lizenzen und Tageszeitungen nicht gleichzeitig betrieben werden, sobald die Zeitung einen Marktanteil von mehr als 20 Prozent hat.[114]

Obwohl die dargestellten Regelungen auf den ersten Blick recht rigide erscheinen, zeigt sich doch gerade am britischen Beispiel die heutige Problematik von nationalen Versuchen, Medienkonzentrationen zu beschränken. Der australische Medienkonzern News Corp. z.B. besitzt über eine britische Tochtergesellschaft mehrere Zeitschriften und Zeitungen, darunter auch die angesehene Tageszeitung The Times. Gleichzeitig werden über Satellit die Programme von BSkyB, einer 50prozentigen Tochter des Unternehmens, nach Großbritannien gesendet.[115] Da sich der Sender sehr rasch entwickelt, ist eine starke Einflußmöglichkeit des Unternehmens für beide Medien im gleichen Markt nicht auszuschließen. Auf diese Problematik wird später noch detaillierter eingegangen.[116]

Insgesamt betrachtet hat sich das britische Rundfunksystem jedoch bisher sehr bewährt. Dies trifft insbesondere auf die Programmstandards zu, wo vor allem die BBC einen exzellenten Ruf genießt. Die Entwicklung der Übertragungswege dagegen verlief zu langsam und ohne klare Konzeption.

2.1.2 Rundfunk in Italien

Die Geschichte des italienischen Rundfunks wurde im Vergleich zu den anderen drei Ländern am stärksten von politischen Einflüssen

---

[114] Vgl. Noam (1991), S. 146.
[115] Vgl. Collins (1990), S. 109.
[116] Vgl. Kap. III.2.2.

bestimmt. Die staatliche Rundfunkgesellschaft Radiotelevisione Italiana (RAI)[117] wurde bis 1975 durch das Kabinett beaufsichtigt und erst danach unter die Kontrolle des Parlaments gestellt. Jedoch blieben mit Hilfe des Wahlmodus' des Aufsichtsrates auch nach dieser Änderung die jeweils regierenden Kräfte maßgebend. Die Programme der RAI wurden offen den jeweiligen Parteieninteressen unterstellt.[118]

Der öffentliche Rundfunk finanziert sich z.T. aus Rundfunkgebühren[119] und z.T. aus der Werbung. Deren Beschränkung - auf zur Zeit maximal fünf Prozent der Sendezeit[120] - wurde 1975 zum Schutz der Privatmedien geschaffen. Seitdem wird sie jährlich von der parlamentarischen Kontrollkommission in Zusammenarbeit mit dem Zeitungsverlegerverband neu festgelegt.[121]

Das private Fernsehen konnte sich bereits in den 70er Jahren etablieren, nachdem der Verfassungshof, dem in der Medienrechtsentwicklung eine besondere Rolle zukommt, 1976 das damalige Rundfunksystem für unzulässig erklärt hatte.[122] Bis zu diesem Zeitpunkt hatten die beiden Programme der RAI ein staatliches Monopol inne. Nach Auffassung des Verfassungshofes ließ sich dieses Monopol jedoch ausschließlich auf nationaler Ebene rechtfertigen; auf lokaler Ebene hielten die Richter Privatfunk für durchaus notwendig.[123] Allerdings verlangten sie vom Gesetzgeber, daß er den privaten Lokalsendern einen formalen und inhaltlichen Auflagenrahmen vorgibt.[124] Der Richterspruch wurde jedoch nie in Gesetze umgesetzt, da das politische System nicht in der Lage war,

---

[117] Die RAI hat den Rechtsstatus einer privaten Gesellschaft unter öffentlicher Aufsicht. Alleinaktionär ist die italienische Staatsholding IRI (Istituto per la Ricostruzione Industriale); diese steht ihrerseits unter Aufsicht des Ministeriums für öffentliche Industriebeteiligungen.

[118] Vgl. Noam (1991), S.150; RAI-1 blieb unter dem Einfluß der Christdemokraten, RAI-2 wurde den Sozialisten zugesprochen, und der 1979 geschaffene 3. Kanal wird von den Kommunisten dominiert.

[119] Die Rundfunkgebühr wird bei Kauf des Fernsehgeräts fällig; vgl. Jeandou (1988), S. 94.

[120] Vgl. Jeandou (1988), S. 95.

[121] Vgl. Rauen (1990), S. 156.

[122] Vgl. Buscombe (1990), S. 396.

[123] Vgl. Negrine/Papathanassopoulos (1990), S. 19.

[124] Vgl. Meinel (1988), S. 222.

sich auf eine kohärente Rundfunkstruktur zu einigen. Insofern stellt Italien eine Besonderheit dar, da sich der private Rundfunk nicht durch Gesetze, sondern durch unternehmerisches Handeln etabliert hat.[125]

Die Entscheidung des Verfassungshofes führte zur Gründung zahlreicher kleiner TV-Sender, die jedoch in der Regel nur kurze Zeit überlebten. 1981 bekräftigte der Verfassungshof sein altes Urteil und verlangte vom Gesetzgeber nochmals eine gesetzliche Regelung. Doch erst 1985 wurde ein Interimsgesetz aufgestellt. Es erlaubte zum ersten Mal die Ausstrahlung nationaler privater Programme.[126] Darüber hinaus regelte das Gesetz erstmals das Ausmaß von Fernsehwerbung.

Das Gesetz sah hingegen nur wenige Regeln zur Beschränkung von Medienkonzentration vor.[127] Zu den wenigen Bestimmungen zählten, daß Unternehmen an höchstens drei Fernsehkanälen beteiligt sein dürfen und im selben Markt - z.B. in derselben Stadt - nicht gleichzeitig Tageszeitungen und TV-Kanäle betreiben können. Für die privaten Anbieter gibt es darüber hinaus keine Aufsichtsbehörde; die RAI wird dagegen nach wie vor von einer parlamentarischen Kontrollkommission überwacht.[128]

Dieses gesetzliche laissez-faire hat inzwischen zu einer hohen Konzentration des Medien- und Werbemarktes geführt.[129] Im Laufe der Jahre bildete sich ein Oligopol bestehend aus der RAI und der privaten Fininvest mit einem Marktanteil von zusammen 85 Prozent.

Dieses de facto-Monopol der italienischen Finanzholding Fininvest auf dem privaten Sektor entwickelte sich nach dem zweiten Urteil des Verfassungshofes im Jahr 1981. Bevor das von den Richtern angemahnte Mediengesetz verabschiedet wurde, hatten neben der Fininvest mit ihrem Canale 5 auch die beiden Großverlage

---

[125] Vgl. Noam (1987), S. 19-27.

[126] De facto gab es nationale Programme schon vor 1985, da einzelne Programme mit Hilfe eines gleichzeitigen Einsatzes von Videokassetten landesweit ausgestrahlt wurden.

[127] Vgl. Jeandou (1988), S. 83.

[128] Vgl. Jeandou (1988), S. 83.

[129] Vgl. Rauen (1990), S. 165.

Mondadori und Rusconi eigene Fernsehsender, Italia I und Rete 4, gegründet.[130] Die hohen Anfangsverluste zwangen Rusconi jedoch schon nach wenigen Monaten zum Verkauf an die Fininvest, die mit ihrem Sender, durch Dumping-Methoden sowie durch ihre gute finanzielle Ausstattung frühzeitig die Marktführerschaft übernommen hatte. Zwei Jahre später mußte auch Mondadori seinen Sender Italia I an die Fininvest veräußern, da die anhaltend hohen Verluste anfingen, die Existenz des Verlages zu bedrohen.[131]

Die heutige Dominanz der Fininvest zeigt sich daran, daß ihren Sendern 85 Prozent der Einnahmen der privaten Fernsehwerbung zufließen. Am gesamten italienischen Werbevolumen hält die Fininvest einen Anteil von über 30 Prozent.[132]

Die hohe Medienkonzentration vor allem im TV-Bereich führte im August 1990 zur Verabschiedung eines neuen Mediengesetzes, das erstmals das Privatfernsehen regelte und eine tatsächliche Beschränkung der Medienkonzentration vorsieht.[133] Außerdem wurden der bisher ausschließlich für die Tagespresse zuständigen Aufsichtsbehörde zusätzliche Kompetenzen für den Fernsehsektor eingeräumt (Garante per la radio-diffusione e l'editoria). Die Garante überwacht unter anderem die Einhaltung von Werberegeln und Programmauflagen. Als drastischste Sanktion kann die Garante allerdings den Lizenzentzug lediglich vorschlagen. Darüber entscheiden muß das Postministerium, das - nach einer zweijährigen Übergangsphase - für die Lizenzvergabe zuständig sein wird.[134]

Mit dem neuen Gesetz wurden die Werberegeln verschärft. Die staatliche Anstalt RAI darf maximal 12 Prozent Werbung pro Programmstunde senden. Im Privatfernsehen wurde der maximale Anteil der Werbung von 20 auf 18 Prozent gesenkt. Von dieser

---

[130] Vgl. Cayrol (1991), S. 375.
[131] Rauen (1990), S. 158.
[132] Vgl. Meinel (1988), S. 226.
[133] Vgl. Sauer (1991), S. 161.
[134] Ebenda, S. 164.

Grenze darf ausnahmsweise abgewichen werden, wenn der Ausgleich unmittelbar vor oder nach der Programmstunde erfolgt. [135]

Zusätzlich wurde auch die Unterbrecher-Werbung reglementiert. Filme mit einer Spielzeit von 45 bis 110 Minuten dürfen maximal dreimal unterbrochen werden. Bei einer Spielzeit von mehr als 110 Minuten sind vier Unterbrechungen erlaubt. Werbeblöcke in Zeichentrickfilmen sind grundsätzlich untersagt.

Auch Programmgestaltung und -herkunft werden künftig strikter gehandhabt. Nach dem neuen Gesetz müßten bis 1993 insgesamt 40 Prozent der Sendezeit mit europäischen Produktionen abgedeckt werden; ab 1993 steigt der Anteil auf 50 Prozent. Filme, für die eine Altersbeschränkung von 18 Jahren gilt, dürfen nicht mehr ausgestrahlt werden. Außerdem dürfen Filme mit einer Altersbeschränkung von 14 Jahren künftig nur noch zwischen 22.30 Uhr und 7.00 Uhr gesendet werden. Nationale TV-Anbieter müssen darüber hinaus künftig täglich mindestens eine aktuelle Nachrichtensendung anbieten. Als Ausgleich räumt das Gesetz den Privaten die Möglichkeit ein, künftig Live-Veranstaltungen auszustrahlen. Dies war bisher ausschließlich den staatlichen Sendern vorbehalten. Bemerkenswert ist, daß sich das neue Gesetz ausschließlich auf die terrestrische Übertragung bezieht und die Übertragung per Kabel oder Satellit nicht behandelt. [136]

Im Hinblick auf die Beschränkung der Konzentration im Medienbereich regelt das Gesetz folgendes: Künftig darf ein Unternehmen maximal drei nationale Fernsehsender betreiben. Hat es zudem beherrschenden Einfluß im Tageszeitungsgeschäft, dann reduziert sich seine Beteiligung auf maximal zwei Sender. Übersteigt sein Einfluß acht Prozent des Zeitungsmarktes, darf es nur noch einen Sender halten; bei einem Marktanteil von über 16 Prozent sind maßgebliche Beteiligungen an privaten, landesweiten TV-Sendern grundsätzlich untersagt.

---

[135] Zu erwähnen ist, daß die drei zum Fininvest Konzern gehörenden Fernsehanbieter mit den Werbetreibenden eine freiwillige Selbstbegrenzung auf 9 - 10 Minuten pro Stunde in der Hauptsendezeit vereinbart hatten; vgl. Meinel (1988), S. 266.

[136] Vgl. Sauer (1991), S. 166.

Der gleichzeitige Betrieb von lokalen und nationalen Fernsehsendern wird künftig nicht mehr zugelassen. Darüber hinaus darf ein Unternehmen nur noch im Auftrag von maximal drei nationalen Sendern die Akquisition von Werbetreibenden vornehmen.[137]

Insgesamt dürfen Unternehmen, die mindestens zwei Drittel ihres Umsatzes im Medienbereich realisieren, einen Anteil von 25 Prozent am gesamten Medienmarkt nicht überschreiten. Liegt der Umsatzanteil unter diesen zwei Dritteln, dann beschränkt sich der Anteil auf 20 Prozent.

Kritisch betrachtet, hat sich die neue Gesetzgebung sehr stark an den vorherrschenden - bereits stark konzentrierten - Marktverhältnissen orientiert und damit den Status quo gefestigt. Die Fininvest, auf die das Gesetz de facto zugeschnitten wurde, muß nach den neuen Regeln lediglich eine Tageszeitung desinvestieren und wird künftig nicht mehr die Werbung für lokale Sender akquirieren dürfen.

2.1.3 Rundfunk in Frankreich

Der französische Rundfunk wurde nach dem Zweiten Weltkrieg sehr zentralistisch geführt und war - vor allem bis Mitte der 70er Jahre - von starker politischer Einflußnahme geprägt.[138] Dies wird insbesondere daran deutlich, daß das Rundfunksystem jeweils nach Präsidentschaftswahlen bzw. vor Parlamentswahlen reorganisiert wurde. Im Laufe der 80er Jahre hat sich die französische Rundfunklandschaft aber durch die Verabschiedung mehrerer Rundfunkgesetze deutlich verändert. Die ersten Umwälzungen traten 1982 mit einem neuen Rundfunkgesetz ein, das erstmals die Privatisierung des Rundfunks vorsah. Bis dahin hatten die drei öffentlichen Fernsehanstalten TF1, Antenne 2 und France Régions 3 (FR3) eine Monopolstellung inne. Darüber hinaus wurde mit dem Gesetz eine unabhängige Kontrollinstanz, die Haute Autorité, geschaffen, die den privaten Rundfunk überwachen sollte. Zwei Jahre später erfolg-

---

137 Ebenda, S. 162.

138 Vgl. Noam (1991), S. 95; vgl. auch Kuhn (1985), S. 50.

te die Gründung des Abonnementfernsehens Canal +, des ersten privaten Fernsehsenders in Frankreich.[139]

Die entscheidende Strukturveränderung des französischen Fernsehens vollzog sich allerdings erst mit dem Audiovisionsgesetz von 1986 und seinen Konsequenzen. Die Privatisierung des ersten und größten öffentlichen Senders, TF1, und die Lizenzvergabe an zwei weitere Privatsender, La Cinq und M6, führten zu einem starken Rückzug des Staates aus dem Programmbetrieb.[140] Da sich diese drei Fernsehanbieter ausschließlich durch Werbung finanzierten, resultierte dies in einer deutlichen Verschiebung der Finanzierungsressourcen. Während sich der Betrieb der drei staatlichen Sender bis 1983 noch zu mehr als 50 Prozent aus Rundfunkgebühren finanzierte, nahm die Bedeutung der Einnahmen aus Werbung und Abonnements in den darauffolgenden Jahren enorm zu. Seit 1987 liegen allein die Erlöse des Pay-TV Kanals über den gesamten Einnahmen der Rundfunkgebühren.[141]

Am stärksten betroffen durch die Umwälzungen der französischen Rundfunklandschaft sind daher auch die beiden verbliebenen öffentlichen Anbieter, France 2 und FR3. Beide leiden unter hohen Budgetdefiziten, die nur durch staatliche Subventionen ausgeglichen werden können. Vor allem bei France 2 hat sich durch die Konkurrenz mit den privaten Wettbewerbern ein starker Rückgang der Werbeeinnahmen bemerkbar gemacht. Während der Sender 1988 noch 60,5 Prozent seines Budgets durch Werbung finanzierte, liegt ihr Anteil vier Jahre später nur noch bei 37 Prozent.[142]

Das Gesetz löste auch die Haute Autorité durch eine neue Kontrollbehörde, den Conseil National de la Communication et des Libertés (CNCL), ab, die mit deutlich größeren Befugnissen als ihre Vorgängerin ausgestattet wurde. Wichtigste Aufgabe des CNCL sollte die Vergabe von Lizenzen und die Kontrolle der Einhaltung

---

[139] Vgl. Kap. IV.1.2.

[140] Hier muß ergänzt werden, daß ein Jahr vor Verabschiedung des Gesetzes zwei Fernsehanbietern, einer davon war La Cinq, bereits eine Lizenz erteilt worden war, dies allerdings ohne rechtliche Grundlagen und ohne ein geregeltes Lizenzvergabeverfahren.

[141] Vgl. Jeandou (1988), S. 43.

[142] Vgl. Meise (1992), S. 250.

der den jeweiligen Sendern in den sogenannten Pflichtenheften (Cahiers des charges) vorgegebenen Programmauflagen sein. Diese Auflagen konnten jedoch von den privaten Sendern in den Folgejahren aus wirtschaftlichen Gründen nicht eingehalten werden. Bereits zwei Jahre nach Gründung des CNCL wurde diese Behörde wieder aufgelöst und durch den Conseil Supérieur de l'Audiovisuel (CSA) ersetzt.[143] Damit war innerhalb von wenigen Jahren die dritte Kontrollinstanz ins Leben gerufen worden. Dem CSA wurden die bisher umfangreichsten Kompetenzen übertragen. Vor allem kann er Strafen verhängen und - als stärkstes Mittel - Lizenzen entziehen.[144]

Diese Entwicklung zeigt deutlich, daß der französische Staat, obwohl er sich weitgehend aus dem Programmbetrieb zurückgezogen hat, weiterhin stark regulierend eingreift. Im Mittelpunkt des staatlichen Interesses steht eindeutig der Schutz der französischen Programmindustrie.[145] In keinem anderen Land Europas wird der Produktion von audiovisueller Software eine solche Bedeutung als Instrument zur Wahrung der nationalen Kultur beigemessen wie in Frankreich. Die Wirtschaftlichkeit des Programmbetriebs gilt dabei als nachrangig.[146] Alle Fernsehsender haben eine Abgabe in Höhe von drei Prozent ihres Nettoumsatzes zu leisten, der in die Filmförderung fließt. Zusätzlich haben sie - analog zum britischen Recht - Produktionsquoten zu erfüllen, d.h., mindestens 15 Prozent ihrer Nettoumsätze müssen in die Produktion französischer Programme investiert werden, wobei zwei Drittel dieses Volumens als Auftragsproduktionen an unabhängige Produzenten vergeben werden müssen.[147] Zunächst waren auch Programmquoten von 50 Prozent französischer Produktionen und 60 Prozent europäischer Produk-

---

[143] Vgl. Cayrol (1991), S. 267.

[144] Vgl. Noam (1991), S. 109.

[145] Vgl. Meise (1992), S. 236.

[146] Dies hat sich insbesondere bei dem wirtschaftlichem Zusammenbruch von La Cinq gezeigt, als der CSA ein Sanierungskonzept ablehnte, das eine Abweichung von den ursprünglichen - wirtschaftlich nicht zu erfüllenden - Programmauflagen vorsah.

[147] Vgl. Meise (1992), S. 240.

tionen vorgesehen.[148] Diese wurden erst durch Intervention der EG-
Kommission um jeweils 10 Prozent reduziert.

Auch die Regeln zur Beschränkung von Konzentration im Medienbereich sind vor allem von dem Schutzgedanken einer unabhängigen Film- und Fernsehproduktion geleitet. Programmveranstalter
dürfen keine Beteiligung von mehr als fünf Prozent an einer Produktionsfirma erwerben. Außerdem darf ein Unternehmen, das zu
mehr als fünf Prozent an einem Fernsehsender beteiligt ist, nicht
gleichzeitig einen Anteil von mehr als 20 Prozent an einer Produktionsgesellschaft halten.[149] Vergleichbar mit den Regeln in anderen
Ländern wurde darüber hinaus festgelegt, daß eine einzelne juristische oder auch natürliche Person keine Beteiligung von über 25
Prozent an einem Fernsehsender halten darf, der über terrestrische
Frequenzen national ausstrahlt. Neben dieser Beteiligung dürfen
maximal 15 Prozent eines zweiten Senders und fünf Prozent eines
dritten Senders im Besitz derselben Person sein.[150]

Auch in bezug auf Beschränkungen von multimedialer Konzentration wurden Bestimmungen verabschiedet, die die gleichzeitige
Präsenz bei Tagespresse, Fernsehen und Hörfunk regeln.[151]

2.1.4 Rundfunk in Deutschland

Die Gestaltung des Rundfunks in Deutschland orientierte sich nach
dem Zweiten Weltkrieg am Modell der britischen BBC.[152] Die
Rechtskonstruktion einer Körperschaft des öffentlichen Rechts
sollte den Rundfunkanstalten rechtliche und wirtschaftliche Autonomie und damit auch Unabhängigkeit in der Programmgestaltung
garantieren.[153] Tatsächlich war aber eine starke Politisierung des
Rundfunks zu beobachten, die sich an den politischen Parteien
orientierte.[154] Vor allem über die obersten Organe der Rundfunk-

---

[148] Vgl. Cayrol (1991). S. 290.
[149] Vgl. Braunschweig/Keidel (1991), S. 787.
[150] Vgl. Cayrol (1991), S. 267.
[151] Vgl. Cayrol (1991), S. 267.
[152] Vgl. Humphreys (1990), S. 128.
[153] Vgl. Wenger (1988), S. 54.
[154] Vgl. Noam (1991), S. 73.

anstalten, den Rundfunkräten, wird ein großer Einfluß - u.a. auch auf die Programmgestaltung - ausgeübt. Eine Besonderheit in der europäischen Rundfunklandschaft ist die ausgeprägte föderale Struktur des Rundfunks.

Die finanzielle Basis für das öffentlich-rechtliche Fernsehen bestand zunächst ausschließlich in den Rundfunkgebühren.[155] Sehr frühzeitig begannen die Anstalten der ARD, auch Werbung in ihrem Programm aufzunehmen und sich damit eine zweite Finanzierungsquelle zu schaffen, die in den Folgejahren immer bedeutender wurde.

Die medienrechtliche Entwicklung in Deutschland wurde und wird in erster Linie durch das Grundgesetz und die richtungsweisenden Urteile des Bundesverfassungsgerichts bestimmt.[156] Die Entscheidungen des BVerfG werden entsprechend der föderalistischen Struktur Deutschlands in den Landes-Mediengesetzen sowie in den Rundfunk-Staatsverträgen zwischen den Bundesländern umgesetzt. In Deutschland ergibt sich auf diese Weise im Gegensatz zu anderen Ländern eine komplizierte Struktur der Kompetenzverteilung zwischen Bund und Ländern.[157] So obliegen die Fernmeldekompetenzen, die Rahmenkompetenz für Presse- und Filmwesen sowie die europäische und internationale Medienpolitik dem Bund, während die Vergabe von Lizenzen und die Regelung von Programminhalten und Werbung den Ländern vorbehalten bleibt. Diese Aufteilung führt zwangsläufig zu Überschneidungen der Verantwortlichkeiten; wie z.B. bei Aspekten einer europäischen Medienordnung, die Programminhalte oder Werberegeln betreffen.

---

[155] 30 % der Gebühreneinnahmen erhält das ZDF, 50 % bekommen die Anstalten der ARD und 20 % die Bundespost für die Bereitstellung und Wartung der Übertragungstechnik; vgl. Humphreys (1990), S. 72f. Die Höhe der Rundfunkgebühren wird durch Staatsverträge der Länder festgelegt. Dabei orientiert man sich an den Berichten der KEF. Ähnlich wie in Großbritannien inzwischen umgesetzt, hat man auch in Deutschland über eine Indexierung der Rundfunkgebühr diskutiert; vgl. Prodoehl (1990), S. 378 - 389. Damit könnte sich vor allem die Planungssicherheit eines öffentlich-rechtlichen Senders erhöhen.

[156] Vgl. Greiffenberg (1988), S.313; Humphreys (1990), S.135.

[157] Vgl. Wenger (1988), S.17; zum problematischen Verhältnis zwischen Fernmelde- und Rundfunkkompetenz siehe auch Bräutigam (1988), S. 105; der Bundespost wurde vor allem im Hinblick auf ihre Verkabelungspolitik vorgeworfen, daß sie damit auch die künftige Medienpolitik vorbestimme; vgl. Noam (1991), S. 86 sowie Lange, B.-P., (1987), S. 192.

Während die ARD als freiwilliger Zusammenschluß der Landesrundfunkanstalten entstand, wurde das ZDF per Staatsvertrag geschaffen. Das erste Fernsehurteil des BVerfG verhinderte 1961 die Gründung eines Bundesfernsehens und schrieb die föderalistische Grundstruktur des öffentlich-rechtlichen Rundfunks fest.[158] Zudem stellten die Richter die Sicherung der Grundversorgung - d.h. landesweiter Empfang, Meinungsvielfalt und Einhaltung der durch den Rundfunkauftrag vorgegebenen inhaltlichen Standards[159] - als öffentlich-rechtliche Aufgabe heraus. Mit ihrem Urteil legten die Richter den Rahmen des deutschen Rundfunks für die nächsten 20 Jahre fest.

Die technischen Entwicklungen, die sich Anfang der 80er Jahre abzeichneten, ließen die Monopolstellung des öffentlich-rechtlichen Fernsehens obsolet erscheinen. Dieser Tatsache entsprach 1981 auch das dritte Rundfunkurteil des Bundesverfassungsgerichts, das sich für eine duale Rundfunkordnung aussprach und damit den Grundstein für einen privaten Rundfunk legte. Seine medienrechtliche Ausgestaltung erhielt das Urteil vor allem durch den Staatsvertrag der Länder von 1987.[160] Darin einigten sich die Länder auf die vorrangige Finanzierung des öffentlich-rechtlichen Fernsehens durch Rundfunkgebühren, auf einheitliche Werbe- und Programmregeln für private Anbieter sowie auf Zulassungsbedingungen für private Sender.[161] Die Rechtsaufsicht über die privaten TV-Anbieter übernahmen Landesmedienanstalten, die durch einen Anteil an den Rundfunkgebühren finanziert werden. Sie vergeben Lizenzen und wachen über die Einhaltung der neuen Regelungen. Die Festschreibung eines dualen Rundfunksystems nahm das Bundesverfassungsgericht in zwei Urteilen 1986 und 1987 vor, in denen den öffentlich-rechtlichen Sendern eine Bestands- und Entwicklungsgarantie gegeben wurde.

---

[158] Träger des ZDF sind die Länder.

[159] Vgl. Ronneberger (1991), S. 38.

[160] Der Staatsvertrag über den Rundfunk im vereinten Deutschland wurde im August 1991 abgeschlossen und trägt vor allem der Vereinigung Deutschlands Rechnung; vgl. Schuler-Harms (1992), S. A65.

[161] Vgl. Wenger (1988), S. 82.

Die privaten Fernsehanbieter - vornehmlich die beiden Vollprogramme SAT-1 und RTL Plus -, die etwa Mitte der 80er Jahre ihren
Betrieb aufnahmen, konnten sich in der Zwischenzeit fest etablieren. In Kabelhaushalten sind die Einschaltquoten der privaten
Sender teilweise sogar schon höher als die der Öffentlich-Rechtlichen. Daß diese Entwicklung schon so fühzeitig eintrat, ist vor allem auf die unerwartet rasche Verbesserung der technischen
Reichweite zurückzuführen. 1990 konnten bereits 70 Prozent der
deutschen Haushalte mindestens einen privaten TV-Sender empfangen.[162]

Um die Bildung von Doppelmonopolen oder eine multimediale Konzentration zu vermeiden[163], beschränkt der Staatsvertrag der Länder einen Veranstalter auf den Betrieb von maximal einem Vollprogramm und einem Spartenprogramm mit dem Schwerpunkt Information für Hörfunk und TV.[164] Dabei darf keiner der an dem Programmveranstalter beteiligten natürlichen oder juristischen Perso-
nen mehr als 50 Prozent der Anteile halten. Ist ein Unternehmen zu
25 Prozent bis 50 Prozent an einem Programmveranstalter beteiligt,
dann müssen die Anteile an maximal zwei weiteren Programmveranstaltern unter 25 Prozent liegen.[165]

2.2 Die medienrechtliche Entwicklung auf europäischer Ebene

Die Medienentwicklung in den einzelnen europäischen Ländern
kann sich nicht mehr isoliert, sondern nur noch im europäischen
bzw. sogar weltweiten Rahmen fortsetzen. Diese Perspektive sah
die Europäische Gemeinschaft bereits Anfang der 80er Jahre. Ihre
Einschätzung der kulturellen und wirtschaftlichen Konsequenzen
fand ihren schriftlichen Niederschlag im Grünbuch "Fernsehen ohne

---

[162] Vgl. Jäckel (1991), S. 11.

[163] Auf diese Gefahr hatte das Bundesverfassungsgericht in seinem zweiten
Rundfunkurteil deutlich hingewiesen; vgl. Wenger (1988), S. 76.

[164] Vgl. Rundfunkstaatsvertrag (1991), § 21 Abs.1.

[165] Die Ausführungen beziehen sich nur auf bundesweit ausgestrahlte
Programme. Vgl. Rundfunkstaatsvertrag (1991), § 21 Abs. 2 und 3.

66

Grenzen".[166] Im wesentlich ist diese Notwendigkeit einer europäischen Rundfunkordnung auf drei Faktoren zurückzuführen.[167]

- Der europäische Vertrag schreibt die Einrichtung eines Gemeinsamen Marktes vor. Dies erfordert zum einen die Beseitigung der Hindernisse für einen freien Dienstleistungsverkehr zwischen den Mitgliedsstaaten, und zum anderen die Schaffung einer Struktur, die vor Wettbewerbsverzerrungen schützt.

- Neue Übertragungstechniken (vornehmlich Satelliten) ermöglichen die länderübergreifende Ausstrahlung von Programmen und entziehen damit den Ländern die Programmkontrolle.

- Durch internationale Kapitalverflechtungen entstehen multimediale Großkonzerne, deren Entwicklung nur noch durch internationale Regeln kontrolliert werden kann, um faire Wettbewerbsbedingungen zu gewährleisten.

2.2.1 EG-Fernsehrichtlinie

Im Oktober 1989 verabschiedete der Europäische Rat eine Richtlinie zur "Koordinierung bestimmter Rechts- und Verwaltungsvorschriften der Mitgliedsstaaten über die Ausübung der Fernsehtätigkeit".[168] Diese Richtlinie soll den oben dargestellten Erfordernissen Rechnung tragen. Sie beschränkt sich dabei auf ein Mindestmaß an Vorschriften und behandelt insbesondere Programminhalte, -herkunft und Werberegeln sowie Regeln zur Lizenzierung von Programmen.

Interessant ist, daß die Richtlinie die kommerzielle Entwicklung des Rundfunks widerspiegelt und sich vorwiegend mit ökonomischen Fragen und Problemen auseinandersetzt.[169] Die Vermarktung und

---

[166] Astheimer (1992), S. D2; Kleinsteuber (1990a), S. 36; Negrine/Papathanassopoulos (1990), S. 60.

[167] Vgl. Wenger (1988), S. 10.

[168] EG-Richtlinie (1991). Die Richtlinie trat endgültig im Oktober 1991 in Kraft

[169] Vgl. Schuler-Harms (1992), S. A74; Dicke (1989), S. 196. Damit hat der Rat im Prinzip die Ökonomisierung des audiovisuellen Mediums Fernsehen noch stärker postuliert als beispielsweise das Bundesverfassungsgericht.

Ausstrahlung von audiovisuellen Produktionen aus EG-Ländern darf nicht behindert werden.[170] Ein wesentlicher Gesichtspunkt war die Regelung "des freien Transfers ökonomischer Dienstleistungen".[171] Darüber hinaus sah die EG-Kommission in der Diskussion der Richtlinie durchaus die Notwendigkeit, die Bildung von ausreichend großen Märkten zu begünstigen, um die erforderlichen hohen Investitionen amortisieren zu können.

In diesem Sinne ist auch die Regelung zu verstehen, daß der Hauptteil der Sendezeit, der nicht aus Nachrichten, Sportberichten, Spielshows oder Werbeeinblendungen besteht, aus europäischer Produktion gedeckt werden muß.[172] Mit dieser Mindestanforderung zielte die EG-Kommission auf die Förderung einer europäischen Programmindustrie und dem Schutz vor einer Flut von nicht-europäischen Billigimporten.[173]

Um eine Konzentration der Programmproduktion zu erschweren, müssen mindestens zehn Prozent an unabhängige Produzenten vergeben werden. Zum Schutz der Kinobetreiber wurde darüber hinaus festgelegt, daß zwischen Kinovorführung und der Erstausstrahlung im Fernsehen ein gewisser Zeitabstand eingehalten werden muß. Ein großer Teil der Richtlinie besteht daneben aus Regeln zur Werbung im Fernsehen.[174] Im einzelnen wird eine klare Trennung der Werbung von den Programmen vorgesehen; Unterbrecherwerbung ist nur unter bestimmten Voraussetzungen erlaubt. Geregelt wird die Werbung für einige Produkte wie z.B. Tabakerzeugnisse oder Alkohol, ferner werden Werbegrenzen im Verhältnis zur Sendezeit festgelegt. Im Durchschnitt darf die Werbung 15 Prozent der Sendezeit nicht übersteigen; maximal dürfen

---

Dieses hatte geurteilt, daß das private Fernsehen nicht nur nach Marktgesetzen, sondern auch nach weiteren sozial- und gesellschaftspolitischen Kriterien organisiert werden müsse; vgl. Schuler-Harms (1992), S. A72; vgl. auch Kleinsteuber (1990), S. 42.

[170] Vgl. Stabenow (1989), S. 2.

[171] Faul (1991), S. 57.

[172] Artikel 4 der EG-Fernsehrichtlinie.

[173] Ursprünglich sollte die Richtlinie eine explizite Programmquote von zunächst 30 % und nach drei Jahren von 60 % beinhalten. Letztendlich aber konnte man sich innerhalb der EG auf eine genaue Quote nicht einigen; vgl. Buscombe (1990), S.409.

[174] Art. 10-18 EG-RL.

20 Prozent Werbung pro Stunde - d.h. 12 Minuten - gezeigt werden.[175]

Die Richtlinie hat bereits vielerorts starke Kritik ausgelöst. Vor allem die vorgeschriebenen Programmquoten zugunsten europäischer Produktionen haben in den USA für beträchtlichen Aufruhr
gesorgt, da sie in erster Linie US-amerikanische Gesellschaften
benachteiligen. Washington verurteilte die Richtlinie bereits als
protektionistisch und als Verstoß gegen das GATT.[176] Tatsächlich
stellt sich die Frage, ob der Ruf nach "europäischer Identität" nicht
lediglich Marktbarrieren gegenüber der amerikanischen Konkurrenz
begründen bzw. rechtfertigen soll.[177]

Auch die Werberegeln der EG-Richtlinie sind auf deutliche Kritik
gestoßen. Die Werbegrenzen wurden so hoch angesetzt, daß kaum
ein Land Probleme haben wird, diese einzuhalten. Werbeformen
wie Sponsoring wurden im Prinzip von dem Regelwerk ausgeklammert. Lediglich beim Verbot des Product Placement ist eine eindeutige Position eingenommen worden.

Nicht zuletzt wurde auch die Zuständigkeit der EG-Kommission für
den Rundfunkbereich angezweifelt, da dieser nach Lesart der Kriti-
ker in erster Linie unter kulturellen Gesichtspunkten zu bewerten
ist und damit nicht in den Kompetenzbereich der EG-Kommission
fällt.[178] Grundsätzlich haben das Grünbuch "Fernsehen ohne Grenzen" und die Fernsehrichtlinie gezeigt, daß die Notwendigkeit der
Schaffung von Industriestrukturen europäischen Ausmaßes durchaus gesehen wurde. Der Charakter der Richtlinie als kleinster gemeinsamer Nenner zwischen den Mitgliedsstaaten, ihre mangelnde
rechtliche Bindung, sowie das Auslassen von vielen wichtigen
Aspekten (wie z.B. kulturelle Fragen) lassen jedoch die Wirksamkeit dieser Richtlinie zweifelhaft erscheinen.[179].

---

[175] Art. 18 der EG-RL.

[176] Vgl. Kleinsteuber (1990), S. 551.

[177] Vgl. Mestmäcker (1988), S. 19.

[178] Vgl. Astheimer (1992), S. D3. Diese Kompetenzstreitigkeiten mögen auch
zum Teil erklären, warum kulturelle Aspekte bei der EG-Fernsehrichtlinie
fast gänzlich ausgeklammert wurden.

[179] "In other words, the Directive has become so weak as to be virtually
meaningless." Negrine/Papathanassopoulos (1990), S. 90.

Allerdings sind seit der Verabschiedung der Richtlinie Programm-
quota in einigen Ländern bereits rechtlich verankert worden. In
Frankreich z.B. wird der erforderliche Programmanteil aus europäischer Produktion bei 50 Prozent liegen, wobei ein bestimmter Teil
in Frankreich produziert sein muß. Das britische Rundfunkgesetz
von 1990 folgte den Vorschriften der EG-Richtlinie, und auch in
Deutschland sind die Vorschriften größtenteils in den Staatvertrag
integriert worden.[180] Italiens Mediengesetz fordert zwar einen Anteil
von mindestens 40 Prozent, dieser wird jedoch von den drei Sendern RAI-1, RAI-3 und Canale 5 nicht beachtet.

2.2.2 Die Notwendigkeit einer europäischen Audiovisionsordnung

"Medienpolitik hat die Aufgabe, der vielfältigen Bedeutung von
Massenmedien in Politik, Wirtschaft und Kultur Rechnung zu tragen
und einen Ausgleich widersprüchlicher Interessen anzustreben, den
der Markt allein nicht gewährleisten kann."[181] Die Medienpolitik der
EG hat sich bislang auf die folgenden Themenbereiche zu
konzentrieren versucht.[182]

• Die Gründung eines europäischen Fernsehprogramms

• Die Förderung der audiovisuellen Programmproduktion

• Die Vereinheitlichung der technischen Normen

• Die Schaffung einer Rahmenordnung für grenzüberschrei-
  tendes Fernsehen

Die Beschränkung der EG-Kommission auf die Koordinierung von
bestimmten Vorschriften der EG-Länder im Fernsehbereich wird
sich in der Zukunft wahrscheinlich als unzureichend erweisen. Insbesondere gilt es, Lösungen für die folgenden Fragestellungen zu
finden.[183]

---

[180] Vgl. Clark (1991), S. 38. Vgl. auch Rundfunkstaatsvertrag (1991), § 5 Abs
1 und 2.

[181] Kleinsteuber (1990), S.1

[182] Vgl. Sonnenberg (1990), S. 118.

[183] Im Rahmen dieser Arbeit können für die dargestellten Probleme nur sehr
knapp mögliche Lösungsansätze herausgestellt werden.

70

- Zukünftige Rolle des öffentlichen Fernsehens

Die öffentlichen Fernsehanstalten stehen in der Regel mit Privatveranstaltern in Konkurrenz um Zuschauer und um Finanzierungsressourcen. Hier stellt sich zum einen die Frage, ob man dem britischen Vorbild eines klaren Duopols mit separater Finanzierung folgen sollte oder dem in Frankreich und Deutschland praktizierten Modell einer gemischten Finanzierung. In jedem Fall darf die Konkurrenz nicht zu einer Konvergenz der Programme von öffentlichen und privaten Anbietern führen.[184] Letztendlich ist es nicht zwangsläufig notwendig, daß nur staatliche Sender einen Rundfunkauftrag erfüllen können. Auf der Basis von Programmlastenheften für private Anbieter eines Sendebetriebs ließen sich auch auf diese Weise kulturelle und gesellschaftspolitische Ziele realisieren.[185]

- Schaffung einer europäischen Audiovisionsbehörde

Die Europäisierung der Audiovisionsmärkte in den Ländern der EU stellt auch die Frage nach einer europäischen Aufsichtsbehörde.[186] Diese Institution könnte z.B. nach dem Vorbild der amerikanischen FCC organisiert sein und damit umfangreiche Kontroll- und Aufsichtsaufgaben haben.[187] Ihr Aufgabenbereich müßte vor allem die Programmkontrolle und Aufsicht über Werberegeln umfassen. Ein durch die Europäisierung ganz wichtiges Feld, das eine transnationale Instanz abdecken müßte, ist auch die Kontrolle über die Nutzung von Urheberrechten.[188]

---

[184] Buscombe faßt eine derartige Annäherung der Programminhalte sehr prägnant zusammen: "Public service broadcasting is nothing if it is not a campaign of public improvement." Buscombe (1990), S. 394.

[185] Vgl. Jeandou (1988), S. 138; als ein gutes Beispiel kann hier der britische Sender Channel 4 zitiert werden.

[186] Vgl. Negrine/Papathanassopoulos (1990), S. 77.

[187] Dies würde allerdings auch bedeuten, daß die Staaten ihre Zuständigkeit für das Fernmeldewesen aufgeben müßten.

[188] Vgl. Jeandou (1988), S. 139.

- Einheitliches Regelungswerk für den Audiovisionsbereich

Wahres "Fernsehen ohne Grenzen" verlangt einen europäischen Gesetzesrahmen. Der bereits begonnenen Globalisierung der Werbemärkte[189] werden die heute bestehenden nationalen Unterschiede in den Werberegeln nicht gerecht. Unterschiedliche Produkt-, Zeit- und Formbeschränkungen der Werbung hemmen das Wachstum der Werbemärkte und wirken sich damit negativ auf die Entwicklungsmöglichkeiten von Programmanbietern aus. "Such diversity in regulations and conditions is also an obstacle to the development of a pan-European, satellite delivered, commercially funded television[190]."

Ferner haben Programme, die an detaillierte und in der Regel kostspielige Auflagen gebunden sind, starke Wettbewerbsnachteile gegenüber unreglementierten Importprogrammen.[191] Die künftige Entwicklung der Audiovisionsindustrie in Europa benötigt daher Regelungswerke, die sich nicht allein auf die Fernsehaktivitäten konzentrieren, sondern auch die anderen audiovisuellen Medien einbezieht. Eine Harmonisierung der Regeln gilt es insbesondere für die Verbindungen der jeweiligen Medien, d.h. Kino/Fernsehen und Kino/Video, zu finden. Dies betrifft beispielsweise die Frage, wie lange ein Film nach der Erstaufführung im Kino nicht als Video oder im Fernsehen gezeigt werden darf.

Eine derartige Gesamtkonzeption ist u.a. deshalb wichtig, da die bisherigen unterschiedlichen Regulierungen eine paneuropäische Entwicklung der Film- und Fernsehproduktion verhindern.[192]

---

[189] Vgl. Kap. IV.2.1.2.

[190] Vgl. Negrine/Papathanassopoulos (1990), S. 112; z.B. hatte der über das Astra-System ausgestrahlte Sender Sky Channel "[...] etliche Hürden der unterschiedlichen Mediengesetze zu überwinden". Zimmer (1989), S. 128. Dies war einer der Gründe, warum sich Sky Channel ab Mitte 1989 nur noch auf den britischen Markt konzentrierte; vgl. Negrine/Papathanassopoulos (1990), S. 158.

[191] Bullinger (1988), S. 69.

[192] Vgl. Jeandou (1988), S. 202.

Von großer Bedeutung ist letztlich auch, auf europäischer
Ebene Probleme der Medienkonzentration zu lösen, die sich
ja ebenfalls nicht mehr in einem nationalen Kontext, sondern
auf internationaler Basis stellen.[193]

Die Lösung des angesprochenen Problembereichs wird sich erfahrungsgemäß als äußerst schwierig erweisen, weil diese bedingt,
daß die nationalen Regierungen Kompetenzen aufgeben und auf
die europäische Ebene verlagern. Eine derartige Entwicklung wäre
jedoch eine unabdingbare Voraussetzung für die Schaffung einer
leistungsfähigen europäischen Audiovisionsindustrie.

2.3 Die medienrechtliche Entwicklung in den USA

Wie bereits in der Einleitung angesprochen, ist es für die Einschätzung der künftigen europäischen Entwicklung des Audiovisionsbereichs hilfreich, einen Vergleich mit den amerikanischen Verhältnissen anzustellen. Im Gegensatz zur europäischen folgte die
medienrechtliche Entwicklung in den USA einer zu Europa grund-
verschiedenen Philosophie:

> "L'ésprit des lois sur la communication aux Etats-Unis, c'est
> de favoriser le développement des médias sans compro-
> mettre la rentabilité des investissements, tout en garantis-
> sant l'intérèt général (information et distraction dans le
> pluralisme culturel, politique et sociologique)."[194]

Vor allem die folgenden Merkmale der amerikanischen Audiovisionsindustrie machen dies deutlich:

- Das amerikanische Fernsehen war von Anfang an privat-
  rechtlich organisiert und marktwirtschaftlich gesteuert[195];
  öffentlicher Rundfunk spielte immer eine untergeordnete
  Rolle.

---

[193] Vgl. hierzu Kap. V.1. So ist beispielsweise das Medienunternehmen News Corp. an einer Anzahl von britischen Tageszeitungen beteiligt und sendet gleichzeitig - außerhalb der rechtlichen Zugriffsmöglichkeit britischer Aufsichtsbehörden - über Satellit Fernsehprogramme in den englischen Markt; vgl. Dunnett (1990), S. 130.

[194] Mariet (1990), S. 151.

[195] Vgl. Negrine/Papathanossopoulos (1990), S. 17; vgl. Kruse (1989a), S. 77.

73

- Im Gegensatz zum hohen Reglementierungsgrad in Europa funktioniert die amerikanische Audiovisionsindustrie fast ausschließlich auf vertraglicher Basis, und die staatliche Einflußnahme ist sehr begrenzt. Im Fernsehbereich hat sich beispielsweise die National Association of Broadcasters (NAB) eigene Standards im Rahmen eines sogenannten 'Television Code' aufgestellt, an die sich die Mitglieder halten müssen. Dieser Television Code regelt u.a. die Werbezeiten.[196]

- Bevor die ökonomische Rolle des Fernsehens deutlich wurde, hatte sich schon durch die großen Filmstudios eine funktionsfähige Industrie der Programmproduktion etabliert.

- Auch die Informationspolitik folgte dem Prinzip des freien Informationsflusses. Dies führte zu einer frühen Privatisierung des Fernmeldewesens.[197]

- Die Medienlandschaft wird durch eine mächtige öffentliche Institution, die Federal Communications Commission (FCC), reguliert und kontrolliert, die nicht nur Programme und Programmanbieter beaufsichtigt, sondern auch das gesamte Fernmeldewesen.

- Die Entwicklung der amerikanischen Medienlandschaft wurde stark von Anti-Trust-Gesetzen und -Entscheidungen geprägt.

Mit dem heute noch geltenden Communications Act von 1934 wurde die FCC gegründet und ihr die Verantwortung für die Vergabe von Sendelizenzen sowie die Verteilung der Frequenzen übertragen.[198] Die FCC ist zusätzlich für die Aufstellung von Regeln und deren Kontrolle zur Begrenzung von Medienkonzentration zuständig.

---

[196] Vgl. Mariet (1990), S. 185.

[197] Vgl. Schiller (1988), S. 784.

[198] Vgl. Dunnett (1990), S. 76. Die FCC wird von einem Direktorium geleitet, dessen fünf Mitglieder vom Präsidenten der USA für eine fünfjährige Amtszeit ernannt werden. Sie beschäftigt knapp unter 2000 Mitarbeiter und verfügt über ein Budget von mehr als 100 Millionen $. Organisiert ist die FCC in vier Departments: mass media, common carriers, field operations, private radio; vgl. Mariet (1990), S. 152ff.

Schließlich entscheidet sie über die gültige Fernsehnorm und hat damit auch eine gewaltige industriepolitische Stellung inne.

Neben dem Communications Act wurden in den Folgejahren lediglich zwei weitere Gesetze verabschiedet, die den Einsatz von neuen Technologien regelten. Mit dem Communication Satellite Act wurde bereits 1962 die Entwicklung der Satellitentechnik gesetzlich berücksichtigt. Der aufkommenden Kabelindustrie wurde durch das Cable Communications Act 1984 ein gesetzlicher Rahmen gegeben.[199] Um einen funktionierenden Wettbewerb zu sichern, verabschiedete die FCC ferner sogenannte 'rules', die bestimmte Marktprozesse - wie z.B. die Zusammenarbeit von unabhängigen Produzenten mit den Networks - regelten.

Die FCC legte erst 1941 eine allgemeingültige Fernsehnorm fest und ließ die Kommerzialisierung des Fernsehens zu.[200] Eine Flut von Lizenzen und die daraus resultierenden Überstrahlungen führten 1948 zu einem völligen Einfrieren der Lizenzvergaben, das vier Jahre andauern sollte. Da sich die beiden nationalen Radio-Networks National Broadcasting Corporation (NBC) und Columbia Broadcasting Service (CBS) bereits die geographisch entscheidenden TV-Stationen gesichert hatten, nutzten sie die Entscheidung, um ihre Fernsehnetze weiter auszubauen.[201] Dabei wiederholten sie dieselbe Strategie wie beim Aufbau ihrer Radio-Networks. Das dritte Network, American Broadcasting Company (ABC), entwickelte sich relativ spät aus der kleineren Radiokette von NBC,

---

[199] Vgl. Mariet (1990), S. 150; eine der wesentlichen Inhalte des Kabelgesetzes war das Verbot für Telefongesellschaften, sich im Kabelbereich zu engagieren. Damit war die für die Kabelnetzbetreiber größte potentielle Konkurrenz vom Markt ausgeschlossen; vgl. auch Gilder (1991), S. 157. Darüber hinaus wurde festgelegt, daß keine gemeinsame Kontrolle von einem Kabelnetz und einer lokalen Fernsehstation ausgeübt werden darf.

[200] Vgl. Balio (1990a), S. 15.

[201] Als Network wird in den USA ein Programmservice bezeichnet, der mindestens 25 angeschlossene Fernsehstationen (affiliates) in mindestens 10 Bundesstaaten mit mindestens 15 Stunden Sendungen die Woche versorgt; vgl. Bonnell (1989), S. 47.

von der sich NBC vorsorglich getrennt hatte, um eventuellen Anti-Trust-Entscheidungen zuvorzukommen. [202]

In den 60er und 70er Jahren entwickelten sich die drei Networks zu einem starken Machtfaktor in der Medienlandschaft. Sie dominierten sowohl die Programm-Märkte als auch den Werbemarkt. Erst in den 80er Jahren wurde ihre quasi-Monopolstellung durch den Markteintritt der Pay-TV Kanäle und der Kabelprogramme erschüttert. [203]

Das öffentliche Fernsehen führte in den USA schon immer ein Schattendasein. Erst 1967 bildete sich mit der Gründung der Corporation for Public Broadcasting (CPB) eine nationale Organisation. [204] Zwei Jahre später schuf die CPB eine Dachorganisation, Public Broadcasting Service (PBS), für die mehr als 300 lokalen öffentlichen Fernsehsender. Diese Dachorganisation hat in erster Linie die Aufgabe, Sendungen, Forschung, Werbung und Geldspenden zur Verfügung zu stellen. Die endgültige Programmgestaltung obliegt jedoch den einzelnen lokalen Stationen. Insofern nimmt das PBS im wesentlichen eine Aufgabe als Distributor und Koordinator wahr. [205]

Das verglichen mit den privaten US-Programmveranstaltern relativ kleine Budget von PBS setzt sich aus verschiedenen öffentlichen und privaten Quellen zusammen. [206] Da diese Mittel kaum ausreichten, um einen vernünftigen Sendebetrieb aufrechtzuerhalten, wurde 1988 per Gesetz eine zweiprozentige Steuer auf den Verkaufspreis von TV-Stationen eingeführt. [207] Durch diese Steuer fließen PBS nun jährlich schätzungsweise 300 Mio. Dollar zu.

---

[202] Obwohl ABC schon 1948 fünf eigene (sogenannte owned & operated) Stationen besaß, brachte erst der Merger mit United Paramount Theaters die notwendigen finanziellen Ressourcen für eine landesweite Ausdehnung.

[203] Vgl. Kap. IV.1.1.2.

[204] Vgl. Cayrol (1991), S. 333.

[205] Vgl. Mariet (1990), S. 56.

[206] 1988 betrug das PBS-Budget ca. eine Mrd. Dollar und stammte zu 50 Prozent von öffentlichen Stellen (Staat, Bundesstaaten, Kommunen, Universitäten) sowie zu je über 20 Prozent aus Spenden und Mäzenatentum; vgl. Bonnell (1989), S.485.

[207] Vgl. Dunnett (1990), S. 72.

Trotz der allgemeinen Einschätzung, daß auf den amerikanischen Medienmärkten die Regeln der freien Marktwirtschaft herrschen, gab es doch immer - vor allem bis zum Anfang der 80er Jahre - eine Ordnung, die Medienkonzentration zu verhindern versuchte. Die FCC spielte bei der Gestaltung dieser Ordnung eine zentrale Rolle. Neben dem Einfluß und den Regeln der FCC sind auch die 'Antitrust'-Entscheidungen der FTC (Federal Trade Commission) von großer Bedeutung.[208]

Eine der in diesem Zusammenhang historisch bedeutendsten Rechtsentwicklungen waren die Consent Decrees, die die Filmstudios zwangen, ihre Kinoketten zu verkaufen.[209] Das Schwergewicht der Regeln zur Begrenzung von Medienkonzentration wurde allerdings auf das Fernsehen gelegt.[210] Von Beginn an wurde die Anzahl der Fernsehstationen, die ein Unternehmen halten kann, begrenzt.[211] Obendrein dürfen keine zwei TV-Stationen in einem Markt unterhalten werden. Wichtig ist schließlich noch die "cross-ownership rule", die einem Unternehmen verbietet, im gleichen Markt Interessen in verschiedenen Medien - z.B. Tagespresse und Fernsehprogramm - zu haben. Ausländische Unternehmen oder Einzelpersonen dürfen keine Beteiligungen an Unternehmen halten, die ihrerseits TV-Stationen oder Radiosender kontrollieren. Eine direkte Beteiligung an Rundfunksendern ist auf 20 Prozent begrenzt.

Die damalige Marktmacht der drei Networks führte Anfang der 70er Jahre zur Verabschiedung einiger grundlegender und im Prinzip heute noch gültiger Regeln. Die wirtschaftlich schwerwiegendsten Beschränkungen der Network-Aktivitäten wurden durch die sogenannten FinSyn-Rules (Financial Interest/Syndication Rules) eingeführt, die die FCC zum Schutz von unabhängigen Produzenten erlassen hatte. Diese sahen vor, daß die Networks nicht berechtigt sind, Sendungen mit mehr als 2,5 Stunden pro Woche an für ihr

---

[208] Vgl. White (1985), S. 339.

[209] Vgl. Kap. IV. 1.1.1.

[210] Dabei ist es interessant, daß mit den meisten Regeln ausschließlich das Broadcasting, d.h. das Fernsehen über terrestrische Ausstrahlung, angesprochen wurde. Dementsprechend sind, wenn im folgenden von TV-Stationen die Rede ist, Sender gemeint, die terrestrisch ausstrahlen.

[211] Die Anzahl wurde erstmals 1953 auf 7 begrenzt; seit 1985 darf ein Unternehmen 12 TV-Stationen besitzen; vgl. Cayrol (1991), S. 316.

Programm selbst zu produzieren. Sie dürfen außerdem nicht das Eigentum der Rechte an ihren Sendungen (außer an den Eigenproduktionen) erwerben.[212] Diese Regelung schloß die Networks auch von dem für sie recht wichtigen Syndizierungsmarkt aus, auf dem Programme an unabhängige Stationen und Kabelsender verkauft werden, die immerhin schon bei einem der drei Networks gesendet wurden.[213] Als weitere Maßnahme für den Schutz unabhängiger Produzenten kann die "Prime Time Access Rule" (PTAR) gewertet werden, die vorsieht, daß die Networks die angeschlossenen Stationen (affiliates) mit maximal drei Stunden Programm der täglich vier Stunden Prime-Time (19.00 Uhr - 23.00 Uhr) versorgen dürfen.[214]

Im Verlauf der 80er Jahre war in den USA eine ausgeprägte Entwicklung der Deregulierung zu beobachten, die sich auf alle Bereiche der audiovisuellen Industrie auswirkte.[215] Bedeutsam war vor allem, daß die über mehrere Jahrzehnte vollzogene Trennung von Produktion und Programmveranstaltung bzw. Kinobetrieb nicht mehr strikt durchgehalten wurde.[216] Diese Lockerung hatte einen wesentlichen Einfluß auf die zunehmende vertikale und horizontale Integration der Medienunternehmen. Viele Filmstudios investierten wieder in den Betrieb von Kinoketten auf der Basis von Ausnahmegenehmigungen von den Consent Decrees, die das Justizmini-

---

[212] Vgl. Mariet (1990), S. 161f.

[213] 1985 wurde die Grenze von 2,5 auf 5 Stunden pro Woche angehoben. Die Networks argumentieren, heute nicht zu Unrecht, daß die Regelung aufgehoben werden sollte, da sie keine besondere Marktmacht mehr besitzen. Aller Voraussicht nach werden die FinSyn-Rules daher 1995 aufgehoben werden; vgl. Veronis, Suhler & Associates (1993), S. 79.

[214] Neben diesen für die Struktur der Audiovisionsindustrie bedeutenden Regeln, hatte die FCC mit der wachsenden Bedeutung des Kabels Auflagen für Kabelbetreiber erlassen. Diese betrafen den freien Zugang zu bestimmten Programmen (z.B. PBS) in das Kabelnetz (Common Carrier Rules) sowie die Auflage der Einspeisung von Programmen, die in dem jeweiligen Gebiet des Kabelnetzes terrestrisch ausstrahlen (Must Carry Rules).

[215] Vgl. Cayrol (1991), S. 316.

[216] Von dieser Lockerung profitierte allerdings noch nicht der Versuch von vier Filmstudios im Jahr 1980, das Quasi-Monopol von HBO im Pay-TV Bereich zu brechen. Die Pläne für die Gründung des Pay-TV Kanals Premiere mußten wieder aufgegeben werden, da ein Antitrust-Verfahren gegen den Sender und seine potentiellen Betreiber drohte; vgl. Hilmes (1990), S. 305.

sterium erteilte.[217] Außerdem wurde die Zahl der Fernsehstationen, die zu einem Unternehmen gehören dürfen, von 7 auf 12 erhöht, allerdings unter der Voraussetzung, daß die Reichweite dieser Stationen 25 Prozent der Bevölkerung nicht übersteigt.[218] Pay-TV Kanälen wurde die Möglichkeit eröffnet, auch in das Videogeschäft einzusteigen. Die wichtigsten Deregulierungsmaßnahmen betrafen jedoch das Kabelgeschäft. Die Aufgabe der Preisregulierung und die Möglichkeit zum Betrieb von mehreren Kabelnetzen führten zu einem außerordentlichen Wachstum der Kabelindustrie und zu enormen Konsolidierungsprozessen in der zweiten Hälfte der 80er Jahre.

---

[217] Inzwischen haben fast alle Filmstudios wieder Beteiligungen an Kinoketten. Vgl. Kap. V.2.

[218] Vgl. Dunnett (1990), S. 77.

IV. ENTWICKLUNG DER FILM- UND FERNSEHINDUSTRIE IN EUROPA: PARALLELEN UND UNTERSCHIEDE ZU DEN USA

Nach der vorherigen Diskussion der technischen und rechtlichen Rahmenbedingungen, gilt es nun in diesem Kapitel, Marktstrukturen und -potentiale im Audiovisionsbereich zu analysieren. Ein umfassendes Verständnis der Marktgegebenheiten ist eine wichtige Voraussetzung für die Ableitung der künftigen Wettbewerbsstrategien.

Im ersten Teil des Kapitels werden die Industriestrukturen des amerikanischen und europäischen Film- und Fernsehgeschäfts im Hinblick auf Marktumfang, Marktteilnehmer etc. untersucht.

Der zweite Teil beschäftigt sich mit den Finanzierungsressourcen für eine europäische Audiovisionsindustrie.

1. Analyse der Film- und Fernsehindustrie in den USA und in Europa

Wie bereits angesprochen, hat die amerikanische Audiovisionsindustrie einen erheblichen Produkt- und Know-how-Vorsprung gegenüber der europäischen. Dies ist auf eine völlig unterschiedliche Entwicklung der beiden Regionen zurückzuführen. In den USA stützte sich der Aufbau des Audiovisionssektors auf privates Kapital und private Führung, während die europäische Entwicklung in erster Linie von staatlichen Einflüssen geprägt wurde.

1.1 Die Film- und Fernsehindustrie in den USA

Drei Gruppen beherrschen heute im Prinzip die Film- und Fernsehindustrie in den USA: die Film- und Fernsehproduktionsgesellschaften, die Programmveranstalter sowie die Betreiber von Kabelnetzen. 1992 nahmen diese drei Gruppen rund 70 Mrd. Dollar allein auf dem heimischen Markt ein (vgl. Abbildung 3). Von diesem Betrag kamen rund 30 Mrd. Dollar von den Werbetreibenden und ca.

40 Mrd. Dollar direkt von den Konsumenten.[1] Auch für den internationalen Handel hat die Audiovisionsindustrie eine hohe gesamtwirtschaftliche Bedeutung. Immerhin ist sie nach der Luft- und Raumfahrtindustrie der zweitgrößte Nettoexporteur.[2]

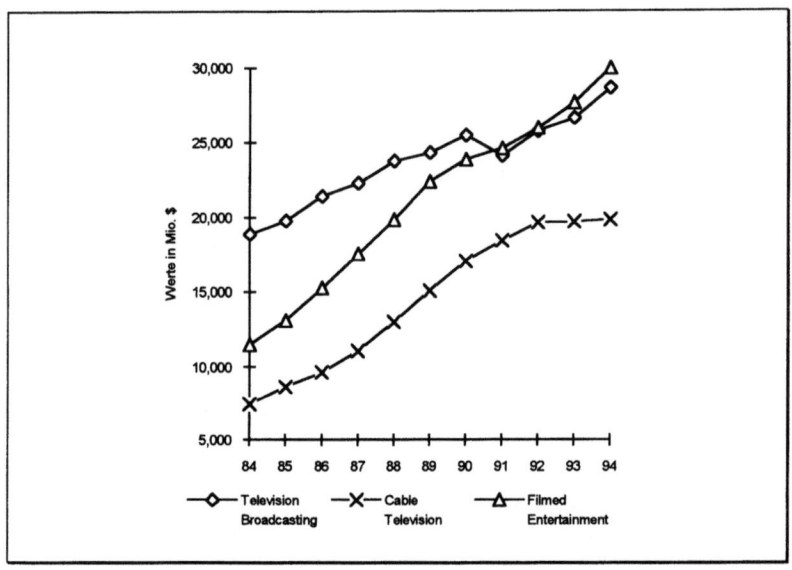

Abb. 3:   Entwicklung der Ausgaben der Audiovisionsindustrie in den USA
Quelle: Veronis, Suhler & Associates (1993), S. 23

1.1.1 Die Film- und Fernsehproduktion

Die Film- und Fernsehproduktion in den USA wird seit über 60 Jahren von einer ganz geringen Anzahl großer Filmstudios beherrscht. Ein Filmstudio, auch "Major" genannt, wird als solches bezeichnet, wenn es die Kriterien einer anhaltenden und bedeutenden Präsenz in der Produktion sowie in der Distribution erfüllt. Darüber hinaus verfügt ein Major in der Regel über eine eigene Filmbibliothek so-

---

[1]   Vgl. Veronis, Suhler & Associates (1993), S. 10f.

[2]   Vgl. Kleinsteuber (1990), S. 550, sowie Siegmund (1992), S. 31-2.

wie über eigene Studioproduktionsfazilitäten.[3] Heute trifft dies auf sieben Gesellschaften zu.[4]

- Walt Disney Studios (Walt Disney)

- Columbia Pictures Entertainment (Sony)

- MGM/UA (Crédit Lyonnais)

- Paramount Pictures (Paramount Communications)

- Twentieth Century Fox (News Corp)

- Warner Bros. (Time Warner)

- Universal (Matsushita)

Diese Gesellschaften produzieren etwa 130 bis 150 Filme im Jahr. Neben den großen Filmstudios gibt es noch die sogenannten Mini-Majors wie Orion Pictures, Carolco Pictures und Castle Rock Pictures, die zwar eine annähernd große Zahl von Filmen produzieren (ca. acht bis zehn Filme im Jahr), aber nicht über vergleichbare Distributionsnetze verfügen.

Mehr als die Hälfte der insgesamt 500 bis 600 neuen Spielfilme im Jahr wird von unabhängigen Produzenten (sog. Independents) hergestellt, wobei die Distribution dieser Filme z.T. von den Filmstudios durchgeführt wird. Bei Filmen der "Mini-Majors" übernehmen die Filmstudios dagegen oft nur die Distribution auf den Auslandsmärkten.

Die Verteilung der cinematographischen Produktion zeigt, daß die Majors nur noch einen relativ kleinen Teil der Filme selbst produzieren und sich stark auf den Vertrieb von Filmen konzentrieren. Allerdings übernemen sie sehr häufig die Finanzierung eines Films und damit das Investitionsrisiko, wenn der Film bereits fertiggestellt ist (sog. Pick-up deals). Insgesamt finanzieren bzw. kofinanzieren sie ca. 100 Filme im Jahr.[5] Zusammengefaßt erreichte das Inve-

---

[3] Vgl. Vogel (1990), S. 35.
[4] In Klammern sind die jeweiligen Muttergesellschaften aufgeführt.
[5] Vgl. Bonnell (1989), S. 445.

stitionsvolumen der Kinoproduktion Ende der 80er Jahre über fünf Mrd. Dollar.

Bis Ende der 50er Jahre produzierten die Majors fast ausschließlich für den Kinomarkt. Die fünf größten Filmstudios verfügten aufgrund weltweiter Distributionsnetze und durch unternehmenszugehörige Kinoketten über einen hohen vertikalen Integrationsgrad. Diese Machtkonzentration wurde 1948 in einer Entscheidung des Obersten Gerichtshofs als Monopolisierung der Filmverwertung verworfen; die Studios mußten ihre Kinoketten verkaufen. Trotz dieser erzwungenen Trennung behielten die Majors aber die Marktkontrolle über die Distribution ihrer Produktionen.[6]

Im Zuge des zunehmenden Einflusses des Fernsehens als bedeutender ökonomischer Faktor in den 60er Jahren gründeten die meisten Majors eigene Produktionsgesellschaften für TV-Programme. Darüber hinaus entwickelte sich das Fernsehen mehr und mehr zu einem wichtigen Sekundärmarkt für Spielfilme. Insgesamt hatten die Majors mit ihren Produktionen einen Anteil von 70 Prozent am Prime-Time Programm der drei großen Networks.[7]

Es erscheint zunächst erstaunlich, daß sich die großen Filmstudios nicht an der Entwicklung des Fernsehens beteiligt hatten, obwohl finanzielle Ressourcen und das notwendige Know-how vorhanden waren. Die Zurückhaltung läßt sich durch die damalige Anti-Konzentrationsbewegung erklären, die - vertreten durch die FCC und den Obersten Gerichtshof - die Studios, wie bereits erwähnt, unter anderem dazu zwang, sich von ihren großen Kinoketten zu trennen. In diesem Umfeld in den TV-Programmbetrieb zu investieren, erschien den Studios zu risikoreich.

Sie versuchten jedoch in dieser Anfangsphase, Alternativen zum Fernsehen zu schaffen. Zunächst experimentierten sie mit der Gründung von "Filmtheater-Fernsehen", d.h., daß z.B. Übertragungen von Sportereignissen oder auch Nachrichten und Informationssendungen in den Kinos gezeigt werden sollten. Der Versuch blieb ohne Erfolg. Eine weitere Idee, die später mit mehr Erfolg wieder

---

[6] Vgl. Balio (1990a), S. 6.
[7] Ebenda, S. 24.

aufgenommen werden sollte, empfahl die Schaffung von Zahlfernsehen. Dieser Vorschlag wurde aber zu dem Zeitpunkt von Kinobesitzern und Programmveranstaltern einhellig abgelehnt.

Die Entwicklung des Fernsehens brachte den Programmproduzenten jedoch nicht nur einen neuen Markt und damit einen großen Vorteil. Gleichzeitig ließ die rasch wachsende Zahl von Haushalten mit TV-Geräten das Kinopublikum dramatisch schrumpfen. Zwischen 1947 und 1962 ging die Zahl der Kinobesuche um 73 Prozent zurück. Preiserhöhungen konnten nur einen Teil dieses Verlustes auffangen, so daß sich die Kinoeinnahmen in dieser Zeit um insgesamt 48 Prozent reduzierten.[8] Zusätzlich konnten die drei Networks dank ihres Monopols in der Programmgestaltung, den Filmstudios die Vertragsbedingungen diktieren.[9]

Diese Faktoren waren mit dafür verantwortlich, daß die Spielfilmindustrie Ende der 60er Jahre kurz vor dem Zusammenbruch stand.[10] Diese wirtschaftlich prekäre Lage erforderte einige drastische Maßnahmen: So mußte sich eines der renommiertesten Unternehmen Hollywoods, Metro-Goldwyn-Mayer, von seiner Distribution trennen; Paramount und MCA (Universal Studios) fusionierten ihren internationalen Vertrieb. Durch diese Entscheidungen veränderte sich auch die gesamte Industriestruktur nachhaltig: Keines der Studios blieb mehr unabhängig, vielmehr wurden sie in der Regel Teile von Unternehmenskonglomeraten.

In den 80er Jahren zeichnete sich eine deutliche wirtschaftliche Erholung der Programmindustrie ab. Mehrere Faktoren spielten hierbei eine Rolle. Der Rückgang der Kinobesuche konnte gestoppt werden, so daß aufgrund von Preiserhöhungen sogar ein leichter Einnahmenzuwachs zu verzeichnen war. Entscheidend für das Wachstum der Industrie war jedoch die Entstehung von zusätzlichen Absatzkanälen durch Video, Pay-TV, und neue Fernsehprogramme, die ausschließlich über Kabel oder Satellit gesendet wer-

---

[8]   Vgl. Balio (1990a), S. 24.
[9]   Neben dem Kino existierte zum damaligen Zeitpunkt nur das werbefinanzierte Fernsehen als weiterer Absatzmarkt.
[10] Vgl. Balio (1990b), S. 260.

den.[11] Während der Videobereich beispielsweise 1980 weniger als ein Prozent zum Umsatz beitrug, war er zehn Jahre später die größte Einnahmequelle für die Filmindustrie.[12] Abbildung 4 faßt das realisierte Wachstum und die erwarteten Wachstumsraten der amerikanischen Filmindustrie zusammen.

	Kino	Video	TV	Total
1992 Einnahmen in Mio $	4,871	11,967	9,145	25,983
1987-92 CAGR (%)	2,8 %	13,5 %	5,7 %	8,2 %
1992-97 Erwartete CAGR (%)	6,4 %	7,9 %	6,4 %	7,1 %
1997 Geschätzte Einnahmen in Mio $	6,630	17,475	12,455	36,560

Abb. 4: Wachstum der amerikanischen Filmindustrie
Quelle: Veronis, Suhler & Associates (1993), S. 124

Obendrein wurden die ausländischen Absatzmärkte immer bedeutender. Sie entwickelten sich im gleichen Tempo wie der amerikanische Markt und trugen 1988 bereits 2,7 Mrd. Dollar zum Umsatz der Filmindustrie bei. Dabei ist interessant, daß sich die Bedeutung der verschiedenen Medien den amerikanischen Strukturen angenähert hat. Lediglich der Bereich des Zahlfernsehens weist noch deutliche Unterschiede auf.[13] Obwohl die Gesamteinnahmen aus dem Pay-TV in den USA inzwischen deutlich geringer sind als die Umsätze auf den Videomärkten, spielt es nach wie vor eine zentrale Rolle in der

---

[11] Vgl. Guillou (1987), S. 57.

[12] Vgl. Bonnell (1989), S. 448; Mariet (1990), S. 87.

[13] In den USA hat das Zahlfernsehen einen Anteil von annähernd einem Fünftel am Gesamtumsatz, während der Anteil auf den ausländischen Märkten unter einem Prozent liegt. Der Anteil der Kinoeinnahmen am Umsatz liegt international bei ca. 40%, und auf den Videomärkten werden ca. 35% der Umsätze erzielt; vgl. Bonnell (1989), S. 448.

Finanzierung der Filmproduktionen. Um ihre Programmversorgung zu sichern, gehen die Pay-TV-Sender oft langfristige und umfangreiche Verpflichtungen zum Rechtekauf ein, die häufig die künftige Produktion eines Filmstudios über mehrere Jahre einschließen. Diesen Finanzierungsbeitrag kann der Videomarkt nicht leisten, da die Vermarktung auf das einzelne Produkt bezogen ist.

Während das Wachstumspotential auf nationaler Ebene inzwischen mehr oder weniger ausgeschöpft ist, bestehen auf den ausländischen Märkten noch sehr große Entwicklungsmöglichkeiten.[14] Dies gilt insbesondere für den europäischen Markt.[15]

Diesen positiven Einflüssen auf die Umsatzentwicklung stehen jedoch auch einige negative Marktveränderungen gegenüber. Zum einen hat sich eine deutliche Dichotomisierung der Kinofilme in wenige Megahits und viele Mißerfolge herausgebildet. Darüber hinaus ist eine zunehmende Verkürzung des Produktlebenszyklus' festzustellen. Inzwischen entscheidet sich der Erfolg eines Films in den Kinos während der ersten zwei bis drei Wochenenden. Schließlich haben sich auch die Produktionskosten in den vergangenen Jahren drastisch erhöht.[16] Diese Faktoren führten zwangsläufig zu einer deutlichen Erhöhung des Investitionsrisikos.[17]

1.1.2 Die Programmveranstaltung

Während sich die europäischen Regierungen von Beginn an für staatlichen Rundfunk ausgesprochen hatten, stand in den USA die

---

[14] Vgl. Hoskins/Mirus (1988), S. 511f.

[15] Vgl. Hilmes (1990), S. 314; vgl. auch Siegmund (1992), S. 31-2: Großbritannien, Frankreich und Deutschland gehören zu den fünf wichtigsten Auslandsmärkten für den Filmverleih. Vor allem in Deutschland und in Frankreich wachsen die Distributionserlöse zweistellig (1990: Deutschland +42 %, Frankreich +29 %). Insgesamt wurden 3,5 Mrd. Dollar im weltweiten Filmverleih realisiert, davon bereits 1,7 Mrd. Dollar außerhalb der USA. Eine ähnlich attraktive Entwicklung zeigen die Videomärkte, die die amerikanischen Exporterlöse um 26 % ansteigen ließen; vgl. auch Bertrand (1989), S. 19ff.

[16] Der Anstieg der Produktionsbudgets betrug allein in den zehn Jahren von 1976-1985 real über 12 % pro Jahr; vgl. Owen/Wildman (1992), S. 45.

[17] Vgl. hierzu Kap. V.3.3.2.

privatwirtschaftliche Lösung im Vordergrund. Staatliches Fernsehen hat praktisch nie eine größere Rolle gespielt.[18]

Da ein Unternehmen in den USA fünf eigene TV-Stationen besitzen und betreiben durfte, übertrugen NBC und CBS ihr Radiokonzept des Networking auf das Fernsehen. Networking bedeutet, daß neben den unternehmenseigenen Stationen auch bis dahin unabhängigen Stationen auf vertraglicher Basis das Programm zur Ausstrahlung zur Verfügung gestellt wird.[19] Die auf diese Weise gewonnenen Fernsehstationen (sog. "affiliates") stellen als Gegenleistung den Networks Sendezeit für Werbung bereit, die auf diesem Weg national ausgestrahlt werden kann. Zu einem Network gehören heute ca. 200 affiliates, die national verbreitet sind und so eine Marktabdeckung von annähernd 100 Prozent technischer Reichweite gewährleisten.

Bis Mitte der 70er Jahre blieb die Programmveranstaltung auf diese drei Networks konzentriert. Ihre quasi-Monopolstellung nutzten sie sowohl auf den Beschaffungsmärkten als auch im Verhältnis zu ihren affiliates sowie gegenüber den Werbetreibenden. Satellitentechnik und Verkabelung änderten diese Strukturen jedoch grundlegend, da sie den Weg frei machten für zusätzliche Konkurrenz. Erst das Aufkommen des Zahlfernsehens stellte die Networks wieder vor eine neue Herausforderung.[20]

Das Programmkonzept des Pay-TV konzentriert sich vor allem auf die Sendung von Spielfilmen. Der Pay-TV-Markt entwickelte sich - vor allem in den letzten zehn Jahren - mit ausgesprochen hohen Wachstumsraten. HBO, der größte amerikanische Pay TV-Sender, bedient heute ca. 17 Mio. Kunden. Mit diesem Wachstum ging auch eine starke Konzentration einher. Heute kontrollieren zwei Unternehmen - Time Warner und Viacom - mit jeweils zwei Sendern insgesamt 75 Prozent des Marktes. Inzwischen gilt der Pay-TV-Markt in den USA mit einem Angebot von elf verschiedenen Programmen und mehr als 25 Mio. Abonnenten als weitgehend saturiert.

---

[18] Vgl. Kap. III.2.3.

[19] Vgl. Mariet (1990), S. 31.

[20] Der erste Pay-TV-Sender Home Box Office (HBO) hatte bereits zwei Jahre nachdem die Verbreitung per Satellit in lokale Kabelnetze begonnen hatte zwei Millionen Abonnenten.

Erhöhter Konkurrenzdruck entstand für das Broadcasting auch durch den Ausbau der Kabelinfrastruktur. Von 1980 bis 1989 stieg die Zahl der Kabelfernseh-Abonnenten von 15 Mio. auf über 50 Mio. Haushalte.[21] Damit war die wirtschaftliche Basis für den Markteintritt von werbefinanzierten Sendern gegeben, die ausschließlich per Kabel zu empfangen sind. Neben Vollprogrammen mit gewissen Schwerpunkten - z.B. Familienunterhaltung - konnten sich auch einige Spartenprogramme, sogenanntes Narrowcasting, erfolgreich im Markt durchsetzen. Bekannte Beispiele für diese Programme sind der Nachrichtenkanal "Cable News Network" (CNN), der Musikkanal "Music Television" (MTV) sowie der Sportkanal ESPN.

Eine weitere direkte Konkurrenz erwuchs den Networks mit dem Versuch des australischen Medienkonzerns News Corp., in den USA ein viertes Network, Fox Broadcasting, zu etablieren. Dieser Versuch wurde 1987 durch die strategisch geschickte Entscheidung eingeleitet, sechs Fernsehstationen in wichtigen Märkten des Landes zu kaufen.[22] Mit diesem bedeutenden Grundstock gelang es News Corp. innerhalb kurzer Zeit, ca. 100 unabhängige Fernsehstationen für das neue Network zu gewinnen.[23]

Vor allem die drei dargestellten Marktveränderungen - d.h. die zunehmende Bedeutung von Pay-TV und Kabelfernsehsendern sowie die durch das vierte Network entstandene Konkurrenz - haben dazu geführt, daß die Akzeptanz der drei Networks bei den Zuschauern und damit ihr Anteil am Werbemarkt zunehmend erodieren.[24] Während sie 1980 noch ca. 84 Prozent Zuschaueranteil halten konnten, reduzierte sich der Anteil inzwischen auf unter 64 Prozent. Die absolute Zahl der Zuschauer ist jedoch nicht gesunken, da sich der Markt insgesamt vergrößert hat.[25]

Negativ haben sich auch einige Regulierungen der FCC auf die Ertragskraft der Networks ausgewirkt. Diese Bestimmungen, die die

---

[21] Vgl. Balio (1990b), S. 285.

[22] Vgl. Dunnett (1990), S. 90.

[23] Vgl. Balio (1990b), S. 287. Fox Broadcasting hat sich bisher gut im Markt behaupten können und schreibt seit einiger Zeit bereits schwarze Zahlen.

[24] Vgl. Veronis, Suhler & Associates (1993), S. 25.

[25] Anstieg der Fernsehhaushalte von 79,7 Mio auf 91,4 Mio; vgl. Vogel (1990), S. 176.

Kontrolle der Networks über ihre Programmproduktion betreffen, waren Anfang der 70er Jahre zum Schutz von unabhängigen Produzenten und Fernsehstationen verabschiedet worden. Im einzelnen sehen die Regeln vor, daß die Networks nur begrenzt eigene Produktionen vornehmen dürfen. Noch nachhaltigeren Effekt hat allerdings die Vorschrift, daß die Networks nicht ihre eigenen Produkte auf dem sehr profitablen Syndikationsmarkt unterbringen dürfen.[26]

Angesichts ihrer schwächeren Wettbewerbsstellung wird es für die Networks auch immer schwieriger, ihre affiliates an sich zu binden. Einige Stationen übernehmen für bestimmte Tageszeiten schon keine Programme der Networks mehr, da eigenständige Programmversorgung und Werbezeitenverkauf profitabler sein können.

Neben den Pay-TV-Programmen und den zahlreichen neuen, werbefinanzierten Sendern etablierten sich in den vergangenen Jahren Fernsehkanäle, die kaum noch die Bezeichnung "Programmveranstaltung" verdienen, weil es im Prinzip keinen redaktionellen Teil und größtenteils auch keine einzelnen Sendungen gibt. Nach Aufhebung einer gesetzlichen Begrenzung von Werbeminuten pro Programmstunde eröffnete sich den Werbetreibenden der direkte Zugang zu den Konsumenten.[27] Über die sogenannten Shopping-Networks, die dem Zuschauer im Prinzip nur noch Produkte anbieten, wurden bereits zwei Jahre nach ihrer Gründung Waren im Wert von zwei Mrd. Dollar verkauft.[28] Das größte Network, Home Shopping Network, erreicht immerhin über 45 Mio. Haushalte.

---

[26] Vgl. zu den verschiedenen Regelungen Kap. III.2.3. Unter Syndizierung versteht man das Zusammenstellen von Programmen und Werbung zu einem Paket, das dann den lokalen Stationen in der Regel kostenfrei angeboten wird. Dieses Paket bietet entweder der Programmproduzent selbst an oder ein spezialisierter Zwischenhändler. Der Vorteil bei diesem Geschäft besteht für den Anbieter darin, daß er auf diese Weise dem Werbetreibenden ein nationales Publikum anbieten kann; die Lokalstation erhält dagegen ein hochwertiges Programm und zum Teil auch Werbezeit für lokale Werbung; vgl. Owen/Wildman (1992), S. 12.

[27] Vgl. Dunnett (1990), S. 69.

[28] Bei der Darstellung der Produkte werden Telefonnummern eingeblendet, und die Bestellungen erfolgen telefonisch.

1.1.3 Der Betrieb von Kabelnetzen

Die jüngste und am stärksten wachsende der drei Gruppen der amerikanischen Film- und TV-Industrie stellen die Betreiber von Kabelsystemen. Ihre Entwicklung begann im Prinzip erst Ende der 70er Jahre und ist vor allem auf die Verknüpfung von Satelliten- und Kabeltechnologie zurückzuführen.

Vor dem Einsatz von Fernmeldesatelliten waren die bereits existierenden lokalen Kabelsysteme lediglich ein verlängerter Distributionsarm für terrestrische Frequenzen. Die Möglichkeiten des Kabels mit seinen hohen Programmtransportkapazitäten konnten dementsprechend nicht genutzt werden. Mit Satelliten wurde es möglich, zeitgleich und landesweit eine Vielzahl von Programmen an Kopfstationen von Kabelnetzen zu senden. Damit waren die technischen Voraussetzungen für den Ausbau der Kabeltechnologie erfüllt.

Die wirtschaftlichen Voraussetzungen ergaben sich zum einen durch den finanziellen Erfolg von HBO. Dieser stellte einen großen Anreiz dar, weiter in Pay-TV oder in zusätzliche werbefinanzierte Sender zu investieren, die ausschließlich über Kabel ausgestrahlt wurden. Anfang der 80er Jahre gab es bereits 50 Programme, die mehr oder weniger national empfangen werden konnten.[29] Potentielle Betreiber von Kabelsystemen haben damit die Vielfalt von verschiedenen Programmen zur Verfügung, die für die Anschlußbereitschaft eines Haushalts unbedingt erforderlich ist.[30] Die wirtschaftlichen Voraussetzungen wurden zum anderen durch eine Deregulierung der Industrie durch FCC und Kongreß deutlich verbessert. Vor allem die Aufhebung der Preisregulierung durch die Kommunen hatte einen enormen positiven Einfluß auf die Profitabilität der Betreiber, da diese in der Regel Monopolisten auf ihrem Markt sind. So stiegen die Kabelgebühren denn auch deutlich.[31]

---

[29] Vgl. Dunnett (1990), S. 79.

[30] 80 % der Kabelnetze in den USA bieten bereits mindestens 30 Programme an; vgl. Owen/Wildman (1992), S. 8.

[31] Vgl. Dunnett (1990), S. 81. Im Jahr 1986 beispielsweise um 30%, bzw. um 50% im Jahr 1987.

1992 waren ca. 95 Prozent der amerikanischen Haushalte verkabelt, und rund 61 Prozent hatten einen Kabelanschluß.[32] Die Umsätze der Kabelindustrie lagen 1992 bei 19,7 Mrd. Dollar. Sie sind damit bereits höher als im Broadcasting Geschäft.[33]

Kabel-Franchises werden von den Kommunen im Wege von Ausschreibungen vergeben und haben gewöhnlich eine Laufzeit von 15 Jahren.[34] Die Kommunen erhalten ca. drei bis fünf Prozent der Einnahmen.[35] Als entscheidendes Kriterium gilt bei der Lizenzvergabe die Qualität des Programmangebots.

Aufbau und Instandhaltung von Kabelsystemen sind äußerst kapitalintensiv. Ca. 90 Prozent der Kosten sind fix.[36] Profitabilität und Cash-Flow werden daher entscheidend durch die Populationsdichte und die Penetration des jeweiligen Kabelnetzes bestimmt.[37] Kabelsysteme garantieren Operating Cash-Flow Margen von 35 Prozent bis 50 Prozent.[38]

---

[32] Vgl. Veronis, Suhler & Associates (1993), S. 108f. Bis zum Ende dieses Jahrzehnts soll die Anschlußdichte auf 70 % der Haushalte ansteigen; vgl. Mariet (1990), S. 104.

[33] Vgl. Veronis, Suhler & Associates (1993), S. 26.

[34] Die Lizenzen werden exklusiv vergeben. Da es sich beim Betrieb von Kabelnetzen wie bei anderen Versorgungsunternehmen (Gas, Wasser) um ein natürliches Monopol handelt, wäre es auch ökonomisch ineffizient, diesen Bereich wettbewerblich zu organisieren; vgl. auch Kruse (1989a), S.84

[35] Vgl. Vogel (1990), S. 185.

[36] Die Einnahmequellen eines Kabelbetreibers sind vielfältig: Gebühren von den Programmveranstaltern für die Übertragungsdienstleistung, Werbeeinnahmen, Anteil an pay-per-view Gebühren und, als Hauptumsatzträger, die Abonnements; vgl. Wedell/Luyken 1986, S.30. Kabelabonnenten haben für den Service einen monatlichen Betrag zu zahlen, dessen Höhe vom Umfang der in Anspruch genommenen Dienstleistungen, d.h., Auswahl der Programme, abhängt. Üblicherweise verfügen Kabelbetreibergesellschaften über ein dreistufiges Preissystem, das sich nach Art und Umfang der vom Kunden bestellten Programme richtet.

[37] Die Penetrationsrate ergibt sich aus dem Verhältnis von angeschlossenen Haushalten zu den anschließbaren Haushalten. Ein Kabelnetz erreicht im Durchschnitt den break-even bei einer Penetrationsrate von 30 %; vgl. Henry (1985), S. 20.

[38] Der Operating Cash-Flow wird definiert als das Ergebnis vor Steuern, Zinsen, Rückstellungen und Abschreibungen. Er ist als Maßgröße im Medienbereich für die Beurteilung der operativen Leistung besonders gut geeignet.

In den vergangenen Jahren wurde der Kabelbereich von einer Akquisitionswelle und einem starken Konzentrationstrend erfaßt. Dieser Umstand hat mehrere Ursachen:

• Aus der hohen Marktattraktivität leiteten einige Unternehmen Wachstumsziele ab, die sich in diesem regulierten Bereich nur durch Akquisitionen und Fusionen umsetzen lassen.

• Die Kapitalintensität und der finanzielle Aufwand von Kabelinvestitionen ließ einige Unternehmen an die Grenzen ihrer finanziellen Ressourcen gelangen.

• Realisierbare Skalen- und Größeneffekte im Kabelbereich, die sich aber nicht durch eine größere Distribution ergeben, sondern "[...] rather by a larger operators' greater ability to package and sell his services more effectively to potential basic and pay subscribers."[39]

Die fünf größten Kabelbetreiber haben inzwischen einen Marktanteil von ca. 40 Prozent, wobei zwei Unternehmer, TCI und Time Warner, bereits 25 Prozent auf sich vereinen.[40]

1.2 Die Film- und Fernsehindustrie in Europa

1.2.1 Strukturen der Film- und Fernsehproduktion

Insgesamt wird das Volumen des westeuropäischen Programmarktes für das Fernsehen auf 15,6 Mrd. Dollar geschätzt.[41] Diese verteilen sich zu acht Mrd. Dollar auf Eigenproduktionen, 2,7 Mrd. Dollar auf Auftrags- und Koproduktionen und zu 4,9 Mrd. Dollar auf Kaufprogramme. Gemäß der Studien des CIT Research produzieren die vier hier untersuchten EU-Länder weniger als 5000 Stunden jährlich an Filmen, Serien und Dokumentarfilmen.[42] Das Volumen der Filmproduktion lag 1991 in den untersuchten Ländern bei 1,4

---

[39] Noam (1985), S. 113.

[40] Vgl. Mariet (1990), S. 121.

[41] Vgl. Wilde (1992), S. 108; Angaben basieren auf den Untersuchungen des britischen Forschungsinstituts CIT Research (Communication and Information Technology).

[42] Vgl. Negrine/Papathanassopoulos (1990), S. 68.

Mrd. Dollar; insgesamt wurden 366 Filme gedreht.[43] Rückgänge der Besucherzahlen in den Kinos haben die Filmproduktion dramatisch beeinträchtigt. Die Entwicklung der Fernseh- und Videomärkte konnte diese Verluste bei weitem noch nicht ausgleichen.

Der Anteil amerikanischer Produktionen am europäischen Film- und Fernsehmarkt ist beachtlich. Nach einer Untersuchung der Medienforscher Frost und Sullivan wurden 1987 Programme für ca. 1,5 Mrd. Dollar exportiert, wobei 56 Prozent von den Umsätzen (675 Mio. Dollar) in Europa erzielt wurden. 1983 lag der Export nach Westeuropa noch bei 210 Mio. Dollar.[44] Dabei handelt es sich im wesentlichen um Unterhaltungsprogramme.[45] Neben der Software werden zunehmend auch amerikanische Programmkonzepte übernommen.[46]

Umgekehrt exportieren die europäischen Länder kaum Programmsoftware in die USA, vielmehr sind die Zahlen aus den vier Ländern inzwischen wieder rückläufig.[47] Dieser einseitige Handel wird sich auch künftig fortsetzen oder sich sogar verstärken.[48] Zum einen wachsen die europäischen Produktionskapazitäten bei weitem nicht so schnell wie die Zahl der Fernsehanbieter und deren Nachfrage

---

[43] Zum Vergleich: 1970 wurden 1600 Spielfilme in Europa gedreht; vgl. Sonnenberg (1990), S. 102. Braunschweig/Keidel (1991), S. 781. Dies entspricht Durchschnittskosten von 3,8 Mrd. Dollar.

[44] Vgl. Ridder (1989), S. 96. Zur Zeit liegt der Anteil der importierten Programmstunden an den ausgestrahlten Programmstunden in den vier Ländern Deutschland, Frankreich, Italien und Großbritannien zwischen 16 % und 18 %. Die USA bestreiten dagegen nur 1 % ihrer Programme durch importierte Software; vgl. Negrine/Papathanassopoulos (1990), S. 85.

[45] Der Anteil amerikanischer Software am Gesamtprogramm ist zwar mit 16 % - 18 % noch relativ gering, doch werden einzelne Programmtypen selbst im öffentlich-rechtlichen Rundfunk bereits von US-Produktionen dominiert. Der durchschnittliche Anteil amerikanischer Spielfilme in öffentlich-rechtlichen Programmen beträgt in Deutschland 50 %; vgl. Ludes (1989), S. 39. Bei Fernsehserien sind sogar rund zwei Drittel amerikanischen Ursprungs; vgl. Kofler (1989), S. 61.

[46] Vgl. Ludes (1989), S. 49; in Deutschland z.B. die erfolgreichen Sendungen "Der Preis ist heiß" von RTL Plus und "Glücksrad" von SATI.

[47] Vgl. Gellner (1989), S. 24; Luyken (1989), S. 89.

[48] "L'Europe n'a pas encore suffisamment mobilisé ses immenses ressources pour répondre au défi americain, mais sa culture, depuis longtemps transnationale, est puissante et l'identité des nations qui la composent est forte, trop forte même." Bertrand (1989), S. 25. Vgl. zur Einschätzung einer zunehmenden amerikanischen Präsenz: Ilott/Young (1992), S. 1.

nach Software,[49] zum anderen erlauben die ohnehin hohen Anlaufverluste und die in der Regel beschränkte technische Reichweite
keine kostspielige Programmpolitik. Kaufprogramme bieten sich daher als kostengünstige Alternative der Programmgestaltung an.

"Drama may be very expensive to produce, but it can be
cheap to buy. The economics of media products differ mar-
kedly from other consumer goods."[50]

Bevor die Strukturen der Film- und Fernsehproduktion der einzelnen Länder näher analysiert werden, erscheint es zweckmäßig, zunächst auf einige grundlegende, länderübergreifende Aspekte hin-
zuweisen, die den heutigen Zustand der europäischen Programmindustrie geprägt haben und noch prägen:

• Der europäische Filmmarkt ist aufgrund der kulturellen und
sprachlichen Unterschiede noch ein sehr heterogener Markt.
Dies wird ein Problem für die künftige Entwicklung bleiben.[51]

• Die für die Herstellung eines audiovisuellen Produktes zentrale Person, der Produzent, befindet sich in Europa in einer wirtschaftlich schwierigen Situation.[52] Bis auf wenige
Ausnahmen weisen die von den Fernsehveranstaltern unabhängigen Film- und Fernsehproduktionsgesellschaften europaweit eine Kleinststruktur auf. Nur ein kleiner Teil der Produzenten bzw. Produktionsgesellschaften arbeitet pro Jahr
an mindestens einem Film. Dies führt zu einem großen Mangel der Programmindustrie an Eigenkapital sowie zu enormen Finanzierungsprobleme.[53]

---

[49] Der Programmbedarf soll laut Schätzung bis zum Ende des Jahrzehnts auf
600.000 Programmstunden ansteigen; vgl. Kiefer (1990), S. 609. 1989 lag
der Programmbedarf noch bei 325.000 Programmstunden; vgl.
Negrine/Papathanassopoulos (1990), S. 68.

[50] Buscombe (1990), S.405. Es ist allerdings festzustellen, daß sich die
Preise durch gestiegene Nachfrage deutlich erhöht haben. Während ein
Verwertungsrecht 1984 noch für unter 200 TDM zu erwerben war, zahlte
man zum Ende des Jahrzehnts bereits das Doppelte; vgl. Wöste (1991), S.
772.

[51] Vgl. Wenger (1988), S. 92.

[52] Der Produzent ist für die Fertigstellung eines Films verantwortlich. In
seiner Verantwortung liegen Budget und Finanzierung des Films. Darüber
hinaus nimmt er Regisseur, Schauspieler etc. unter Vertrag. In Amerika ist
es zudem üblich, daß dem Produzenten auch das Recht zum "Final Cut",

- Die Programmindustrie ist noch stark von dem Konzept des Producer-Broadcaster anstatt des Publisher-Broadcaster geprägt. Schon immer verfolgten die meisten öffentlich-rechtlichen Anbieter das Ziel, ihr Programm möglichst mit Eigenproduktionen zu versorgen; Produktion und Programmveranstaltung waren daher sehr stark integriert. Dies hat zur Folge, daß die Strukturen für eine unabhängige TV-Produktion noch sehr unterentwickelt sind.[54]

- Die Programmproduktion finanziert sich in erster Linie durch den vorherigen Verkauf der Lizenzen. Dem Produzenten verbleiben häufig nur die Erlöse aus dem heimischen Kinomarkt, um einen Teil der Produktionskosten zu decken und eventuell noch einen Gewinn zu erzielen. Diese Struktur bedingt für den Produzenten die Übernahme eines hohen Risikos.

- Im Unterschied zu den USA hält sich der Finanz- und Bankensektor in Europa sehr stark von einem Engagement im Produktionsbereich zurück.[55] Dies ist angesichts der ständigen Finanzierungsengpässe der Programmindustrie ein außerordentlicher Nachteil. Die unübersichtlichen Strukturen und das hohe Risiko dürften wohl die wesentlichen Gründe für diese Zurückhaltung sein.[56]

---

d.h. der Schlußversion des Filmes, zusteht. Dem Produzenten gehört auch das Recht am Film. In Europa hat bei der Produktion eines Films dagegen der Regisseur den entscheidenden Einfluß. In Frankreich beispielsweise steht der "Final Cut" gesetzlich dem Regisseur zu. Dies bedeutet natürlich ein wirtschaftlich höheres Risiko für den Produzenten.

[53] Vgl. Guillou (1987), S. 64.

[54] Vgl. Braunschweig/Keidel (1991), S. 785; vgl. auch Jeandou (1988), S. 187, mit ähnlichen Analysen.

[55] In den USA gibt es eine Vielzahl von Finanzierungsmöglichkeiten im Rahmen von Venture Capital Fonds, öffentlichen und privaten Plazierungen. Diese können ganz unterschiedliche Formen annehmen. So hat Disney 1992 eine Euroanleihe begeben, deren Höhe der Verzinsung an die Kinoeinspielergebnisse der mit der Anleihe finanzierten Filme gebunden ist. Vgl. Purushothamen (1992), S. C11.

[56] Vgl. Bonnell (1989), S. 67.

- Kooperationen sind auf europäischer Ebene bisher immer noch die Ausnahmen. Dies gilt insbesondere für die Zusammenarbeit zwischen unabhängigen Produzenten; bei den staatlichen Fernsehanbietern dagegen steigt die Zahl gemeinsamer Produktionen bereits seit einiger Zeit kontinuierlich an.[57]

- Zur Unterstützung der Produktion audiovisueller Werke im jeweiligen Land, bzw. innerhalb Europas, sind die Programmveranstalter an bestimmte Auflagen gebunden. Diese umfassen vor allem Programm- und Produktionsquoten.[58]

- Sowohl auf europäischer als auch auf nationaler Ebene sind direkte Subventionen zur Filmförderung die Regel. Die staatlichen Hilfen verfolgen im allgemeinen das Ziel, Produktionen von Projekten zu ermöglichen, die Strukturen der Programmproduktion zu verbessern, den Absatz von audiovisuellen Produkten zu fördern, sowie - inzwischen - die europäische Kooperation auszubauen.[59] Mit neuen Instrumenten wie der Referenzfilmförderung,[60] die in Frankreich und Deutschland eingeführt wurde, zeichnet sich auch eine Verteilung der Mittel unter mehr ökonomischen Aspekten ab.

- Neben der nationalen Förderung sind auch auf europäischer Ebene Förderungsmaßnahmen eingerichtet worden. Als verlängerter Arm der EU-Kommission wurde Media '92 - Mésures pour Encourager le Développement de l'Industrie Audiovisuelle - gegründet, um die Film- und Fernsehindustrie zu unterstützen. "Media '92 will concentrate on the distribution, production, training and finance sectors of the

---

[57] Vgl. Wilde (1992), S. 113; siehe auch Stolte (1989), S. 11; Luyken (1989), S. 93.

[58] Allerdings muß darauf hingewiesen werden, daß viele Programmveranstalter vor allem die Programmquoten nicht einhalten. So wurde der französische Privatsender TF1 von der Aufsichtsbehörde CSA gerügt, weil er statt 50 % französischer Produktionen nur 34 % gesendet hatte; vgl. Negrine/Papathanassopoulos (1990), S. 14.

[59] Zum deutschen Filmförderungsgesetz vgl. Friccius (1991), S. 806ff.

[60] Bei der Referenzfilmförderung hängt der Umfang der Förderung vom Erfolg des vorangegangenen Films ab.

audiovisual industry".[61] Von den zwölf geplanten Unterstüt-
zungsfonds sind bereits sieben aktiv, so z.B. SCRIPT
(Support for Creative Independent Production Talent), ein
Fonds zur Förderung von Drehbuchautoren. Allerdings
nimmt sich das Gesamtbudget von Media '92 mit 36 Mio.
Dollar eher bescheiden aus.

•   Der Filmverleih weist eine ähnlich instabile Struktur wie die
    Programmproduktion auf. Während in den USA eine hohe
    Integration zwischen Produktion und Filmverleih besteht,
    herrscht in Europa eine Trennung zwischen diesen beiden
    Gruppen vor. Das Geschäft des Filmverleihs und -vertriebs
    wird in Europa bisher vorwiegend auf lokaler Ebene betrie-
    ben.[62] Obendrein stellt der Distributor das schwächste Glied
    in dem Dreieck Produzent, Filmverleiher, Kinobetreiber
    dar.[63] "Il est désormais le dernier partenaire dont on cherche
    de s'assurer les services".[64]

Diese Schwäche ist vor allem auf die ebenfalls geringe Un-
ternehmensgröße der lokalen Filmverleiher sowie deren finanziellen Engpässe zurückzuführen. Dies erschwert es ihnen, für ein ausreichend großes Angebot an attraktiven Filmen zu sorgen und damit die Kosten ihres Vertriebsnetzes
zu amortisieren. Zusätzlich wird die Stellung der Verleihfir-
men durch einen wachsenden Marktanteil der amerikanischen Unternehmen an den Kinoeinnahmen bedroht.

Damit offenbart sich eine wesentliche Schwäche des europäischen Systems gegenüber den amerikanischen Strukturen. Da der Filmverleiher entscheidend dafür verantwortlich
ist, wann und in welcher Form das Produkt in den Markt eingeführt wird, wären eine einflußreichere Position und inter

---

[61]   Negrine/Papathanassopoulos (1990), S. 74.

[62]   Vgl. Stolte (1989), S. 9.

[63]   Dies gilt nicht für die europäischen Vertriebstöchter der amerikanischen
       Majors, die ein umfangreiches, attraktives Produktprogramm anbieten
       können.

[64]   Bonnell (1989), S. 94.

nationale Strukturen durchaus wünschenswert. Vor allem die Internationalität von Distributionsnetzen könnte den grenzüberschreitenden Absatz fördern. Bisher werden über 80 Prozent der europäischen Produktionen ausschließlich im eigenen Land verwertet.[65]

Zusammenfassend bleibt festzuhalten, daß der europäischen Film- und Fernsehproduktion zur Zeit die Voraussetzungen für eine den amerikanischen Verhältnissen vergleichbare industrielle Struktur fehlen. Dies gilt vor allem für die Stellung der beiden entscheidenden Protagonisten: Produzent und Filmdistributor. Um die Strukturen zu verbessern, müßte man vor allem diese beiden Positionen stärken. Dies wäre zum einen über staatliche Hilfen möglich; zum anderen besteht aber auch die Möglichkeit, daß die absehbar zunehmende Nachfrage des Marktes nach Programmen die erforderlichen Veränderungen mit sich bringen wird. "In the long run, privatization could be the springboard for the long hoped for revitalization of the European film and television industry."[66]

Dabei wird aller Voraussicht nach die Entwicklung in Richtung Auftrags- und Koproduktion gehen, und die Eigenproduktion wird abnehmen.[67] Darüber hinaus gilt die Einschätzung, daß "durch die neu hinzukommenden, medialen Distributions- und Verwertungsmöglichkeiten für audiovisuelle Programme [...] der Programmarkt auf allen Produktions- und Verwertungsstufen komplexer und unübersichtlicher [wird]".[68]

1.2.1.1 Die Situation in Frankreich

Frankreich verfügt im Gegensatz zu den anderen EU-Mitgliedstaaten immer noch über eine relativ gesunde Programmindustrie. Dieser Umstand ist in erster Linie auf umfangreiche Schutz- und För-

---

[65] Vgl. Sonnenberg (1990), S. 107
[66] Wildman/Siwek 1987, S. 75; Canal +, der französische Pay-TV Sender, finanziert bzw. kofinanziert inzwischen 90 % der französischen Kinoproduktion. Dieselbe Erfahrung wurde mit dem amerikanischen Pay-TV gemacht, das wenige Jahre nach seiner Gründung der wichtigste Investor im Filmgeschäft wurde; vgl. Hilmes (1990), S. 302.
[67] Vgl. Kiefer (1990), S. 610.
[68] Vgl. Schrape/Kessler (1989), S. 265.

dermaßnahmen zurückzuführen. Nirgendwo wird die Einsicht so konsequent vertreten wie in Frankreich, daß Kino und Fernsehen keine gewöhnlichen Industrien sind und daher ein Minimum an kulturellem Schutz benötigen.[69]

In der Spielfilmproduktion liegt Frankreich seit Jahren an der Spitze in Europa. Es produziert nicht nur die meisten Filme, sondern verfügt auch über das größte Investitionsvolumen, dieses war 1991 mit 642 Mio. Dollar fast ebenso hoch wie die Produktion Italiens, Deutschlands und Großbritanniens zusammengenommen.[70] Dieser Erfolg ist nicht zuletzt einem umfangreichen gesetzlichen Regelwerk zu verdanken: Im Kinosektor besteht beispielsweise die Auflage, daß ein Kino mindestens fünf Wochen pro Quartal einen französischen oder einen Film aus dem EU-Raum zeigen muß. Die Fernsehanbieter haben bestimmte Produktions- und Programmquoten zu erfüllen, die im europäischen Vergleich am höchsten sind.[71] Außerdem müssen sie Auflagen hinsichtlich der Anzahl und Uhrzeit der ausgestrahlten Spielfilme beachten.

Von großer Bedeutung ist auch, daß eine stabile lokale Distributionsstruktur existiert. Die drei Gesellschaften Gaumont, UGC (Union Général Cinématographique) und Parafrance beherrschen den Markt mit Ausnahme des Vertriebs amerikanischer Produktionen.[72]

Der dritte wichtige Faktor für Frankreichs Stärke im Produktionsbereich ist die direkte Förderung des Staates durch Subventionen. Diese beinhaltet eine automatische Filmförderung, sofern der Film französischen Ursprungs ist, die Förderung des Kinobetriebs sowie die Unterstützung des Filmverleihs.[73]

Trotz dieser aktiven Unterstützung und der Tatsache, daß der Anteil lokaler, d.h. französischer Filme an den Kinobesuchen mit in Europa mit Abstand am höchsten ist,[74] bietet auch in Frankreich die

---

[69] Vgl. Bonnell (1989), S. 15.
[70] Vgl. Braunschweig/Keidel (1991), S. 78.
[71] Vgl. Kap III.2.1.3.
[72] Vgl. Guillou (1987), S. 59.
[73] Vgl. Bonnell (1989), S. 572-593.
[74] Vgl. Braunschweig/Keidel (1991), S. 780; vgl. Bordat (1989), S. 103.

mangelnde Rentabilität der Spielfilmproduktion keine hohen Anreize. Ca. 50 Prozent der Produktionen decken nicht einmal die
Kosten des Absatzes (vor allem Werbung und Filmkopien) und die
Vorauszahlungen an die Filmverleiher.[75] Dementsprechend konnte
auch in Frankreich nicht verhindert werden, daß der Anteile
nationaler Filme am Verleihmarkt deutlich zurückgegangen ist (vgl.
Abbildung 5).

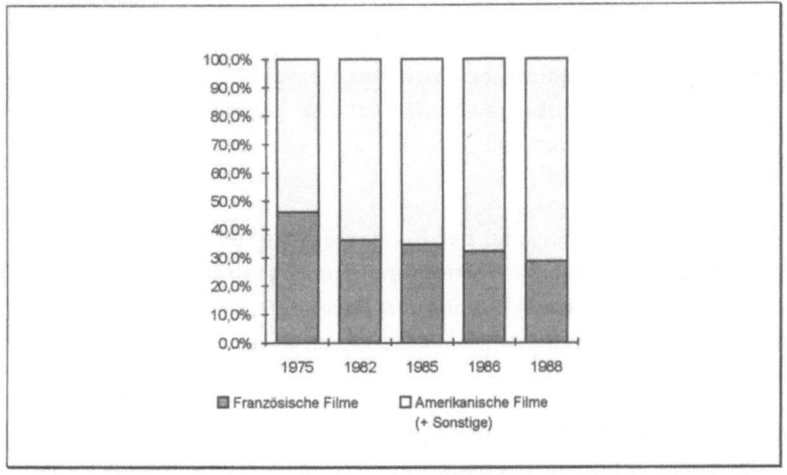

Abb. 5:   Verteilung des Filmverleihmarktes in Frankreich
Quelle: Bonnell (1989), S. 106

Auch bei der TV-Produktion sind die Strukturen in Frankreich vergleichsweise vorteilhaft. Der Anteil der Eigenproduktionen der Programmveranstalter ist nicht sehr hoch. Dies gilt im Unterschied zu
vielen anderen europäischen Ländern auch für die öffentlichen
Programmveranstalter.[76] Dadurch besteht eine relativ bedeutende
unabhängige TV-Produktion.

---

[75]   Vgl. Bonnell (1989), S. 78.
[76]   Vgl. Meise (1992), S. 240.

1.2.1.2 Die Situation in Italien

Von den vier untersuchten Ländern wurde die Produktionsland-
schaft in Italien am stärksten von den Umwälzungen der vergangenen Jahre betroffen. Der vor allem in Italien zu verzeichnende
drastische Rückgang der Kinobesuche und die damit einherge-
hende starke Entwicklung einer privaten Fernsehindustrie, die sich
in ihrer Programmpolitik vor allem auf amerikanische Software
stützte, lähmte in hohem Maß eine der aktivsten Filmindustrien Europas. Heute werden in Italien noch knapp 110 bis 120 Filme im
Jahr gedreht,[77] und das Land ist zum größten Programmimporteur
geworden.[78] Inzwischen hat sich der Fernsehbereich auf den gesamten Filmmarkt ausgewirkt.[79] Fast die Hälfte der Erlöse des
Filmgeschäfts stammt mittlerweile aus der Lizensierung für das
Fernsehen.

Analog zu Frankreich und der Bundesrepublik existiert auch in Italien eine umfangreiche Filmförderung durch direkte Subventionen
sowie mittels staatlich verbürgter Kredite.[80] Neben diesen Maßnahmen zur Produktionshilfe werden auch Filmvertrieb und Kinobetrieb gefördert.

Seit Mitte der 80er Jahre engagiert sich der private Fernsehbereich
- vor allem natürlich das marktführende Medienunternehmen Fininvest - verstärkt in der Programmproduktion, nachdem sich beim
Publikum eine gewisse Sättigung beim Konsum amerikanischer
"Soap Operas" bemerkbar gemacht hatte. Darüber hinaus hat die
Fininvest aber auch die enormen Marktchancen erkannt, die sich
durch einen ausgebauten Produktionsbereich realisieren lassen.[81]

---

[77] Vgl. Braunschweig/Keidel (1991), S. 781.

[78] Vgl. Bonnell (1989), S. 266.

[79] Zum Vergleich: Nur 32 % gehen an das Kino; vgl. Rauen (1990), S. 170.

[80] Die staatlichen Fördermaßnahmen sind allerdings - u.a. bedingt durch die
schwierige wirtschaftliche Situation Italiens - rückläufig; vgl. Young (1992),
S. 33.

[81] Vgl. Kapitel V.3.3.4.

Zusammen mit der staatlichen Anstalt RAI und dem Produzenten Cecchi Gori dominiert die Fininvest über ihre Produktionsgesellschaft Penta die italienische Film- und Fernsehproduktion. Die RAI produziert noch ca. 80 Prozent ihrer Produktionen im eigenen Haus.[82]

1.2.1.3 Die Situation in Deutschland

In der Bundesrepublik kann man eigentlich kaum noch von einer intakten Filmindustrie sprechen. Die Anzahl der Filme betrug 1990 im Vergleich zu Frankreich nur ein Drittel, und das Gesamtinvestitionsvolumen erreichte nicht einmal ein Sechstel der französischen Produktion.[83] Der Großteil der Mittel, die in die Kinoproduktion flossen, stammte aus der Filmförderung[84] und von Mitteln der öffentlich-rechtlichen Anstalten, die sich an der Hälfte der Filme direkt beteiligten.[85] Auch bei der Produktion von Fernsehprogrammen sind die öffentlich-rechtlichen Anstalten immer noch dominierend.[86] Dieser schwache Zustand des Film- und Fernsehmarktes zeigt sich auch am wachsenden Anteil amerikanischer Produktionen in den deutschen Kinos.[87] Ähnlich verhält sich die Situation bei der Distribution. Die großen amerikanischen Majors (UIP, Fox, Columbia Tri-Star, Warner und Buena Vista) kontrollieren mit ihren Vertriebsorganisationen inzwischen mehr als 70 Prozent des deut-

---

[82] Vgl. Meinel (1988), S. 255

[83] Vgl. Braunschweig/Keidel (1991), S. 780. Mit der Bavaria Film und Studio Hamburg gibt es im Prinzip nur noch zwei größere Produktionsfirmen, wobei die Bavaria als das letzte klassische Filmstudio gilt. Beide Gesellschaften sind bezeichnenderweise Töchter von öffentlich-rechtlichen Anstalten.

[84] In erster Linie werden die Mittel durch die Berliner Filmförderungsanstalt verteilt. Diese Anstalt wird zum Großteil aus Film- und Videoabgaben sowie aus freiwilligen Beiträgen der Fernsehanbieter finanziert; vgl. hierzu: Friccius (1991), S. 807.

[85] Vgl. Wöste (1991), S. 713.

[86] Mit über 700 Mio DM wurde von ihnen 1990 Aufträge an unabhängige Produzenten vergeben; Vgl. Braunschweig/Keidel (1991), S. 785. Aufgrund der schwierigen wirtschaftlichen Situation der öffentlich-rechtlichen Programmveranstalter ist aber bei der TV-Produktion mit einem Rückgang zu rechnen; vgl. Hansen (1992), S. 42.

[87] Der Anteil stieg von 30 % im Jahr 1980 auf bereits 48 % im Jahr 1986; vgl. Wenger (1988), S. 89. 1991 betrug der Anteil bereits über 80 Prozent; vgl. Hansen (1992), S. 43.

schen Markts.[88] Die weiteren Anteile verteilen sich auf mehrere kleine Firmen (Constantin, Tobis, Jugendfilm, Scotia und Concord Filmverleih)[89], die alle nur eine geringe Integration von Produktion, Distribution und Kino aufweisen.

1.2.1.4 Die Situation in Großbritannien

Die britische Filmproduktion brachte 1990 zwar nur 53 Filme hervor, die Durchschnittskosten dieser Filme lagen jedoch mit 11 Mio. Dollar deutlich über dem gemeinsamen Durchschnitt aller vier Länder (3,8 Mio. Dollar).[90] Das britische Konzept steht damit dem amerikanischen Produktionskonzept aufwendiger, massenattraktiver Filme deutlich näher. Die britische Filmförderung wurde fast völlig abgeschafft, so daß die Filmproduktion ausschließlich auf die Finanzierung durch die einzelnen Teilmärkte angewiesen ist.

Im Bereich der Fernsehproduktionen wurde bereits an anderer Stelle darauf hingewiesen, daß das neue Rundfunkgesetz und die folgenden Lizenzvergaben in der Zukunft die unabhängigen Produzenten stärken wird.[91] 1990 betrug das Auftragsvolumen unabhängiger Produzenten ca. 600 Mio. DM.[92]

Abbildung 6 faßt die Situation der Marktanteile der lokalen Kinofilme in den vier hier untersuchten Ländern zusammen:

---

[88] Vgl. Hansen (1992), S. 43.
[89] Vgl. Bonnell (1989), S. 253.
[90] Vgl. Braunschweig/Keidel (1991), S. 781.
[91] Vgl. Kap. III.2.1.1.
[92] Vgl. Braunschweig/Keidel (1991), S. 784.

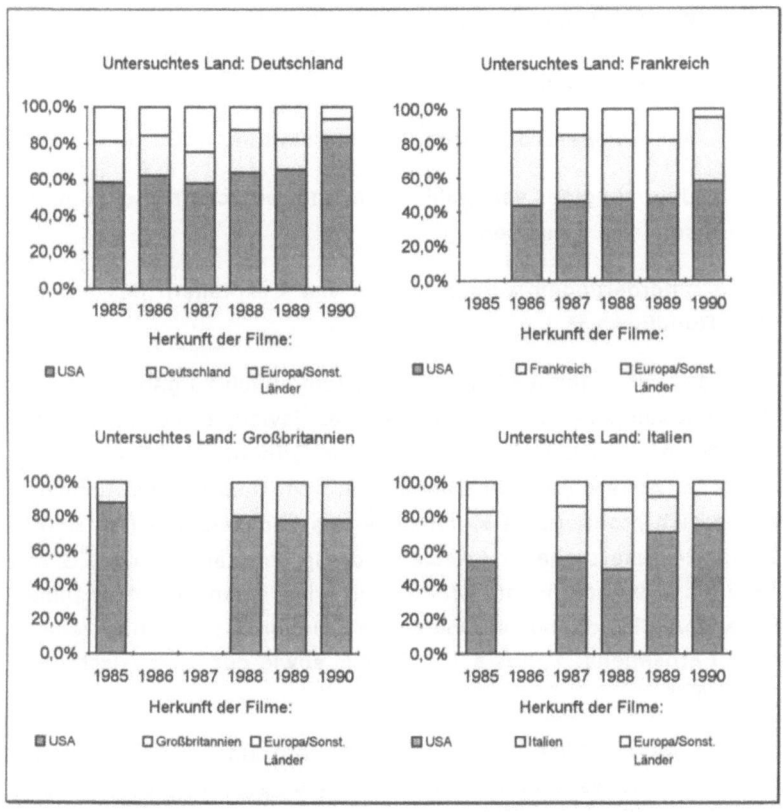

Abb. 6:   Marktanteile der Kinofilme nach Herkunftsländern (1985 bis 1990)
Quelle: Braunschweig/Keidel (1991), S. 780

1.2.2 Die Strukturen der europäischen Programmveranstaltung

1.2.2.1 Auf nationaler Ebene

Die Programmveranstaltung in Europa war bis zum Anfang der 80er Jahre vom öffentlich-rechtlichen bzw. staatlichen Rundfunk geprägt, der in den meisten Ländern Westeuropas eine Monopolstellung innehatte. Der Mangel an Frequenzen, d.h., die technische Beschränkung einer an sich wünschenswerten Programmvielfalt, führte in Europa zur Überzeugung, daß nur ein öffentlicher Rundfunk die folgenden Anforderungen erfüllen könne:

- Flächendeckende Versorgung

- Ausgewogene Programmgestaltung

- Ausgewogene politische Berichterstattung

- Unabhängige, von politischen und wirtschaftlichen Einflüssen freie Finanzierung

Diese Anforderungen wurden zu den vier Eckpfeilern des öffentlichen Rundfunks.[93]

Die technischen Innovationen führten schließlich zu gänzlich neuen Rahmenbedingungen.[94] Oft war es das jeweilige Verfassungsgericht,[95] das den Gesetzgeber zu einer Öffnung des Rundfunksystems für private Anbieter zwang. Von dem Umbruch im Audiovisionsbereich profitierte in erster Linie das kommerzielle Fernsehen. 21 der 24 zusätzlichen TV-Anbieter, die in den Ländern der EG von 1983 bis 1990 gegründet wurden, sind privat finanziert. Ausnahmen bilden lediglich die beiden deutschen Ableger des öffentlich-rechtlichen Fernsehens, 1 Plus sowie 3 SAT, sowie der französische Kanal TV5.[96]

In allen wirtschaftlich bedeutenden Ländern sind duale Rundfunksysteme mittlerweile fest etabliert. Z.T. - so z.B. in Frankreich und Italien - verfügen die privaten Fernsehanbieter bereits über einen höheren Marktanteil als die staatlichen Anbieter.[97] Insgesamt betrachtet, sind die öffentlichen Anbieter aber nach wie vor dominant. Dies ist vor allem auf ihre technischen Reichweitenvorteile und ihre langjährige Erfahrung zurückzuführen. Allerdings spiegeln sich die höheren Marktanteile nicht in einer soliden wirtschaftlichen Situation der staatlichen Programmveranstalter wider. Der Wettbewerb mit den privaten Programmen hat zu erheblichen Umsatzeinbußen

---

[93] Vgl. Buscombe (1990), S. 393.

[94] Vgl Kap. III.1.

[95] So in Italien, Frankreich und Deutschland

[96] Vgl. Buscombe (1990), S. 403; Der Sender 1 Plus ist 1993 bereits wieder eingestellt worden.

[97] In Frankreich ist diese Situation allerdings erst durch die 1986 erfolgte Privatisierung des größten Fernsehsenders, TF1, entstanden.

bei der Werbung geführt und die Kosten für Programme deutlich ansteigen lassen.[98]

In welchem Umfang sich das Fernsehangebot in Europa vergrößert hat, läßt sich an den folgenden Zahlen verdeutlichen: 1980 zählte man in Westeuropa 21 öffentlich-rechtliche und private Programmveranstalter mit insgesamt 37 Programmen. Zehn Jahre später war bereits mehr als eine Verdoppelung der Programme festzustellen.[99]

Die inhaltliche Entwicklung des privaten Fernsehens verlief dabei - obwohl zeitlich versetzt - in den einzelnen Ländern relativ parallel. Die ersten Privatsender boten in der Regel ein Vollprogramm an. Danach folgte ein verstärktes Angebot von Themenkanälen, und schließlich investierten sie in Pay-TV. Grundsätzlich ist auch im Bereich der Programmveranstaltung der amerikanische Einfluß zu spüren. Zwar sind die Majors bisher kaum im Europäischen Fernsehen vertreten, aber es hat sich bereits gezeigt, daß die westeuropäischen Programmveranstalter "[...] ont tendance à copier le modéle américain dans ses innovations, ses programmes, sa stratégie commerciale".[100]

1.2.2.2 Europäische Erfahrungen und künftige Entwicklungen

Die Weiterentwicklung der Übertragungstechnik - vor allem der Satellitentechnologie - hat zwei Marktinnovationen möglich gemacht: Zum einen können ganz bewußt grenzüberschreitend Programme ausgestrahlt und damit striktere Gesetze vermieden werden,[101] zum anderen läßt sich ein Fernsehprogramm für den gesamteuropäischen Markt anbieten. Insbesondere die letztere Alternative scheint a priori wirtschaftlich sehr reizvoll, da der europäische Medienmarkt potentiell der größte der Welt ist.

---

[98] Vgl. Lieb (1992), S. 41; in 1992 verzeichnete die ARD nur noch die Hälfte der Werbeeinnahmen des Niveaus von 1988. Bis 1995 erwartet die ARD kumulierte Verluste von über einer Milliarde DM.

[99] 91 Programme, wovon 68 ein Vollprogramm waren, 12 ein Spartenprogramm sowie elf Pay-TV Kanäle; vgl. Wilke (1990), S. 14 .

[100] Bonnell (1989), S. 474. vgl. auch Lieb (1992) mit Beispielen zu Kopien von amerikanischen Programmkonzepten.

[101] Ein bekanntes Beispiel ist der TV-Anbieter RTV, der seinen Sitz in den Niederlanden hat und über den luxemburgischen Satelliten Astra sein Programm nach Großbritannien sendet.

Zur Zeit besteht dieser Markt jedoch noch aus einer Vielzahl von Teilmärkten mit unterschiedlichen Sprachen und Kulturen.[102] Die bisherigen Erfahrungen, die mit "europäischem Fernsehen" gemacht wurden, sind daher nicht sehr vielversprechend. Der erste Versuch, ein europäisches Fernsehen aufzubauen, wurde 1985 mit Europa TV, einer Gemeinschaftsgründung öffentlicher Anstalten, unternommen. Unter hohem Aufwand wurde das Programm mehrsprachig ausgestrahlt. Da sich die finanzielle Ausstattung des Senders von Anfang an mit einem Budget von unter 40 Mio. DM für drei Jahre eher bescheiden ausnahm und eine für die Werbetreibenden ausreichende technische Reichweite nicht gegeben war, wurde der Sendebetrieb nach etwa einem Jahr wieder eingestellt.[103] "Super Channel", der erste private Sender mit einem Vollprogramm, das pan-europäisch ausgerichtet sein sollte, war ebenfalls wenig erfolgreich. "Sky Channel", angetreten mit einem hauptsächlich englischsprachigen, pan-europäischen Programm, orientierte sich später ausschließlich am britischen Markt.

Die künftige Entwicklung der Programmveranstaltung wird entscheidend vom Ausbau der Übertragungswege und - damit zusammenhängend - vom weiteren technischen Fortschritt bestimmt. Um ein Wachstumspotential einschätzen zu können, müssen zwei weitere Fragen beantwortet werden:

> "a) Is there enough revenue to sustain new services,[104] and
>
> b) are there programming strategies which will be able to realize whatever potential exists ?"[105]

Da sich in den wichtigsten Ländern bereits eine Vielzahl von Vollprogrammen etabliert hat, werden sich die Fernsehanbieter zunehmend auf eine Spezialisierung, d.h., auf Spartenprogramme, einrichten. Dies gilt insbesondere auf pan-europäischer Ebene, wo bestehende Kulturunterschiede einem Vollprogramm bisher noch

---

[102] Vgl. Wilke (1990), S. 9; vgl. auch Collins (1990), S. 80.
[103] Vgl. Zimmer (1989), S. 124.
[104] Zur Analyse der Finanzierungsressourcen vgl. Kapitel IV.2.
[105] Tracy (1987), S. 78.

wenig Aussicht auf Erfolg geben. Spartenprogrammtypen wie Sport und Musik sind dagegen einem internationalen Publikum relativ leicht zugänglich. In diese Richtung gehen sowohl die Überlegungen der privaten als auch der öffentlichen Anbieter.[106] Dabei ist es sehr wahrscheinlich, daß sich Englisch als die dominierende Sprache pan-europäischer Spartenprogramme durchsetzen wird.[107]

1.2.3 Die Industrie der Übertragungswege

Da das Fernmeldewesen in den meisten europäischen Ländern staatlich ist, hat sich bisher im Prinzip noch keine Industrie der Übertragungswege herausbilden können. Die wenigen Ausnahmen im Kabelbereich z.b. haben wirtschaftlich keinen Einfluß auf die Gesamtindustrie. Lediglich im Satellitenbereich erhielten die jeweiligen staatlichen Stellen mit dem Astra-System eine ernsthafte Konkurrenz.[108]

Die anstehende Privatisierung der Telekommunikation und die strategische Notwendigkeit von Medienunternehmen, in diesen Bereich zu investieren,[109] lassen noch erhebliche Veränderungen dieses Sektors erwarten.

2. Einnahmequellen des Audiovisionsbereichs

Grundsätzlich stehen im Audiovisionsbereich für Investitionen zwei Finanzierungsquellen zur Verfügung: das Werbeaufkommen und die Mittelfreisetzungen des Endverbrauchers. In Europa stützt sich die Finanzierung der Medienindustrie noch überwiegend auf die Werbung. Dagegen haben sich die Verhältnisse in den USA bereits umgekehrt. Während der Anteil des Endverbrauchers an den Gesamtausgaben 1984 noch 49,6 Prozent betrug, stieg er bis zum Jahre

---

[106] Privatsender wie CNN, ESPN, MTV, Eurosport, sowie die Projekte der öffentlichen Sender im Hinblick auf einen europäischen Informationskanal, einen europäischen Musikkanal und der deutsch-französische Kulturkanal La S.E.P.T. (Société d'Edition de Programmes de Télévision) sind hier zu nennen; vgl. Zimmermann (1989), S. 131ff.

[107] Dies würde einen deutlichen Wettbewerbsvorteil für den englischen Sprachraum bedeuten; vgl. Wildman/Siwek (1987), S. 75.

[108] Vgl. Kap. III.1.

[109] Vgl. Kap. V.3.4.4.

1992 auf 58 Prozent.[110] (Vgl. zur Entwicklung der Werbe- und Konsumentenausgaben in den USA Abbildung 7).

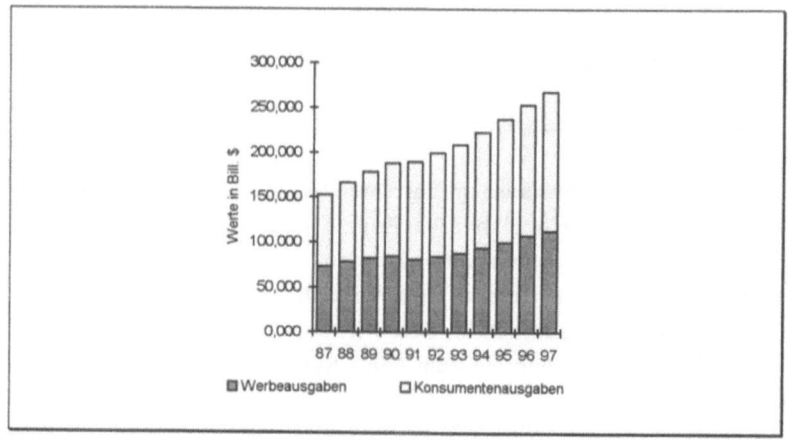

Abb. 7:   Entwicklung der Werbeausgaben und Konsumentenausgaben
Quelle: Veronis, Suhler & Associates (1993), S. 29

In diesem Kapitel werden im ersten Teil die Strukturen und Wachstumsmöglichkeiten der Werbemärkte in Europa und deren Globalisierungspotential untersucht. Der zweite Teil beschäftigt sich mit den Teilmärkten des Audiovisionsbereichs, die durch den Konsumenten direkt finanziert werden.

2.1 Die Attraktivität der Werbemärkte in Europa

Ingesamt wurde für 1990 mit einem Werbeaufkommen in Europa in einer Größe von 56 Mrd. Dollar gerechnet.[111] Der Großteil der Werbung wird dabei in den in dieser Arbeit untersuchten Ländern sowie in Spanien betrieben.[112]

In den vergangenen Jahren wurden die europäischen Werbemärkte von vier Entwicklungen im Fernsehsektor geprägt, die die traditionellen Strukturen deutlich aufbrachen:

---

[110] Vgl. Veronis, Suhler & Associates (1993), S. 10.

[111] Vgl. o.V. (1991a), S. 5.

[112] Vgl. Wilke (1990), S. 15.

- Die steigende Anzahl von privaten Programmanbietern führte zu einem starken Wachstum der verfügbaren Werbezeit. Der Werbemarkt wird daher künftig kein Verkäufermarkt mehr sein, vielmehr entsteht wie im Printgeschäft ein Wettbewerb um den Werbetreibenden.[113]

- Neben der klassischen Werbung in Form von Werbespots entstanden mehrere alternative Werbeformen, wie z.B. das Sponsoring oder Product Placement.

- Werbekampagnen werden zunehmend globaler gestaltet.

- Durch ein höheres und differenzierteres Angebot verändert sich die Segmentierung der Märkte.

Im folgenden werden diese Trends und ihre Auswirkungen auf die Marktstrukturen untersucht.

2.1.1 Die Entwicklung der nationalen Märkte für Fernsehwerbung

2.1.1.1 Marktstruktur und Marktteilnehmer

Der Werbemarkt ist in Deutschland in den vergangenen Jahren jeweils stärker als das Bruttosozialprodukt gewachsen. 1991 wurden für Werbung in den klassischen Medien Fernsehen, Hörfunk, Zeitungen, Zeitschriften und Plakatflächen 15,9 Mrd. DM aufgewendet. Dies entsprach einer Steigerung von 4,9 Prozent; nach 6,7 Prozent und 10 Prozent in den beiden Vorjahren.[114]

Die intermediäre Aufteilung des Werbeaufkommens hat sich von 1987 bis 1991 drastisch von den Printmedien zum Fernsehen verschoben. Während 1987 noch drei Viertel der Werbegelder den Printmedien zuflossen, reduzierte sich ihr Anteil 1991 auf 61,9 Prozent der Bruttowerbeaufwendungen.[115] Der Anteil der Fernsehwer-

---

[113] Vgl. Clemens (1987), S. 40.

[114] Storck (1992), S. 158. Die Zahlen beziehen sich nur auf Westdeutschland, da für die neuen Bundesländer noch keine verläßlichen Angaben vorliegen. Die Steigerung ist vor allem auf das hohe Wachstum der Fernsehwerbung zurückzuführen, das aus der Reduktion des Nachfrageüberhangs aufgrund der Werbezeitbeschränkungen des öffentlich-rechtlichen Rundfunks resultierte; vgl. Seufert (1991), S. 99

[115] Vgl. Storck (1992), S. 159; Steinbach (1990), S. 203.

bung erhöhte sich im gleichen Zeitraum von 18,2 Prozent auf 29,8 Prozent.[116] Von dieser positiven Entwicklung der TV-Werbung haben fast ausschließlich nur die ab Mitte der 80er-Jahre in den Markt eingetretenen privaten Fernsehveranstalter profitiert. Während die öffentlich-rechtlichen Sender ihre Werbeeinnahmen 1991 nur um 2,5 Prozent erhöhen konnten, legten die privaten Anbieter um 53,1 Prozent zu. Inzwischen hat der Anteil der privaten Sender am Werbekuchen mit 58 Prozent den Anteil der öffentlich-rechtlichen Fernsehanstalten deutlich übertroffen.[117]

Der Grund für das geringe Wachstum der Werbeumsätze der öffentlich-rechtlichen Programme liegt an den ihnen auferlegten rechtlichen Beschränkungen. Sie verbieten vor allem, daß die tägliche Werbezeit ausgedehnt und daß Werbung nach 20 Uhr ausgestrahlt wird.[118] Dadurch wird ein Umsatzwachstum nur noch durch Preiserhöhungen für die Werbespots ermöglicht. Es ist davon auszugehen, daß sich diese intramediären Strukturverschiebungen auch in der Zukunft - u.a. durch den Markteintritt neuer Fernsehveranstalter und drastische Preiserhöhungen für die Werbezeiten[119] - fortsetzen werden.

In Frankreich wuchs der Werbemarkt seit Mitte der 80er Jahre noch schneller als in Deutschland.[120] Auch die in Deutschland seit kürzerem zu beobachtenden intermedialen und intramedialen Umwälzungen setzten in Frankreich noch früher ein und waren noch ausgeprägter. Die wichtigste Ursache für die Veränderungen in Frankreich war das Audiovisionsgesetz von 1986, das die Grundlagen für privates Fernsehen und für die Privatisierung des größten französischen Fernsehsenders TF1 schuf. Da allein der Marktanteil von TF1 an der Fernsehwerbung 1989 bei ca. 50 Prozent lag und die beiden staatlichen Sender A2 und FR3 ihre gesetzlich beschränk-

---

[116] Anzumerken ist, daß die Printmedien und auch der Hörfunk zum ersten Mal einen absoluten Rückgang ihrer Umsätze hinnehmen mußten.

[117] Vgl. Storck (1992), S. 161; ein Jahr zuvor hatten die ARD-Werbegesellschaften sogar einen Rückgang der Werbeminuten hinnehmen müssen; vgl. Pretzsch (1991), S. 150.

[118] Vgl. Collins (1990), S. 8.

[119] 1992 haben einige Sender ihre Preise um 20 % - 30 % erhöht; vgl. Ahrens (1992), S. 1.

[120] Von 1986 bis 1990 hat sich die TV-Werbung mehr als verdoppelt (Anstieg von 4,9 Mrd FRF auf 11,2 Mrd FRF); vgl. Meise (1992), S. 242.

111

ten Werbepotentiale ausgeschöpft hatten,[121] ist der intramediäre Umstrukturierungsprozeß bereits weitgehend abgeschlossen. Der Anteil des privaten Fernsehens am Werbemarkt wird dementsprechend künftig nur noch durch intermediären Verdrängungswettbewerb oder durch Wachstum des Werbemarktes steigen können. Während sich die Werbemarktstrukturen in Frankreich und Deutschland noch im Umbruch befinden, scheint der italienische Werbemarkt bereits einen stabilen Zustand bzw. ein Gleichgewicht gefunden zu haben. Da das private Fernsehen in Italien wesentlich früher eine wichtige rozent Marktanteil verfügten.

Zusammenfassend läßt sich feststellen, daß in den betrachteten Ländern im Prinzip die gleichen Umstrukturierungsprozesse der Werbemärkte ablaufen bzw. abgelaufen sind. Gemeinsam sind den drei Ländern vor allem die folgenden Veränderungen:

- ÜberdurchRolle in der Medienlandschaft eingenommen hatte,[122] verliefen auch die Veränderungen des Werbemarktes deutlich eher ab. Heute hat sich der Anteil der Fernsehwerbung am Werbemarkt der klassischen Medien bei ca. 50 Prozent eingependelt. Anfang der 80er Jahre floß nur ca. ein Drittel der Werbeeinnahmen den Fernsehveranstaltern zu,[123] während die Printmedien noch über 61 Pschnittliches Wachstum der Werbemärkte

- Intermediäre Verschiebung von den Printmedien zur Fernsehwerbung

- Intramediäre Verschiebung der Marktanteile von den staatlichen zu den privaten Veranstaltern.

---

[121] Vgl. Theune (1988), S. 209f.
[122] Ab Mitte der 70er Jahre; vgl. Kap. III.2.1.3.
[123] Vgl. Steinbach (1990), S. 202.

Obwohl Großbritannien mit 1,5 Prozent am Bruttosozialprodukt das größte Werbevolumen der hier untersuchten Länder aufweist,[124] ist es von der oben beschriebenen Entwicklung auszuklammern. Im Unterschied zu den anderen drei Ländern besteht die private Fernsehwerbung schon seit Mitte der 50er Jahre. Daher waren drastische Wachstumsschübe der Fernsehwerbung nicht zu beobachten und auch nicht zu erwarten.

2.1.1.2 Schaffung neuer Werbeformen

Die Präsenz der neuen privaten Fernsehanbieter führte nicht nur zu einem starken Anstieg der gesendeten Werbespots im jeweiligen Land, sondern auch zur Schaffung und zum Einsatz alternativer Werbeformen.[125] Dabei handelt es sich fast ausschließlich um Importe von der amerikanischen Fernsehindustrie. Die wichtigsten Werbeformen sollen hier nur kurz dargestellt werden:

* Sponsoring

   Beim Sponsoring handelt es sich um eine Sonderfinanzierungsform, bei der Unternehmen bestimmte Sendungen finanzieren und dafür ihren Namen oder das Firmenlogo im Vor- oder Abspann der Sendung einblenden dürfen. Während die rechtlichen Bestimmungen in Deutschland eine klare Trennung zwischen Werbung und Programm vorsehen, verwischen sich beim Sponsoring die Grenzen.

   Der Bundesgerichtshof hat daher in einem Grundsatzurteil zwischen dem Sponsoring von Sendungen und Ereignissen unterschieden. Während bei Sendungen auf die Finanzierung durch den Sponsor im Vor- oder Abspann hingewiesen werden muß, ist die Nennung von Sponsoren bei der Finanzierung von Ereignissen - dies betrifft in erster Linie Sport-

---

[124] Vgl. Kessler/Schrape (1990), S. 30; vgl. auch Peacock (1986), S. 69.

[125] Bei der Potentialeinschätzung dieser neuen Werbeformen muß allerdings berücksichtigt werden, daß innerhalb der sogenannten Prime Time, deren dominante Werbeform der klassische Werbespot ist, 80 % der Werbeeinnahmen generiert werden; vgl. Bonnell (1989), S. 317.

und Musikveranstaltungen - untersagt.[126] Es wird geschätzt, daß allein in Deutschland das Sponsoring bereits eine Größenordnung von 500 Mio. DM erreicht hat, wobei der Großteil, 350 Mio. DM, auf Sportveranstaltungen entfällt.[127]

- Patronate

  Patronate sind dadurch gekennzeichnet, daß Unternehmen für das Recht zahlen, in bestimmten, sich wiederholenden Sendungen den Namen des Unternehmens oder eines Produktes zu nennen. Beispiele sind hierfür die bei SAT1 gesendeten Haribo- oder Lenor-Wetter.[128]

- Spiel- oder Gewinnshows

  Eine sehr effiziente neue Form der Fernsehwerbung sind Gewinnspiele, bei denen Zuschauer oder Mitspieler Produkte gewinnen können, die z.T. vor dem Spiel präsentiert werden.[129]

- Product Placement

  Unter Product Placement versteht man die Plazierung von Produkten in die Handlung von Filmen und Fernsehsendungen. Da hier keinerlei Trennung zwischen Programm und Werbung mehr vorliegt, hat sich der Bundesgerichtshof gegen diese Form der Werbung ausgesprochen.[130]

- Bartering

  Das Bartering ist eine von den USA kopierte Form der Programmfinanzierung. Barter umschreibt im allgemeinen den Tauschhandel von Gütern. Übertragen auf das Fernsehen

---

[126] Vgl. Facius (1992), S.2; AZ: ZR 64/90.

[127] Vgl. Nickel (1991), S. 7.

[128] Vgl. Krüger (1990), S. 224.

[129] Eine sehr populäre Sendung dieser Form ist beispielsweise "Der Preis ist heiß" bei RTL Plus, deren Konzept auf einer erfolgreichen amerikanischen Sendung aufgebaut ist.

[130] Vgl. Nickel (1991), S. 7. In den USA hat sich das Product Placement - vor allem in Spielfilmen - sehr stark etabliert; vgl. Lipmann (1991), S. B6.

bedeutet es den Tausch von audiovisuellen Produkten gegen die Einräumung von Sendezeit für Werbung.

In den USA wird Bartering vor allem zwischen unabhängigen Fernsehstationen, die Sendezeit zur Verfügung stellen, und Unternehmen, die mit Programmrechten handeln, betrieben. Letztere verknüpfen eine Vielzahl unabhängiger TV-Stationen, um den Werbetreibenden einen größtmöglichen Markt anbieten zu können, und verkaufen diesen die Werbezeiten. Aufgrund der unterschiedlichen Strukturen der Fernsehindustrie in den USA und Europa scheint sich das Bartering eher als Mischung zwischen reiner Programmfinanzierungsform und neuer Form der Werbung zu etablieren, da Werbetreibende direkt Programmrechte gegen Werbezeiten eintauschen.[131]

- Teleshopping

Teleshopping beschreibt den Direktvertrieb von Gütern über das Medium Fernsehen. Der Zuschauer wird in der Regel über ein bestimmtes Produkt informiert und kann über eine eingeblendete Telefonnummer die Ware per Versand bestellen.

Obwohl Teleshopping in der Literatur als "andere" Werbeform beschrieben wird,[132] muß bei dieser Klassifizierung danach differenziert werden, in welchem Rahmen Teleshopping präsentiert wird. In den USA gibt es inzwischen Teleshopping-Kanäle, die ausschließlich Waren zum Verkauf anbieten und insofern nicht über einen redaktionellen Programmteil verfügen.

In Europa hat sich Teleshopping in anderer Form etabliert. Statt auf eigenen Kanälen hat das Teleshopping Sendeplätze in regulären Programmen, wie z.B. auf TF1, erhalten.

---

[131] Vgl. Theune (1988), S. 209.
[132] Vgl. Krüger (1990), S. 224.

• Infomercials

Diese Form der Werbung zählt zu den neuesten Entwicklungen der amerikanischen Werbeindustrie. Bei den Infomercials[133] handelt es sich um eine - in der Regel halbstündige - Sendung, in der bestimmte Produkte in einer unterhaltenden Form vorgestellt und zum Verkauf angeboten werden. Sehr häufig werden bekannte Fernseh- bzw. Filmschauspieler für Infomercials als Moderatoren engagiert. Infomercials haben sich in den USA als überaus erfolgreich erwiesen; 1991 wurden mit Hilfe dieser Werbeform für 750 Mio. Dollar Produkte verkauft.[134] Da die Grenzen zwischen Unterhaltung und Werbung völlig verschwinden und die zeitlichen Werbegrenzen nicht eingehalten werden, ist es unwahrscheinlich, daß Infomercials in Europa erlaubt werden.[135]

2.1.2 Europa als Teil eines globalen Werbemarktes ?

Für die Bewertung des Wachstumspotentials der Werbemärkte in Europa und die Formulierung von Wettbewerbsstrategien für Werbeagenturen und Medienunternehmen hat die Frage nach einer grenzüberschreitenden, d.h. transnationalen, Entwicklung der lokalen Märkte grundlegende Bedeutung.

Die zunehmende Globalisierung der Märkte wurde in der Strategieliteratur schon Anfang der 60er Jahre prognostiziert.[136] Die Entstehung hochstandardisierter Produkte und Marken, die weltweit vertrieben werden, erforderte zunehmend ein globales Marketing.[137]

---

[133] Infomercial setzt sich zusammen aus den Wörtern Information und Commercial.

[134] Vgl. Marin (1992), S. 2.

[135] In den USA wurden Infomercials erst ab 1984 möglich, nachdem die Werbegrenze der F.C.C. von 12 Minuten pro Stunde von der Reagan Administration aufgehoben wurde.

[136] Vgl. Kap. II.2 und vor allem Kap. V.3.2.3.

[137] "Traditionally, international Marketing has been based on the differences between people, regionally and nationally. Global marketing seeks out, stresses, even insists on, similarities among people." Eger (1987), S. 6.

Eine Analyse der Entwicklungschancen von globalen Werbemärkten umfaßt im Prinzip vier Teilbereiche:[138]

- Die Bereitschaft der Werbetreibenden zu globalen Werbekampagnen

- Eine Analyse der Werbeagenturen

- Eine Untersuchung der Konsumentenpräferenzen

- Die Entwicklung der Medienindustrie als Transporteur der Werbebotschaften

2.1.2.1 Einsatz globaler Werbestrategien

Standardisierung und Globalisierung der Werbung sind inzwischen keine rein theoretischen Konzepte mehr,[139] sondern werden zunehmend umgesetzt. Süßwaren- und Nahrungsmittelbereiche belegen bei Analysen der Werbeausgaben nach Branchen in der Regel die vorderen Plätze. Ein Blick auf die Strukturen dieser Branche zeigt, daß sich hier in den letzten Jahren erhebliche Konzentrationsprozesse vollzogen haben.[140] Die Entstehung von großen Nahrungsmittelkonzernen mit Interessen in den wirtschaftlich bedeutendsten Ländern hat auch zu einer Neuorientierung ihrer Marketingansätze geführt. Zunehmend wird versucht, globale Werbebotschaften zu vertreiben, die sich im Einzelfall an den lokalen Ge-

---

[138] Die komplexe Thematik kann im Rahmen dieser Arbeit nicht umfassend diskutiert werden.

[139] Die Diskussion globaler Werbestrategien wurde nicht erst durch Levitts allgemein bekannten Artikel in der HBR gestartet (vgl. Levitt (1983)), sondern begann bereits Mitte der 60er Jahre (vgl. vor allem Elinder (1965) und Miracle (1966)).

[140] Als Paradebeispiel für ein starkes Wachstum im Nahrungsmittelbereich durch Akquisitionen gelten vor allem die beiden amerikanischen Unternehmen General Foods und Phillip Morris sowie aber auch Nestle und BSN in Europa.

schmack anpassen lassen.[141] "Standardization is a matter of degree and not an all-or-nothing phenomenon".[142]

Hinter diesem Ansatz steht zum einen das Streben, Weltmarken zu kreieren,[143] um die Effektivität der Kommunikation zu erhöhen,[144] zum anderen aber auch der Versuch, das Werbebudget möglichst effizient einzusetzen.[145] Beispiele für globale Werbekampagnen sind bereits recht zahlreich. So hatte Coca Cola im Januar 1992 eine weltweite Kampagne mit der gleichen Werbebotschaft geführt. Kellogs warb für seine schockgefrosteten Flakes in 22 Ländern mit dem gleichen Werbespot.

An dem Konzept globaler Werbestrategien und der Entwicklung von Weltmarken wird häufig kritisiert, daß dafür nur einige Marken, bzw. Unternehmen, in Frage kommen. Diese Kritik berücksichtigt jedoch nicht, daß gerade diese oft zitierten Unternehmen die bedeutendsten Werbeinvestoren sind, deren Einfluß in der Zukunft durch Konzentrations- und Konsolidierungsprozesse eher noch zunehmen wird.[146] Darüber hinaus müssen die Werbetreibenden bei ihren

---

[141] Vgl. Lev (1991), S. D9. Bei den meisten erfolgreichen globalen Marken wurden Anpassungen an lokale Gegebenheiten vorgenommen. Oft betraf dies jedoch nicht die Positionierung des Produkts, sondern mehr die Distributionswerte und die Strukturen des Handels; vgl. Riesenbeck/Freeling (1991), S. 13.

[142] Onkvisit/Shaw (1987), S. 50. vgl. hierzu auch die kritische Diskussion des Grades der Standardisierung bei Green/Cunningham/Cunningham (1975), S. 28f.

[143] "As the world gets smaller, there needs to be branch consistency so people don't get confused as they move from market to market." Henry J. Feeley Jr.; chairman der Werbeagentur Leo Barnett International, zitiert von Lev (1991), S. D9. Ein weiteres entscheidendes Argument für die Verbesserung der Kommunikation ist die globale Nutzung von "[...] outstanding creative ideas, [...], that are intruly short supply." Riesenbeck/Freeling (1991), S. 7.

[144] So hat Nestle z.B. kurz nach der Übernahme von Source Perrier S.A. den über 30 lokalen Werbeagenturen von Perrier das Mandat entzogen und den weltweiten Werbeetat in Höhe von 60 Mio Dollar an eine einzige Werbeagentur, Publicis-FCB Communication, vergeben. Als Grund für diese Maßnahme wurde die Stärkung von Perrier als globale Marke angegeben; vgl. Elliott (1992a), S. D9. Procter & Gamble hatte bereits einige Jahre früher sogenannte "Euro Brand Teams" gebildet, die Potentiale für eine verstärkte Standardisierung des Produkt- und Marketing-Programms analysieren sollten; vgl. Quelch/Hoff (1986), S. 66.

[145] Die Kosteneinsparungen einer standardisierten Werbekampagne betreffen vor allem die Produktionskosten, aber auch die Mediakosten; vgl. auch Onkvisit/Shaw (1987), S. 51.

[146] Ca. 200 Marken (z.B. Pepsi, American Express, McDonalds) sind für 33 % der Ausgaben in den klassischen amerikanischen Medien verantwortlich.

Marketing-Strategien auch die Entwicklung der Werbeträger berücksichtigen. Dabei ist es notwendig, "[...] to look at Europe as an integrated television market, because the increase in television advertising time will not be strictly confined to national boundaries".[147]

Voraussetzung für eine standardisierte Werbekampagne ist allerdings nicht nur die Existenz einer potentiellen Mega-Marke, sondern auch eine gut funktionierende Koordination der internationalen Werbeaktivitäten.[148]

2.1.2.2 Internationalisierung der Werbeagenturen

Bei den Werbeagenturen hat der Konzentrationsprozeß bereits Anfang der 80er Jahre eingesetzt und einen größeren Umfang erreicht als bei den restlichen Werbetreibenden.[149] Ausgelöst wurde diese Entwicklung durch die Vergabe weltweiter Werbeetats von Konzernen wie Fiat oder Philips an eine einzelne Werbeagentur.

> "Their objectives are to make each product's advertising more consistent around the world and to make it easier to transfer ideas and information among local agency offices, country organizations and headquarters".[150]

In der Erwartung, künftig weltweit Kunden zu betreuen und für diese globale Werbestrategien mit lokalen Besonderheiten entwickeln zu müssen,[151] führten viele Agenturen ihre Interessen in sogenannten Networks zusammen. Andere Agenturen wie z.B. Saatchi & Saatchi

---

Werbung für sogenannte mega-brands sind in den letzten Jahren überproportional gewachsen; vgl. Donald (1992), S. M16f. Auch in Deutschland ist der Trend zu einer verstärkten Markenwerbung deutlich zu spüren; vgl. Storck (1992), S. 169. vgl. mit ähnlichen Ergebnissen Yip (1992), S. 135. Ausgaben von Procter & Gamble liegen bei jährlich 1,5 Mrd Dollar; die Ausgaben von Philip Morris bei 2,1 Mrd. Dollar; vgl. Mariet (1990), S. 374.

[147] Clemens (1987), S. 40.

[148] Vgl. Peebles/Ryans/Vernon (1978), S. 28f. Oft genug sind transnationale Aktionen am Widerstand des lokalen Managements gescheitert.

[149] Vgl. hierzu z.B. für die Analyse der frühen internationalen Dominanz amerikanischer Werbeagenturen Aydin/Terpstra/Yaprak (1984), S. 49-59.

[150] Quelch/Hoff (1986), S. 66.

[151] Vgl. Rosen/Boddewyn/Louis (1988), S. 14.

versuchten, ihre weltweite Präsenz durch Akquisitionen auszubauen.[152]

Vier der fünf weltgrößten Agenturen - WPP Group, Saatchi &
Saatchi, Omnicom und Interpublic - haben ihre Unternehmen in jeweils zwei bis drei weltweite und unabhängige Networks aufgeteilt;
u.a. um potentielle Interessenkonflikte mit Kunden, die in Konkurrenz stehen, zu vermeiden.[153]

Die dargestellten Entwicklungen beschränken sich jedoch nicht nur
auf den klassischen Bereich der Werbekreation, sondern gelten
auch für den Bereich des Mediaeinkaufs, d.h. der Plazierung von
Werbung in den jeweiligen Medien. In Europa haben sich die großen Werbeagenturen in Kooperationen zusammengeschlossen, die
für diese Agenturen den Mediaeinkauf übernehmen. Media Partnership, eine Kooperation der Werberiesen Omnicom und WPP
Group, vereinigte 1989 bereits ein Einkaufsvolumen von sechs Mrd.
Dollar. In Frankreich beherrschen die vier größten Einkäufer 80
Prozent des gesamten Werbemarkts.[154]

Der gemeinsame Einkauf ermöglicht es den Unternehmen, vorteil-
haftere Konditionen zu erzielen. Gleichzeitig aber ist er die Antwort
auf die zunehmende Komplexität und Wettbewerbsintensität des europäischen Medienmarkts.[155] Obwohl sich bisher noch kein europaweites Netz etabliert hat, scheint die Entwicklung eindeutig in diese
Richtung zu gehen.

2.1.2.3 Konvergenz der Konsumentenpräferenzen

Eine Positionierung von Weltmarken und die Globalisierung der
Werbeaktivitäten machen jedoch nur dann Sinn, wenn sich auch die
Präferenzen der Zielgruppen angleichen.

In der industrialisierten westlichen Welt haben sich bestimmte demographische Trends allmählich angenähert. Dies gilt u.a. für sin-
kende Geburtenraten, einen höheren Frauenanteil bei den Be-

---

[152] Vgl. Donald (1992), S. M18.
[153] Vgl. Elliott (1992), S. D5.
[154] Vgl. Fry (1991), S. 26.
[155] Vgl. Rawsthorn (1990), S. 8.

schäftigten oder eine steigende Altersstruktur. Auch die Unterschiede in Verhaltensmustern sowie die kulturellen Differenzen haben abgenommen.[156]

Durch den stark gestiegenen grenzüberschreitenden Reiseverkehr - privat und geschäftlich -, die vielfältigen Informationen in den Medien über das Ausland sowie die tägliche Konfrontation mit Auslandsprodukten hat sich zudem der Erfahrungshorizont der Konsumenten deutlich internationalisiert. Diese Internationalisierung hat den Trend zu einer gewissen Angleichung der Geschmäcker eingeleitet. "Different cultural preferences, national tastes and standards, and business institutions are vestiges of the past".[157]

Dies ist vor allem bei der jüngeren Generation feststellbar, u.a. auch deshalb, weil durch die Ausbildung Sprachbarrieren z.T. abgebaut werden. "And there is a global teenager. The same kid you see at the Ginza in Tokyo is in Picadilly Circus in London, in Pushkin Square, and Notre Dame".[158] Obwohl in Europa nach wie vor große nationale Unterschiede bei Kultur und Lebensgewohnheiten bestehen, nimmt die Konvergenz der Konsumentenpräferenzen ständig zu und schafft damit die Voraussetzung für globales Marketing und globale Werbung.[159]

2.1.2.4 Internationalisierung der Werbeträger

Die Medienindustrie folgte im Prinzip dem gleichen Trend zur Konzentration und Konsolidierung, wie die Werbetreibenden und -agenturen.[160] Dennoch ist das Angebot an Werbeleistungen, sei es

---

[156] Vgl. Eger (1987), S. 7.

[157] Levitt 1983, S. 96.

[158] Peter S. Sealez, Direktor Globales Marketing bei Coca Cola; zitiert nach Lev (1991), S. D9; vgl. auch Ohmae (1985), S. 23, der die Unterschiede zwischen verschiedenen Altersgruppen inzwischen größer als grenzüberschreitende Geschmacksunterschiede bewertet.

[159] "These convergences of demography, behaviour and shared cultural elements are creating a more favorable climate for acceptance of a single product and positioning across a wide range of geography." Eger (1987), S. 7. vgl. auch Winram (1984), S.21.

[160] "Inevitably [...], the real battle in European Media is fought at agency and mediaowner level."; Frey (1991), S. 25. Vgl. auch Kap. V.1 und V.2 zu einer detaillierten Analyse der Konzentrationstendenzen.

im Print- oder im elektronischen Medienbereich, in den europäischen Ländern nach wie vor stark fragmentiert.

Für die Medienindustrie ergibt sich damit die Herausforderung, der steigenden Einkaufsmacht von Mediakäufern und Werbetreibenden gewachsen zu bleiben. Lokale Mediengesetze, die in der Regel vertikale und horizontale Konzentration beschränken, werden dabei oft nur den Weg der Kooperation zulassen.

Eine weitere Herausforderung wird die Konzeption von Medien darstellen, die mit den globalen Werbewünschen der Unternehmen korrespondieren.[161] Grundsätzlich ist davon auszugehen, daß die zunehmende Standardisierung von Produkten zu einem wichtigen Faktor bei der Internationalisierung der Medienindustrie wird.[162] Im Zwei-Güter-Markt haben die Medienunternehmen bei ihren Entscheidungen aber auch die Zuschauerinteressen zu berücksichtigen. Trotz der zunehmenden Konvergenz der Konsumentenpräferenzen hat sich das Interesse der Zuschauer an internationalen Programmen noch nicht in der erwarteten Form entwickelt.[163]

2.1.3 Potential und Grenzen des Werbewachstums

Es ist davon auszugehen, daß die höhere Wettbewerbsintensität auf den Produktmärkten und die wachsende Zahl der verfügbaren Werbeträger für eine anhaltende Dynamik der Werbemärkte sorgen wird.[164] Mit den steigenden Investitionen[165] werden sich die Werbetreibenden zunehmend die Frage nach der Effizienz ihrer Werbeausgaben stellen.[166]

Im Fernsehbereich ist das Angebot an Werbeminuten durch den Markteintritt der privaten Sender drastisch gestiegen. Während sie 1985 noch insgesamt 805 Stunden betrugen, summierten sie sich

---

[161] Vgl. Kap. V.3.4.
[162] Vgl. Negrine/Papathanassopoulos (1990), S. 2.
[163] vgl. Collins (1990), S. 107.
[164] Vgl. Wheeler (1992), S. 54.
[165] Werbeinvestitionen setzen sich aus den drei Bestandteilen Werbemittelproduktion, Werbeverwaltung sowie Kosten für den Werbeplatz zusammen. Letztere stellen den Großteil der Gesamtaufwendungen dar. Vgl. Nickel (1991), S. 7.
[166] Vgl. Seufert (1991), S. 101.

1989 allein in Deutschland auf 2.194 Stunden.[167] Im gleichen Zeitraum allerdings stieg der Fernsehkonsum pro Zuschauer nur von 147 auf 153 Minuten. Der Konsum von Fernsehwerbung nahm ebenfalls nur minimal von sechs auf acht Minuten täglich zu.[168]

Aus diesen Erkenntnissen läßt sich nicht von vornherein auf eine wachsende Ineffizienz oder ein vermindertes Wachstum der Fernsehwerbung schließen. Immerhin verfügen Werbetreibende seit dem Markteintritt der Privaten über eine wesentlich größere Flexibilität bei der Plazierung ihrer Spots; so können ihre zeitlichen Wünsche aber auch das Programmumfeld besser berücksichtigt werden. Darüber hinaus wurde es erstmalig möglich, Werbung in dem als so wichtig erachteten Abendprogramm unterzubringen. Schließlich können Werbetreibende bei den privaten Anbietern in größerem Umfang die Möglichkeit zur Unterbrecherwerbung nutzen, d.h., ihre Werbesendungen innerhalb einer Programmeinheit einblenden. Für die Unterbrecherwerbung wird grundsätzlich eine größere Effizienz eingeschätzt.[169] Preisgünstige Tarife während bestimmter Tageszeiten erlauben zudem auch kleineren Unternehmen den Einstieg in die Fernsehwerbung.[170] Darüber hinaus werden die Werbetreibenden angesichts wachsender Produktvielfalt und gleichzeitig kürzeren Produktlebenszyklen ihr Produktangebot noch intensiver kommunizieren müssen.[171] Mittelfristig wird daher auch weiterhin mit einem starken Wachstum der Fernsehwerbung gerechnet.[172]

Setzt man die derzeitige Situation des Werbemarktes in den USA als Maßstab für die europäische Entwicklung an,[173] dann könnte man in Zukunft mit einem erheblichen Wachstumspotential rechnen.

---

[167] Vgl. Nickel (1991), S. 7.

[168] Vgl. Franke (1992), S. 27.

[169] Vgl. Krüger (1990), S. 223.

[170] Ebenda, S. 239.

[171] Vgl. Ridder-Aab (1988), S. 186.

[172] Vgl. Donald (1992), S. M15; Jeandou (1988), S. 214.

[173] Die USA verfügen über den mit Abstand weltgrößten Werbemarkt. 1992 wurde ein Gesamtvolumen von über 133 Mrd. Dollar festgestellt, dies entspricht ca. 500 Dollar pro Kopf der Bevölkerung. Vgl. Veronis, Suhler & Associates (1993), S. 47. In Europa liegen die Werbeausgaben pro Kopf der Bevölkerung erst bei 200 bis 300 Dollar.

Auf längere Sicht stellt sich jedoch die Frage, wie sich die Ausweitung der Werbezeiten, das zunehmende Angebot an Fernsehprogrammen und die dadurch induzierte Fragmentierung der Zuschauerschaft auf die Struktur der Fernsehwerbung auswirken wird.[174] Das Potential des Werbewachstums wird in entscheidendem Maße von den Grenzen der Werbe-Effizienz und der Werbeverträglichkeit mit den Programmen bestimmt.[175] Im Hinblick auf die heutige Länge der Werbeblöcke in der Prime-Time von sieben bis acht Minuten haben Werbeinvestoren bereits die Befürchtung, daß die Werbewirkung nachläßt, bzw., daß sogar Negativreaktionen ausgelöst werden.[176]

Erschwerend kommt noch die mit der Anzahl der Programme wachsende Beliebtheit der Fernbedienung hinzu. Zapping, d.h., das ständige Umschalten von Programmen, sowie Channel Hopping, d.h., der gleichzeitige Konsum mehrerer Programme, beschäftigen Medienforscher in den USA schon seit geraumer Zeit.[177]

Untersuchungen haben außerdem gezeigt, daß sich das Fernsehen zunehmend zu einem Sekundärmedium entwickelt und damit der Aufmerksamkeitsgrad des Zuschauers eher abnimmt.[178]

"Wer heute in Deutschland mit Hilfe von Informationsprozessen positive Reaktionen und Haltungen gegenüber dem eigenen Angebot auslösen will - nichts anderes ist die Kernaufgabe der Werbung - sieht sich einem vielschichtigen Wandel gegenüber".[179]

Dieser Wandel erfordert einen kreativeren Werbeeinsatz und stellt die Medien vor die Aufgabe, ihren Kunden überzeugende Werbekonzepte anbieten zu können.

---

[174] Vgl. Ridder-Aab (1988), S. 185.
[175] Vgl. Storck (1992), S. 171.
[176] Vgl. Stoffers (1991), S. 7.
[177] Vgl. Franke (1992), S. 27. In Frankreich versucht man, kreativ dem Zapping-Problem zu begegnen, indem Rateziffern eines Gewinnspiels in die Werbung eingeblendet werden. Vgl. Theune (1988), S. 209.
[178] Vgl. Stoffers (1991), S. 7.
[179] Nickel (1991), S. 7.

Eine qualitative Reichweitendifferenzierung wird künftig mehr und mehr an Bedeutung gewinnen.[180] Eine differenzierte Programmangebotspolitik ist dabei Voraussetzung für die Definierung und Bindung bestimmter Zielgruppen.[181] Der Sport eignet sich hierzu beispielsweise hervorragend. Sollte sich die Entwicklung des Fernsehens zum zielgruppenspezifischen Medium bestätigen, dann wären auch die Behauptungen widerlegt, Spartenprogramme hätten kaum Aussicht auf Erfolg.[182]

In eine andere Richtung geht eine Entwicklung, die sich in den USA abzeichnet und die sich u.U. auch in Europa durchsetzen könnte. Satelliten- und Kabeltechnologie ermöglichen eine neue Form des "Mikro-Marketings", bei dem sich Werbebotschaften auf ausgewählte Wohngebiete beschränken lassen. Dies hat für den Werbetreibenden den Vorteil, daß seine Produktwerbung nur in Gebieten mit potentiellen Käufern gezeigt wird. Außerdem bietet es lokalen Unternehmen, wie z.B. dem lokalen Einzelhandel, die Möglichkeit, über das Medium Fernsehen zu werben. Obwohl der Tausenderkontaktpreis beim Mikro-Marketing deutlich höher liegt als bei einem national ausgestrahlten Werbespot, wird dieser Nachteil dadurch wieder aufgehoben, daß das Mikro-Marketing eine wesentlich höhere Werbe-Effizienz erreicht.

Spezialisierte Werbegesellschaften bieten inzwischen ihren Kunden die Möglichkeit an, regionale Märkte in demographische Cluster zu teilen und die jeweiligen Märkte zu verknüpfen. So ist es für die Zukunft durchaus vorstellbar, daß über Kabelfernsehen nur noch in wohlhabenden Wohngebieten der amerikanischen Ostküste für Luxusartikel geworben wird. Streuverluste lassen sich auf diese Weise deutlich reduzieren. Diese Möglichkeit zur genauen Zielgruppendefinition könnte sich andererseits aber negativ für andere Bereiche wie z.B. den Zeitschriftensektor auswirken, die die Zielgruppennähe bisher als ihren größten Wettbewerbsvorteil ansahen.

---

[180] Vgl. Krüger (1990), S. 225. TV-Sender garantieren ihren Kunden oft eine bestimmte Kontaktzahl oder bieten ein eigenes Angebotsprofil im Hinblick auf die Zielgruppenorientierung der Werbekunden an; vgl. Seufert (1991), S. 102.

[181] Vgl. Seufert (1991), S. 104.

[182] Vgl. Ridder-Aab (1988), S. 192; vgl. auch Kapitel V.3.4.

Insgesamt betrachtet ist zwar davon auszugehen, daß sich Investitionen in die Fernsehwerbung nicht beliebig steigern lassen. So dürfte beispielsweise Italiens Fernsehwerbemarkt mit 50 Prozent Marktanteil inzwischen als reif anzusehen sein und sich nur noch entsprechend dem gesamten Werbemarkt entwickeln. In Deutschland,[183] Frankreich und auch auf europäischer Ebene sind auf Basis der dargestellten Veränderungen jedoch noch beachtliche Wachstumspotentiale zu erschließen.

2.2 Das Finanzierungspotential durch direkten Konsum

Neben den Werbemärkten besteht eine zweite, nicht minder wichtige Quelle für die Umsatzgenerierung im Audiovisionsbereich: Die direkte Nachfrage des Konsumenten nach Produkten der Film- und Fernsehindustrie. Während der Konsument beim Werbefernsehen als Gegenleistung nur seine Zeit bereitstellt, tritt er in einigen Teilmärkten des Audiovisionsbereichs auch als Käufer eines Produktes auf. Im wesentlichen umfassen diese Teilbereiche das Kino, Video, sowie das Zahlfernsehen mit den beiden Varianten Abonnementsfernsehen und Pay-per-View. In den USA sind die Pro-Kopf-Ausgaben im Audiovisionsbereich in den letzten Jahren erheblich gestiegen (vgl. Abbildung 8).

Strukturen und Potentiale dieser Märkte haben, wie bereits dargestellt, für die Medienunternehmen eine ebenso große Bedeutung wie der Werbemarkt. Vor allem dem Videobereich und dem Zahlfernsehen werden in Europa große Wachstumspotentiale zugemessen.[184] In der Verwertungskette der Software, d.h. der Inhalte, sind die drei genannten Märkte dem werbefinanzierten Fernsehen vorgelagert.

---

[183] Für Deutschland wird für 1995 mit einem Anteil des Fernsehens von 40 % am Werbeaufkommen gerechnet; vgl. Franke (1992), S. 27.

[184] Diese Einschätzung leitet sich aus den Erfahrungen in den USA ab, wo man mit der Entstehung von Videomärkten und der Entwicklung des Pay-TV festgestellt hat, daß "viewers are willing to pay much more for programs than advertisers are willing to pay for viewers." Owen/Wildman (1992), S. 22. Vgl. auch Veronis, Suhler & Associates (1993).

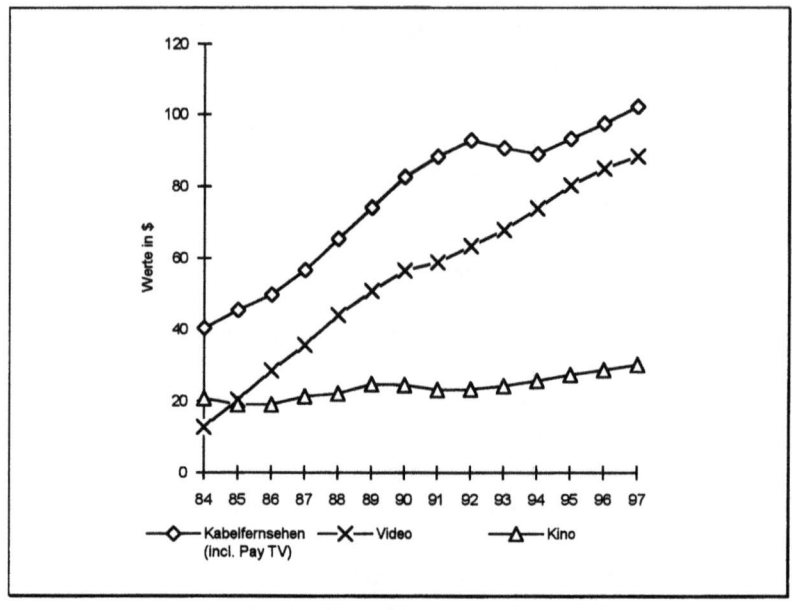

Abb. 8:   Pro-Kopf Ausgaben der Konsumenten im amerikanischen Audiovisionsbereich
Quelle: Veronis, Suhler & Associates (1993), S. 68

2.2.1 Situation der Kinomärkte in den USA und in Europa

Nach dramatischen Rückgängen der Kinobesuche in den 60er und
70er Jahren hat sich die Lage der Kinowirtschaft in den USA im
vergangenen Jahrzehnt stabilisiert, bzw. sich sogar wieder leicht
erholt.[185]. Die Gesamtzahl der Kinobesuche lag 1991 bei 982 Mio.,
und es wurde ein Umsatz von 4,8 Mrd. Dollar erzielt.[186] Befürchtun-
gen, daß der Kinomarkt unter dem starken Wachstum des Videomarktes und des Zahlfernsehens leiden könnte, haben sich bisher
nicht bestätigt.

Trotz der bis Mitte der 80er Jahre erzwungenen Trennung von
Filmproduktion, -distribution und Kinobetrieb konnte die Unterneh-

---

[185] Vgl. Balio (1990b), S. 283.

[186] Vgl. Eller (1992), S. 5; damit war die Zahl der Kinobesuche in den USA
größer als in allen Mitgliedstaaten der EG zusammen. Von den
Bruttoeinnahmen erhalten die Kinobetreiber im Durchschnitt etwa 50 %.
Der übrige Teil fließt an den Filmverleih. Eine weitere wichtige
Einnahmequelle für die Filmtheater ist im übrigen der Warenverkauf und -
in Europa - die Werbung.

menskonzentration der Kinowirtschaft nicht gestoppt werden. Landesweit gibt es heute etwa 24.000 Leinwände, von denen 9.000 zu den größten Kinoketten - United Artist Theatres, Cineplex Odeon, General Cinema und American Multi-Cinemas - gehören. Die Filmtheater dieser vier Ketten sind aber in den bedeutendsten lokalen Märkten plaziert, so daß ihnen mehr als 85 Prozent der gesamten Kinoeinnahmen zufließen.[187]

Unter dem Einfluß rückläufiger Besucherzahlen wurde in den 60er Jahren das Konzept des Multiplexing entwickelt. Große Kinosäle wurden in mehrere kleine Einheiten aufgeteilt. Zusätzlich entstanden vor allem in Shopping-Centern Multiplexe nach dem gleichen Prinzip mit vier bis zehn Leinwänden.

Anfang der 80er Jahre setzte ein kanadischer Kinobetreiber mit "Cineplex" ein neues Kinokonzept um. Es verband die frühere Form des "Kinopalastes" mit dem Konzept des "Multiplexing", ein Trend, der sich noch heute fortsetzt.[188] Die neuen Multiplexe von Cineplex erhielten eine moderne und aufwendige Architektur, die Leinwandzahl wurde auf 16 bis 20 ausgedehnt und modernste Abspieltechnik eingesetzt. Darüber hinaus wurden Restaurants, Cafés und Bars eingerichtet. Damit sollte dem Besucher ein völlig neues Kinoerlebnis vermittelt werden, in dem nicht mehr der Film allein eine Rolle spielte. Das Konzept wird seit einigen Jahren auch erfolgreich in England eingesetzt und beginnt sich nun auch auf dem Kontinent auszubreiten.

In Europa war der Einbruch der Kinowirtschaft in den 60er Jahren noch drastischer als in den USA. In Deutschland ging die Zahl der Kinobesuche von 605 Mio. im Jahr 1960 auf 160 Mio. zehn Jahre später zurück.[189] Die negative Entwicklung setzte sich in Deutsch

---

[187] Vgl. Balio (1990b), S. 282.

[188] Vgl. Gomery (1990), S. 377; Cineplex Odeon ist heute mit ca. 1.900 Leinwänden der zweitgrößte Kinobetreiber in den USA. Zum Vergleich: Die größte deutsche Kino-Kette, die UFA-Theater AG, verfügt über rund 500 Leinwände; vgl. Coleman (1991), S. 5-6.

[189] Klingsporn (1991), S. 796. Die Zahlen für Deutschland beziehen sich auf die alten Bundesländer.

land - wenn auch langsamer - bis heute fort. Der anhaltende Zuschauerverlust konnte nur z.T. durch Preiserhöhungen kompensiert werden.[190]

Spiegelbildlich zu den USA konzentriert sich der Erfolg in den Kinos auf einige wenige Spitzenfilme. Die fünf bis sechs umsatzstärksten Filme haben in der Regel einen Anteil von über 30 Prozent an den jährlichen Gesamteinnahmen.[191]

In England sind die amerikanischen Betreiber von Multiplexen bereits im Markt fest etabliert.[192] Der englische Kinomarkt hat sich in den vergangenen Jahren vergleichsweise hervorragend entwickelt, was in erster Linie auf das neue Angebot an Filmtheatern zurückgeführt wird. Der Kinobesuch stieg von 50 Mio. pro Jahr auf ca. 110 Mio.[193]. Der Anteil der Multiplexe an den Gesamterlösen liegt bereits bei über 60 Prozent. Bei der Analyse, ob dieser Erfolg auch auf andere Länder übertragbar ist, muß allerdings die geringe Filmtheaterdichte in England berücksichtigt werden[194].

Italiens Misere auf dem Kinomarkt steht deutlich in Zusammenhang mit dem Entstehen des Privatfernsehens. 1975 verzeichnete das Land noch über 500 Mio. Kinobesuche; das war halb so viel wie in den gesamten USA. Innerhalb von zehn Jahren reduzierten sich die Kinobesuche auf 122 Mio. per anno.[195].

Der französische Kinomarkt ist seit Beginn der 80er Jahre trotz drastischer Rückgänge führend in Europa. Diese relative Stabilität

---

[190] Der Besucherrückgang ist in erster Linie auf das Medium Fernsehen zurückzuführen. Die Zahl der von den privaten und öffentlich-rechtlichen Sendern ausgestrahlten Filme verfünffachte sich im letzten Jahrzehnt auf 5.000; vgl. Klingsporn (1991), S. 804. Die zur Zeit über 3000 Filmtheater haben 1990 einen Umsatz von rund 1 Mrd. DM erzielen können. Die Anzahl der Kinobesuche lag bei 103 Millionen.

[191] Vgl. Klingsporn (1991), S. 804.

[192] Ab Mitte der 80er Jahre haben UCI, Warner Theaters und einige andere amerikanische Kinobetreiber 525 Kinoleinwände in Mulitplex-Kinos gebaut; vgl. Ilott (1993), S. 52.

[193] Dies ist angesichts der Tatsache, daß Großbritannien Anfang der 50er Jahre mit jährlich 29 Kinobesuchen pro Einwohner das kinobegeistertste Land der Welt war, immer noch sehr gering. Heute werden ca. 1,5 Kinobesuche pro Einwohner im Jahr verzeichnet.

[194] Vgl. Klingsporn (1991), S. 800.

[195] Vgl. Bonnell (1989), S. 20.

liegt sicherlich auch daran, daß die französische Programmproduktion - nicht zuletzt durch den ausgeprägten staatlichen Protektionismus - im Vergleich zu den anderen europäischen Ländern am besten funktioniert. Der Kinobetrieb in Frankreich weist eine relativ starke Konzentration auf. Obwohl die drei nationalen Kinoketten Gaumont, Pathé-Edeline und UGC nur 20 Prozent der Kinos kontrollieren, erzielen sie 50 Prozent der Kinoeinnahmen[196].

Eine Übersicht zur Entwicklung der Kinobesuche in den hier analysierten Ländern gibt Abbildung 9:

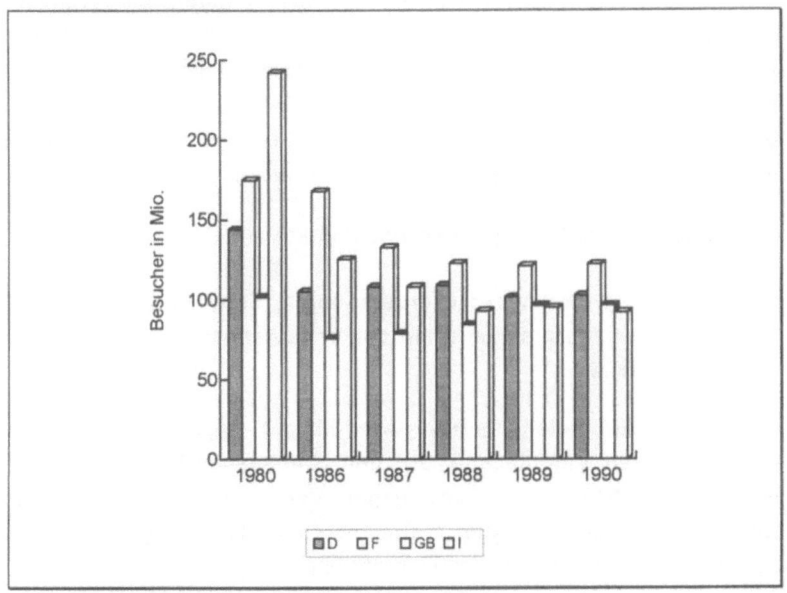

Abb. 9:   Entwicklung des Kinobesuchs in den vier Ländern Deutschland (D),
           Frankreich (F), Großbritannien (GB) und Italien
Quelle: Braunschweig/Keidel (1991), S. 779

Seit einiger Zeit treten amerikanische Unternehmen durch den Aufbau von Multiplexen zunehmend in den deutschen und italienischen Markt ein. Dabei handelt es sich fast ausschließlich um Tochtergesellschaften einiger großer Filmstudios[197]. Dieser Markteintritt ist

---

[196] Ebenda, S. 124.

[197] Warner Bros. International Theaters (WBIT) sowie United Cinema International (UCI), ein Joint-Venture von MCA (Universal) und Paramount; vgl. Ptacek (1991), S. S-4.

130

neben Renditeüberlegungen auch mit strategischen Anforderungen zu begründen[198].

Analysiert man die weiteren Investitionsvorhaben amerikanischer Filmtheaterbetriebe in Europa, dann läßt sich davon ableiten, daß sie mit einem deutlichen Wachstumspotential rechnen.[199]

Es wird sich zeigen, ob die Multiplexe eher einen Verdrängungswettbewerb auf saturierten Kinomärkten auslösen oder - wie in England geschehen - tatsächlich zusätzliche Nachfrage schaffen können. Unterstellt man in den europäischen Ländern im Vergleich mit den USA die gleiche Anzahl von Kinobesuchen pro Kopf der Bevölkerung, dann könnte man tatsächlich mit einem nachhaltigen Wachstum der Kinomärkte rechnen. Da aber die Alternativmedien Video und Fernsehen in Europa noch keineswegs ausgereift sind, ist diese Einschätzung sehr kritisch zu bewerten.

2.2.2 Zustand und Potential der Videomärkte

Die Einführung des Videorekorders durch Sony und Matsushita Mitte der 70er Jahre schuf einen der bedeutendsten Absatzmärkte für die Filmindustrie.

Zunächst befürchteten die Hollywood-Majors negative Auswirkungen der neuen Videotechnik auf den Kinobesuch[200]. Klagen von Disney und MCA gegen Sony wegen Verletzung des Copyrights wurden aber vom Obersten Gerichtshof der USA abgewiesen[201]. Damit hatten die Studios keine rechtliche Grundlage, die Vermietung von Videokassetten zu verhindern, bzw. Royalties pro Vermietungsvorgang zu verlangen.

Die Videorekorder-Penetration stieg in den USA mit hoher Geschwindigkeit. Bis 1989 besaßen bereits zwei Drittel der Haushalte einen Videorekorder. Für 1995 wird mit einem Gerätepark von 80

---

[198] Vgl. Kap. V.3.3.4.
[199] Allein Warner Bros. plant, bis 1995 noch 400 bis 500 Leinwände zusätzlich zu unterhalten. vgl. Ptacek (1991), S. S-4; UCI plant allein für Deutschland 46 zusätzliche Leinwände.
[200] Vgl. Austin (1990), S. 329.
[201] Ebenda, S. 328; Vgl. Balio (1990b), S. 268.

Mio. Videorekordern gerechnet[202]. Entsprechend entwickelte sich der Vermietungsmarkt.[203]

Der Verkauf von Software auf Videokassetten ist mittlerweile fest in die Absatzstrategien der Filmstudios integriert. Fast alle großen Filmstudios verfügen heute über weltweite Vertriebsorganisationen, die speziell auf den Videoabsatz ausgerichtet sind[204]. Die ursprüngliche Absatzstrategie der Majors baute auf der Annahme auf, daß der Konsument sich eine Filmbibliothek anschafft und sich somit ähnlich verhält wie bei Musikprodukten, die er trotz der ständigen Möglichkeit, Radio zu hören, ebenfalls für sein eigenes "Archiv" ersteht. Bei einem Preis von 50 bis 75 Dollar pro Kassette und der Möglichkeit, einen Film für einen Bruchteil dieses Betrags auszuleihen, schlug diese Strategie jedoch fehl. "Simply stated, the issue of price elasticity was a difficult obstacle to overcome"[205]. Das Verhältnis Kauf- zu Mietvorgang war noch Mitte der 80er Jahre 1:9.

In den folgenden Jahren änderten die Filmstudios ihre Absatzstrategie und setzten den Preis so niedrig an, daß ein direkter Absatz an den Konsumenten möglich wurde[206]. Diese "Sell-through"-Strategie[207] hatte enormen Erfolg und ist heute die Antriebskraft der Videomärkte in den USA und Europa[208].

Diese Bedeutung läßt sich auch an den hohen Werbebudgets der Majors messen, die für die Markteinführung eines Kinohits auf Videokassette 20 bis 25 Mio. Dollar betragen können. Allerdings

---

202 Vgl. Bonnell (1989), S. 431.

203 Der Marktführer, Blockbuster Video, betreibt inzwischen über 3000 Videotheken, und ca. 25 Mio Haushalte haben eine Mitgliedskarte des Unternehmens; vgl. Shapiro (1992), S. D???.

204 Die großen Fimstudios bestimmen im Prinzip den weltweiten Absatz von Videos. Ihr Marktanteil beträgt ca. 90 %; Vgl. Waterman (1985), S. 221. Zu den wichtigsten Vertriebsfirmen zählen CBS Fox, RCA Columbia, Warner Home Video, Disney Video und CIC Video.

205 Austin (1990), S. 331; vgl. auch Waterman (1985), S. 235.

206 Vgl. Austin (1990), S. 336.

207 Als Durchvermarktung übersetzt ;vgl. Hoffmann (1991), S. 815.

208 Vgl. Siegmund (1992), S. 31-6; vgl. zur Situation in Deutschland, o.V. (1994), S. 2f. Die Kaufkassette zum Film "E.T. - der Außerterrestrische" wurde beispielsweise 15 Mio-mal verkauft und generierte einen Umsatz von 450 Mio Dollar; vgl. Austin (1990), S. 336.

hängt der Erfolg einer Durchvermarktung für einen Film von hohen Umsatzstückzahlen ab. Der Distributor muß daher jeweils auf der Basis der Absatzerwartung entscheiden, ob das Produkt auf den Vermietungsmarkt abzielen oder direkt vermarktet werden sollte. Der "Sell-Through"-Markt hat inzwischen ein Volumen von vier Mrd. Dollar erreicht; immerhin ist dies ein Drittel des gesamten Umsatzes des Einzelhandels im amerikanischen Videomarkt von 12 Mrd. Dollar[209].

Insgesamt erzielt die Filmwirtschaft bereits seit einigen Jahren höhere Umsätze auf den Video- als auf den Kinomärkten[210]. Dabei wird in Europa noch von großen Marktchancen ausgegangen, da Hollywood-Produkte die Konsumenten ansprechen, Pay-TV als Konkurrenzmedium noch kaum verbreitet ist und bereits eine hohe VCR-Penetration besteht[211]. Tatsächlich befinden sich die europäischen Videomärkte immer noch in einer starken Wachstumsphase.

Im Prinzip durchlaufen die Märkte in Europa die gleiche Entwicklung wie in den USA. Zunächst war ein starkes Wachstum der Videoverleihindustrie feststellbar; dieser Markt dürfte inzwischen als reif bezeichnet werden. Die abnehmenden Ausleihquoten gehen einher mit einer sinkenden Videonutzung, vor allem ausgelöst durch ein höheres Spielfilmangebot des Fernsehens.[212] Die Durchvermarktung entwickelt sich dagegen zur Zeit mit zweistelligen Wachstumsraten. So ist die Umsatzsteigerung auf dem deutschen Videomarkt von 10 Prozent im Jahr 1990 auf 500 Mio. DM neben der Öffnung des Marktes in den neuen Bundesländern auch auf den Vertrieb von Kaufkassetten zurückzuführen[213]. Auch die großen Videodistributoren verlegen sich in ihrer Absatzstrategie zunehmend

---

[209] Vgl. Natale (1991), S. 77.

[210] Vgl. Vogel (1990), S. 82; in Deutschland wird der Videokaufkassettenmarkt 1994 auf über eine Milliarde DM geschätzt; vgl. o.V. (1994), S. 1. Dies entspricht einem Wachstum gegenüber dem Vorjahr von über 20 % .

[211] Vgl. Austin (1990), S. 346; vgl. auch Bonnell (1989), S. 449; die größte VCR-Dichte bestand von Beginn an in Großbritannien; vgl. Tunstall (1987), S. 154. "The most populous, high-VCR penetration countries such as Japan, th U.K. and, to a lesser degree, Germany and France, represent the promising foreign home videomarkets"; vgl. Siegmund (1990), S. 31-37 .

[212] Vgl. Wild (1991), S. 820. Der Rückgang im Verleihgeschäft zeigt sich auch deutlich in der Reduzierung der Videotheken in den alten Bundesländern von 8.000 im Jahr 1987 auf 6.500 im Jahr 1990.

[213] Vgl. Hoffmann (1991), S. 815.

auf die Durchvermarktung. Warner Home Video vertreibt mittlerweile zwei Drittel seines Sortiments auf diesem Weg[214].

Das Potential des deutschen Marktes wird künftig sehr stark von den neuen Bundesländern beeinflußt werden. Innerhalb von zwei Jahren stieg dort die VCR-Dichte von zwei Prozent auf 30 Prozent der Haushalte[215].

In Frankreich ist die Aufteilung des Videomarktes in Verleihgeschäft und Kaufkassetten völlig unterschiedlich zur deutschen Situation. Der Anteil der Videotheken liegt lediglich bei 20 Prozent, während der Vertrieb von Kaufkassetten 80 Prozent des Gesamtumsatzes von 1,5 Mrd. Francs (1991) ausmacht [216]. Verglichen mit anderen Ländern Westeuropas ist auch die VCR-Dichte mit ca. 40 Prozent unterdurchschnittlich[217].

Die Marktdurchdringung in Italien mit Videorekordern war über lange Zeit sehr schwach. Seit Beginn der 90er Jahre hat sich dieses Bild aber deutlich verändert. So betrug das Wachstum des Videomarktes von 1990 bis 1992 im Durchschnitt über 50 Prozent.[218]

Die Verteilung der Videoausgaben auf das Verleihgeschäft und die Durchmarktung in den jeweiligen europäischen Märkten wird in Abbildung 10 dargestellt.

Im wesentlichen wird die künftige Entwicklung der Videomärkte von der Rolle des Pay-per-View für den Konsumenten abhängen. Da PpV grundsätzlich den gleichen Platz in der Verwertungskette hat wie das Video und über das gleiche Medium zum Konsumenten gelangt, ist ein negativer Einfluß sehr wahrscheinlich[219]. Für Europa ist diese Gefahr allerdings derzeit noch nicht absehbar, da die technischen Voraussetzungen noch nicht gegeben sind.

---

[214] Ebenda, S. 815.

[215] Vgl. o.V. (1992a), S. 11.

[216] Vgl. Alderman (1992), S. 39:

[217] Dies ist aber im wesentlichen auf staatliche Eingriffe durch Besteuerung sowie auf Importkontingente zurückzuführen; vgl. Guillou (1987), S. 41.

[218] Vgl. Young (1992b), S. 68.

[219] Vgl. Vogel (1990), S. 84; Je nach Erfolg eines Films in den Kinos beträgt der Zeitraum zwischen Erstaufführung im Kino und der Markteinführung des Videos ca. sechs bis zwölf Monate.

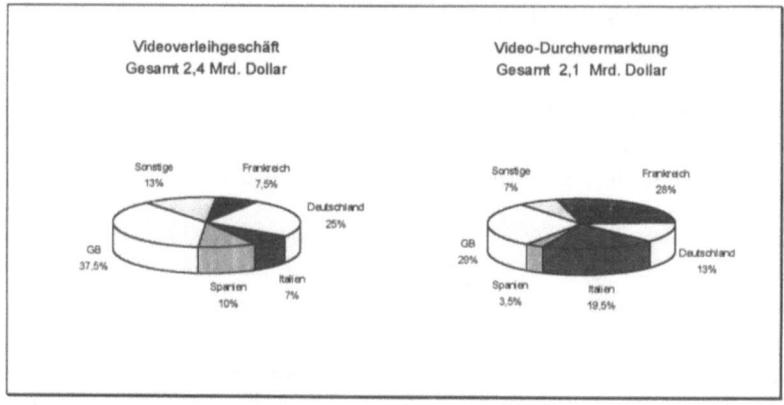

Abb. 10   Verteilung der Videoausgaben in Europa (1991)
Quelle: Watson (1992), S. 57

2.2.3 Die wachsende Bedeutung des Zahlfernsehens

Mit der Einführung des Zahlfernsehens wurde in den USA Mitte der 70er Jahre eine völlig neue Form der Programmfinanzierung geschaffen. Anders als beim werbefinanzierten Fernsehen entrichtet der Konsument ein Entgelt für den von ihm gewünschten Fernsehservice. Das Zahlfernsehen besteht heute in zwei verschiedenen Ausprägungen:

- Beim Abonnementsfernsehen, oder auch Pay-TV, erwirbt der Kunde gegen ein Entgelt das Recht, ein bestimmtes Programm zu sehen. Der Zugang zu dem Programm ist durch Verschlüsselung beschränkt, so daß nur die Abonnenten über Decoder diesen Service nutzen können.

- Beim Pay-per-View beschränkt sich der Kaufvorgang des Konsumenten auf eine einzelne Sendung. Um Pay-per-View anbieten zu können, ist die Adressierbarkeit des Decoders eine notwendige technische Voraussetzung.

2.2.3.1 Potential des Abonnementsfernsehens

In den USA hat nicht eine größere Anzahl von Programmen, sondern vor allem die Einführung des Pay-TV zu einem zusätzlichen

Fernsehkonsum geführt[220]. Der erste Pay-TV-Anbieter, Home Box Office (HBO), eine Tochter des damaligen Medienkonzerns Time Inc., startete 1972 sein Programm. Anfangsschwierigkeiten in der Vernetzung von lokalen Kabelsystemen führten zunächst zu Verlusten. Die Wende brachten zwei Transponder auf dem ersten kommerziell genutzten Rundfunksatelliten SATCOM1, mit deren Hilfe der Aufbau eines nationalen Pay-TV-Programms möglich wurde[221]. Innerhalb von zwei Jahren schaffte HBO den Break-even und versorgte zwei Mio. Abonnenten. Das Programm von HBO besteht im wesentlichen aus Spielfilmen, Unterhaltungsshows und Sportereignissen. Beide Unternehmen sahen von Beginn an den Vorteil der vertikalen Integration zwischen Kabelnetzbetreibern und Pay-TV-Services, da "[...], cable systems tended to promote their own vertically integrated premium services almost exclusively"[222].

In den 80er Jahren explodierte der Pay-TV-Markt. Die Abonnentenzahl stieg von sieben Mio. im Jahr 1980 auf 39,1 Mio. im Jahr 1989[223]. Die entstehende Pay-TV-Industrie hatte zusammen mit dem wachsenden Videomarkt drastische Auswirkungen auf die gesamte Audiovisionsindustrie. Zum einen wurde die seit vielen Jahren stabile Verwertungskette eines Spielfilmes verändert. Die systematische Zweitverwertung eines Films im Kino verschwand vollständig, und die Verwertung im werbefinanzierten Fernsehen rückte zeitlich weiter nach hinten. Zum anderen wurden die Pay-TV-Betreiber sowohl die wichtigsten Investoren, als auch die bedeutendsten Abnehmer von Filmprodukten.

Diese Marktmacht nutzte HBO in den Verhandlungen mit den Studios über Rechte. Der Versuch einiger Filmstudios, dieser Herausforderung durch die Gründung eines eigenen Pay-TV-Kanals zu begegnen, schlug aufgrund eines drohenden Anti-Trust-Verfahrens fehl[224].

---

[220] Vgl. Jeandou (1988), S. 135.
[221] Vgl. Hilmes (1990), S. 300.
[222] Fabrikant (1990), S. D5.
[223] Ebenda, S. D5.
[224] Vgl. Hilmes (1990), S. 305.

Da ein Markteintritt der Majors nicht möglich war[225], gingen sie langfristige Verbindungen mit den Pay-TV-Anbietern ein, um der neuen Marktstruktur gerecht zu werden. Es wurden zunehmend sogenannte "Packaged Deals" verhandelt, die auch heute noch üblich sind und bei denen der Pay-TV-Kanal in der Regel die Pay-TV-Rechte am gesamten künftigen Output eines Studios über einen bestimmten Zeitraum hinweg (bis fünf Jahre) erwirbt.[226] Die Rechte können sowohl exklusiv als auch nicht-exklusiv erworben werden. Im Gegenzug beteiligt sich der Pay-TV-Anbieter entweder mit einem bestimmten Prozentsatz an den Produktionskosten der Filme, oder es wird eine Pauschale vereinbart. Darüber hinaus sind Zahlungen üblich, die vom Kinokassenerfolg des jeweiligen Films abhängen.

Neben den Zahlungen von Pay-TV-Veranstaltern erhalten die Filmstudios einen Anteil an den Erlösen der Kabelnetzbetreiber mit Pay-TV-Kanälen. Dieser Anteil liegt bei 16 Prozent bis 20 Prozent des Subskriptionspreises. Ca. 50 Prozent behält der Kabelbetreiber ein, die restlichen 30 Prozent gehen an die Pay-TV-Veranstalter. Insgesamt betrugen die Einnahmen der inzwischen elf bedeutendsten Anbieter im Jahr 1989 ungefähr 4,8 Mrd. Dollar[227]; dies entspricht bereits der Größenordnung des Kinomarkts.

In Europa ist Pay-TV deutlich später gestartet als in den USA. Dies liegt vor allem an der wesentlich geringeren Verkabelungsdichte in den europäischen Staaten. So wurde das Programm des ersten großen Pay-TV-Anbieters, Canal + in Frankreich, über terrestrische Frequenzen ausgestrahlt. Die u.a. in Deutschland steigende Anzahl von Kabelanschlüssen und die zunehmende Penetration von Satellitenantennen haben diesem Markt allerdings bereits zu einem beachtlichen Wachstum verholfen. Die Abonnentenzahl hat sich in

---

[225] Nur einem Studio, Disney, gelang es mit der Gründung des Disney-Channels, auch in Pay-TV zu investieren. Der Erfolg dieser Eigenentwicklung mit heute über 3,2 Mio Abonnenten ist vor allem durch die dem Unternehmen mögliche Produktdifferenzierung zu erklären. vgl. Kap. V.3.3.4.

[226] So hat der Pay-TV-Veranstalter Showtime beispielsweise mit dem zu Sony Pictures gehörenden Film-Label Tri Star Pictures eine Exclusivvereinbarung über max. 75 Filme und eine Laufzeit von fünf Jahren abgeschlossen. Die Gesamtverpflichtungen von Showtime zum Erwerb von Pay-TV-Rechten belaufen sich auf fast zwei Mrd. Dollar; vgl. Viacom Joint Proxy Statement (1994), S. 32.

[227] Vgl. Fabrikant (1990), S. D5.

137

Europa innerhalb von zwei Jahren von 2,9 Mio. auf 6,1 Mio. mehr als verdoppelt[228]. Auch für die Zukunft wird für den Pay-TV Bereich mit einem ausgesprochen hohen Wachstum gerechnet. Langfristig ist davon auszugehen, daß der Pay-TV Markt zwei Drittel des Umfangs der Werbemärkte ausmachen wird.[229]

Pay-TV-Anbieter gibt es inzwischen außer auf dem französischen Markt auch in England, Spanien, Italien und Deutschland, wobei sich die meisten noch im Aufbau befinden. Die zunehmende Bedeutung der internationalen Pay-TV-Industrie läßt sich u.a. daran messen, daß die Einnahmen der Studios aus der Lizensierung von Filmen an europäische Pay-TV-Services von 85 Mio. (1987) auf 189 Mio. Dollar (1990) gestiegen sind[230].

Canal + hat sicherlich den Beweis erbracht, wie profitabel der Betrieb eines Pay-TV-Kanals in Europa sein kann. Nach anfänglich extrem hohen Verlusten erreichte der Sender nach drei Jahren den Break-even und bedient heute 3,7 Mio. Abonnenten.[231]

Der Erfolg von Canal + war allerdings von besonderen Marktstrukturen beeinflußt, die mit den anderen europäischen Ländern nicht vergleichbar sind:

•   Der Sender wurde terrestrisch über das alte Schwarz-Weiß-Netz von TF1 ausgestrahlt und verfügte daher von Anfang an über eine nationale Verbreitung.

•   Zur Zeit der Gründung gab es außer den drei staatlichen Sendern keine private Konkurrenz.

•   Es durfte Werbung in nicht verschlüsselten Programmteilen gezeigt werden.

---

[228] Vgl. Marich (1991), S. 59 (Stand Juni 1991).
[229] Vgl. Negrine/Papathanossopoulos (1990), S. 106.
[230] Vgl. Marich (1991), S. 1.
[231] Vgl. Geschäftsbericht Canal + (1993), S. 6. Entspricht die künftige Entwicklung von Canal + auch nur annähernd der Einschätzung, die der Börsenmarkt hat, dann kann das Unternehmen auch in Zukunft mit hohen Wachstumsraten rechnen. Ende 1991 lag der Börsenwert des Unternehmens bei 19,3 Mrd. Francs. Das entspricht dem 2,8fachem des Umsatzes; ein selbst für in der Regel hochbewertete Medienunternehmen hohes Verhältnis; vgl. Geschäftsbericht Canal + (1991), S. 44.

Großbritannien ist das zweite der in dieser Arbeit untersuchten Länder, in dem der Versuch gestartet wurde, ein Pay-TV-Programm zu etablieren. Die Strukturen sind allerdings noch sehr ungünstig für einen wirtschaftlichen Erfolg der Pay-TV-Anbieter. Terrestrische Frequenzen stehen nicht zur Verfügung, und die Verkabelung steckt noch in den Anfängen. Der einzige Übertragungsweg ist demnach der Satellitenfunk. Dafür benötigen die Konsumenten jedoch den Kauf von Antennen sowie in der Regel auch von Konverter für den Fernsehapparat. Der inzwischen einzige Anbieter, BSkyB, enstanden aus der Fusion zweier Wettbewerber[232], macht daher aufgrund der noch nicht ausreichenden Nachfrage und der hohen Anlaufverluste immer noch keinen Gewinn. Dennoch sehen Markteinschätzungen eine sehr positive Zukunft für den britischen Pay-TV-Markt. Bis zum Jahr 2000 wird ein Umsatz von ca. 3,6 Mrd. DM erwartet[233].

In Italien und Deutschland sind Pay-TV-Veranstalter erst vor einem bzw. zwei Jahren in den Markt eingetreten. Da sich die Verkabelung in Deutschland drastisch beschleunigt hat, scheint die Marktgröße ausreichend zu sein. Allerdings muß der deutsche Pay-TV-Kanal Premiere mit einer Vielzahl von werbefinanzierten, d.h. frei zugänglichen, Programmen konkurrieren, die der Verbraucher inzwischen über Kabel oder Satellit empfangen kann.

Für Italien läßt sich noch keine genauen Aussagen zu der Existenz eines potentiellen Pay-TV-Marktes treffen. Marktforschungen haben jedoch gezeigt, daß ca. 10 Mio. Italiener an einem Pay-TV-Kanal stark interessiert sind, wobei die Mehrheit zur Altersklasse 25-44 gehört. 90 Prozent der Befragten waren vor allem an Spielfilmen interessiert[234].

Die dargestellten Pay-TV Programme richten sich grundsätzlich an ein Massenpublikum. In der Zukunft ist es durchaus vorstellbar, daß Pay-TV wesentlich zielgruppenspezifischer angeboten wird. Damit könnte z.B. der Einstieg in das Fachinformationsgeschäft verbun-

---

232 Vgl. Kap. V.3.4.4.5.
233 Vgl. Groves (1992), S. 52.
234 Vgl. Grassi (1991), S. I-5.

den sein, wo Informationen für einzelne Berufsgruppen über das Medium Fernsehen verbreitet werden.[235]

2.2.3.2 Potential des Pay-Per-View

Während das Konzept eines Entgelts für den Konsum einer einzelnen Sendung nicht neu ist, hat doch erst die Entwicklung moderner Technologien dessen Realisierbarkeit ermöglicht. Bereits Anfang der 40er Jahre wurden im Rahmen der Fernsehforschung Überlegungen getestet, Münzapparate an Fernsehgeräten anzubringen.[236] Mit der neuen Glasfasertechnik und adressierbaren Decodern scheinen die technischen Voraussetzungen für Pay-per-View heute eher gegeben zu sein.

Pay-per-View hat zur Zeit nur in den USA einen Markt.[237] Der Kabelnetzbetreiber stellt für PpV eine bestimmte Anzahl von Kanälen zur Verfügung. Spezialisierte PpV-Distributoren stellen das Programm zusammen und verhandeln - in erster Linie mit den Filmstudios - über die Senderechte. Ca. 12 bis 15 Mio. Haushalte haben zur Zeit die Möglichkeit, PpV zu empfangen. Die Preise für einen Spielfilm schwanken gewöhnlich zwischen vier und fünf Dollar.[238]

Bisher nimmt sich der Umfang des PpV-Markts mit 350 Mio. Dollar im Vergleich zu den anderen Fernsehteilmärkten eher bescheiden aus.[239] Es wird jedoch davon ausgegangen, daß sich der Markt innerhalb von fünf Jahren vervierfachen wird.[240] Die größten PpV-

---

[235] So hat die BBC Ende 1991 damit begonnen, in den Nachtstunden Spezialprogramme auf Abonnementsbasis (z.B. ein Programm für Mediziner) zu senden; vgl. Seufert (1991), S. 106.

[236] Vgl. Hilmes (1990), S. 311.

[237] Abgesehen von institutionellen Anbietern wie z.B. Hotels, Krankenhäuser, Altenheime etc. - Hierbei handelt es sich aber eher um eine andere Form des Videoverleihs.

[238] Vgl. Natale (1992), S. 271. Die Einnahmen werden zwischen Kabelnetzbetreiber, Filmstudio bzw. Rechteinhaber und PpV-Distributor im Verhältnis 45-45-10 % aufgeteilt; vgl. Coleman (1991), S. 49.

[239] Vgl. Mariet (1990), S. 279.

[240] Vgl. Dempsey (1991), S. 47.

Erfolge wurden bisher bei der exklusiven Übertragung von Sport-
oder Musikereignissen erzielt.[241]

Die begrenzte Anzahl verfügbarer Kabelkanäle verhindert zur Zeit
noch den durchschlagenden Erfolg des PpV. Bei einer heute üblichen Auswahl von vier Filmen zu drei verschiedenen Zeiten werden
bereits 12 Kanäle blockiert. Allerdings scheint sich eine technische
Lösung dieses Problems abzuzeichnen. Durch Datenkompression
soll es künftig möglich sein, fünf Kanäle mit derselben Bandbreite
zu übertragen, die mit herkömmlicher Technologie heute ein Kanal
benötigt.[242]

PpV ist meines Erachtens der erste Schritt zu einer neuen Qualität
des Fernsehens. Zum einen bedeutet der Ausschluß von Konsumenten, die nicht bereit sind, ein Entgelt für die Fernsehleistung zu
entrichten, eine effizientere Allokation der Ressourcen.[243] Zum anderen wird dies zu einer zunehmenden Individualisierung des Fernsehkonsums führen, da der Zuschauer immer mehr in der Lage sein
wird, sich sein Programm selbst zusammenzustellen.

Auch auf die Struktur der Audiovisionsindustrie kann sich PpV
nachhaltig auswirken. Während Spielfilme heute in der Verwertungskette nach Kino- und Videoabsatz in den Fernsehmarkt gebracht werden,[244] scheinen die Filmstudios Überlegungen nicht ab-
geneigt, die Premiere eines Films nicht im Kino, sondern über PpV
zu zeigen. Dadurch würde sich die gesamte Verwertungskette verschieben. PpV würde vor allem dem Videoverleihmarkt ernstzuneh-
mende Konkurrenz bieten, sollte sich die bisherige Entwicklung wie
erwartet fortsetzen.[245]

---

[241] So brachte die Übertragung eines einzigen Boxkampfes 55 Mio Dollar ein;
vgl. McBride (1992), S. 47.
[242] Vgl. Dempsey (1991), S. 47.
[243] Vgl. Jeandou (1988), S. 135.
[244] Ca. zwei Monate nach Markteinführung des Videos ist ein Film in der Regel
für Pay-TV-verfügbar.
[245] Vgl. Natale (1991), S. 271.

In Europa spielt Pay-per-View noch keine Rolle, da die technischen Voraussetzungen noch fehlen. Es ist aber davon auszugehen, daß es nicht wie beim Pay-TV zehn Jahre dauern wird, bis diese Entwicklung aus den USA den europäischen Kontinent erreicht.

V. STRATEGISCHE NEUAUSRICHTUNG VON MEDIEN-UNTERNEHMEN

Im Vordergrund dieses Kapitels stehen die strategischen Überlegungen, die für eine erfolgreiche Bearbeitung europäischer Audiovisionsmärkte anzustellen sind. Dabei wird zunächst ein Überblick zu dem zu beobachtenden Konzentrationstrend auf den Medienmärkten gegeben. Dem schließt sich eine kurze Betrachtung der bedeutendsten im Audiovisionsgeschäft tätigen Medienkonzerne an. Hieraus lassen sich bereits wichtige Hinweise für die künftigen strategischen Herausforderungen von Medienunternehmen ableiten. Der Hauptteil des Kapitels beschäftigt sich mit adäquaten Strategiekonzepten für die beiden großen Teilbereiche des Audiovisionssektors: die Film- und Fernsehproduktion sowie die Programmveranstaltung. Als Basis hierfür wird zunächst ein theoretischer Rahmen erarbeitet und analysiert.

1. Der Konzentrationstrend auf den Medienmärkten

1.1 Faktoren der steigenden Konzentration

Ab der zweiten Hälfte der 80er Jahre hat sich die Konzentration der auf den Medienmärkten tätigen Unternehmen drastisch beschleunigt.[1] Auf die Veränderungen und Zusammenschlüsse bei den Werbeagenturen und den Werbetreibenden wurde bereits an anderer Stelle kurz eingegangen.[2] Auch die Medienunternehmen selbst wurden von einer Fusions- und Akquisitionswelle erfaßt.[3]

---

[1] Vgl. Wheeler (1992), S. 53; Vgl. Peters (1990), S. 78f.

[2] Vgl. Kap. IV.2.1.2.

[3] Vgl. Picard (1989), S. 34. Der Medienbereich zählte in Wert und Anzahl der Transaktionen 1991 zu den zehn aktivsten M&A-Industrien; vgl. o.V. (1991b), S. 38. Bekannte Beispiele sind die Fusion von Time und Warner zum größten Medienkonzern der Welt, die Akquisitionen der Filmstudios MGM und MCA/Universal durch Crédit Lyonnais und den Elektronikkonzern Matsushita. Von den sieben großen amerikanischen Filmstudios gingen damit in den vergangenen 10 Jahren vier in ausländischen Besitz über.

Die Preise für Medien-Assets und Medienunternehmen stiegen zeitweise in astronomische Höhen. So wurden für unabhängige, d.h. nicht zu einem Network gehörende, TV-Stationen in den USA das 12- bis 17fache des Cash-flows als Kaufpreise bezahlt.[4] News Corp. z.B. kaufte 1988 den Verlag Triangle Publications, der vor allem die Fernsehzeitschrift TV-Guide mit einer wöchentlichen Auflage von über 17 Mio. herausgibt, für ca. drei Mrd. Dollar.

Inzwischen sind die Preise für Unternehmen auf den Medienmärkten im allgemeinen stark gefallen.[5] Dies liegt nicht zuletzt daran, daß viele Unternehmen durch zu rasche Expansion in finanzielle Schwierigkeiten geraten sind und am Markt eher als Verkäufer denn als Käufer auftreten. Daraus läßt sich jedoch nicht der Schluß ziehen, daß der Trend zur Konzentration der Medienindustrie beendet ist. Anzeichen, wie z.B. die Akquisition von Virgin Records durch EMI, die Fusion der beiden Verlagskonzerne Reed und Elsevier zum größten Fachzeitschriftenverlag der Welt und - als bisher letzte Transaktion - die Akquisition von Paramount durch Viacom Anfang 1994 sprechen eher für eine Fortsetzung des Trends.[6]

So sehr das derzeitige Expansionsverhalten den Entwicklungen der 60er Jahre ähnelt, gibt es doch einen wesentlichen Unterschied: Während in den Sechzigern Kaufentscheidungen häufig unabhängig vom eigenen Stammgeschäft getroffen wurden (unverbundene Diversifikation)[7], konzentrieren sich die Medienunternehmen heute eher auf die Ausweitung ihrer Stammgeschäfte oder auf den Eintritt in verbundene Märkte (verbundene Diversifikation).[8]

---

[4] Vgl. S & P (1992), S. M27. Auch bei den TV-Stationen zeigt sich die steigende Konzentration sehr deutlich. Während in den 100 größten US-Fernsehmärkten Mitte der 50er Jahre 40 % der über VHF-Frequenzen ausstrahlenden Fernsehsender von großen Medienkonzernen unabhängig waren, waren es 1986 nur noch 10 %; vgl. Mariet (1990), S. 45.

[5] So hat News Corp. für den Verkauf von acht wesentlichen Teilen aus der Triangle Publications Gruppe drei Jahre später nur noch 650 Mio. Dollar erzielen können. Preise für unabhängige TV-Stationen sind inzwischen auf das Achtfache des Cash-flows zurückgefallen.

[6] "[...] another visible characteristic of the media industry of the 1990's promises to be merger and consolidation on a large scale." Hilmes (1990), S. 315.

[7] Vgl. Kap. V.3.2.

[8] Etwas differenzierter ist die Situation in Frankreich zu sehen, wo die

144

Wollen die Unternehmen die erwarteten hohen Wachstumschancen wahrnehmen, sollte ihre Wachstumsstrategie in erster Linie an vier allgemeinen Zielen ausgerichtet sein:[9]

- Präsenz in allen verbundenen Geschäftssegmenten (damit sind der Musikbereich, der Audiovisionssektor, das Buchverlagsgeschäft sowie der Zeitungs- und Zeitschriftenverlagsbereich angesprochen)

- Präsenz auf den internationalen Märkten (vor allem auf den drei großen Wirtschaftsgebieten West-Europa, USA und Japan, der sogenannten Triade)

- Kontrolle über die Distributionskanäle (dies gilt vor allem für den Audiovisionssektor)

- Sicherung des kreativen Potentials (in erster Linie durch Rechteerwerb)

Diese Ziele sind vor allem geprägt durch zwei grundlegende Veränderungen: die Globalisierung eines Teils der Medienmärkte und das wachsende Potential von Verbundwirkungen im Mediengeschäft. Globalisierungstendenzen und steigende Synergiepotentiale auf der einen Seite sowie der anhaltende Konzentrationstrend auf der anderen Seite haben sich sicherlich gegenseitig beeinflußt. Es scheint absehbar, daß globale und multimediale Strukturen der Marktteilnehmer in der Zukunft immer wichtiger werden, wollen sie im Wettbewerb bestehen. Diese Anforderungen werden den Trend zur Konzentration der Industrie auch weiterhin bestimmen.

Die steigende Konzentration hat aber neben den Marktveränderungen noch eine weitere Komponente. Die im allgemeinen hohen Investitionsvolumina im Medienbereich erfordern sehr häufig eine umfangreiche Finanzkraft.[10] Dies gilt vor allem für den Audiovisionssektor. Der Aufbau eines Pay-TV Kanals oder eines werbefinanzierten Fernsehsenders kann kumulierte Anfangsverluste von rund einer halben Mrd. DM verursachen. Dies sind Beträge, die

lokalen Medienunternehmen zwar dem gleichen Trend folgen, selbst aber in großen Wirtschafts- und Finanzunternehmen integriert sind; vgl. Schulz (1990) mit einer Darstellung des Konzentrationstrends in Frankreich.

[9] Eine detaillierte Analyse dieser Ziele und eine Bewertung der Entwicklungen und ihre Konsequenzen erfolgt in Kap. V.3.

[10] Vgl. Wilke (1990), S. 28.

selbst ein großer Konzern kaum allein verkraften kann; kleinere Unternehmen sind deshalb de facto von vornherein ausgeschlossen. Die Anforderungen an die Finanzkraft wirken somit als Markteintrittsbarriere und fördern dementsprechend den Konzentrationstrend. Die Strategieforschung zur Industriellen Organisation hat sich intensiv mit der Existenz von Markteintrittsbarrieren befaßt. Neben Economies of Scale, Produktdifferenzierung und absoluten Kosten zählen die Kapitalerfordernisse zu den vier wichtigsten Eintrittsbarrieren.[11]

1.2 Regeln zur Beschränkung von Konzentration im Medienbereich

In allen Ländern der westlichen Welt wurde die Gefahr von Unternehmenskonzentration für die Funktionsfähigkeit einer Marktwirtschaft erkannt und entsprechende Regelwerke gegen Wettbewerbsbeschränkungen geschaffen.[12] Konzentration im Medienbereich kommt im Hinblick auf die Wahrung von Pluralismus, journalistischer Unabhängigkeit und kultureller Autonomie eine besondere Qualität zu. Diesem Umstand haben die meisten Länder in mehr oder minder großem Umfang Rechnung getragen und in nationalen Mediengesetzen zusätzliche Regeln zur Begrenzung der Konzentration getroffen.[13] Die nationalen Gesetze können jedoch nur noch eingeschränkt auf die Medienentwicklung einwirken, die auf internationaler Ebene abläuft. Dies führt zu einer Wettbewerbsverzerrung, da einige Unternehmen in ihren jeweiligen

---

[11] Vgl. Yip (1982), S. 332.

[12] In den USA wird die Unternehmenskonzentration in einem Markt mit dem sogenannten Herfindahl-Index gemessen. Der Index ergibt sich aus der Summe der Quadrate von Marktanteilen aller Firmen im relevanten Markt; vgl. Wirth/Bloch (1985), S. 124; White (1985), S. 345. Liegt der Index über 1000, ist dies ein Anzeichen dafür, daß der Markt konzentriert ist. Das Problem des Herfindahl-Indexes liegt jedoch in der Abgrenzung des relevanten Marktes. Außerdem werden bei der Ermittlung des Indexes keine Markteintritts- oder -austrittsbarrieren berücksichtigt. Weitere Maßgrößen für die Ermittlung von Marktmacht sind Tobins Q und der Lerner Index; vgl. Thorpe (1985), S. 143. Tobins Q ist das Verhältnis von Marktwert eines Unternehmens zum Wiederbeschaffungswert der Vermögensgegenstände. Diese Größe bietet sich allerdings nur bei kapitalintensiven Firmen wie z.B. Kabelnetzbetreibern an. Die FCC mißt wirksamen Wettbewerb durch den q-ratio. Aufgrund der vielen Fehlermöglichkeiten wird er aber stark kritisiert; vgl. Owen/Wildman (1992), S. 225. Der Lerner Index hat als Maßstab die Bruttomargen. Es wird der Spielraum eines Unternehmens abgeleitet, die Bruttomargen durch Preissteigerung zu erhöhen, ohne Kunden zu verlieren.

[13] Vgl. Kap.III.2.1 mit den Details zu den jeweiligen Ländern.

Ländern gegenüber der Konkurrenz entweder begünstigt oder benachteiligt werden können.

Die Entwicklung in Europa erfordert daher analog zu den "europäischen Programm- und Werberegeln"[14] eine Harmonisierung der nationalen Gesetzgebungen, die die Beschränkung von Konzentration im Medienbereich zum Schwerpunkt haben. Dieses Problem besteht - wie in den einleitenden Worten zu diesem Abschnitt bereits angedeutet - auf zwei Ebenen, der industrie- und der medienpolitischen.[15] Im Rahmen dieser Arbeit kann nur kurz auf die speziellen Problemstellungen des Medienbereiches eingegangen werden, die ein derartiges Regelwerk lösen muß:

- Regelungen zur Begrenzung der vertikalen Integration von Produktion und Programmveranstaltung

- Regelungen zur Begrenzung der horizontalen Konzentration im Audiovisionsbereich

- Regelungen zur Begrenzung von Multi-Media Konzentration

- Regelungen zu den Grenzen von Beteiligungen außereuropäischer Unternehmen

Bei der Festlegung dieser Regelungen, die freien Wettbewerb, Pluralismus und journalistische Unabhängigkeit sichern sollen, ist allerdings ein Ausgleich zu finden mit "[...] le besoin de constituer des groupes puissants capables de rivaliser avec les mastodontes americains".[16]

Die Überwachung der Einhaltung dieser Regeln könnte einer - bereits angesprochenen - europäischen Medienbehörde obliegen.[17]

2. Die Entstehung von internationalen Medienkonzernen

Die Globalisierung des Mediengeschäfts sowie die Erfordernisse

---

[14] Vgl. Kap. III.2.2.

[15] Auf der industriepolitischen Ebene ist mit der Gründung der Europäischen Kartellbehörde bereits ein transnationales Kontrollinstrument geschaffen worden.

[16] Bonnell (1989), S. 534.

[17] Vgl. Kap. III.2.2.

einer diversifizierten, multimedialen Unternehmensstruktur und eines hohen Finanzpotentials führten - wie bereits angesprochen - in den 80er Jahren zur Bildung international tätiger Medienkonzerne.

Eine Analyse der Aktivitäten dieser Unternehmen[18] und ihrer Entwicklung gibt wichtige Anhaltspunkte für die Definition eines adäquaten Strategiekonzepts. Im folgenden werden daher die bedeutendsten und einflußreichsten Unternehmen kurz dargestellt und ihre Stärken und Schwächen untersucht. Dabei wird in erster Linie auf ihre Interessen im Audiovisionsbereich eingegangen.[19]

Diese Unternehmen lassen sich je nach ihrem Ursprungsgeschäft in drei Gruppen einteilen. Hieraus ergibt sich interessanterweise eine länderbezogene Klassifizierung.

Die amerikanischen Medienunternehmen wie Time Warner, Paramount oder Walt Disney erzielen den Großteil ihrer Umsätze im Audiovisionsbereich. Gemeinsam ist ihnen, daß sie ihre Ursprünge in der Kinofilm-Produktion haben und auch heute noch zu den großen Filmstudios zählen. Film- und Fernsehproduktion ist das Stammgeschäft dieser Unternehmen. In den letzten Jahren haben sie sich stark vorwärts integriert und vor allem in die Programmveranstaltung investiert. Darüber hinaus konzentrierten sich alle Unternehmen gerade in den letzten Jahren auf den Ausbau eines internationalen Vertriebsnetzes für den Absatz ihrer Produkte im Kino, auf Video und im Fernsehen. Gleichzeitig investierten sie in die Entwicklung neuer Übertragungstechniken, um Voraussetzungen für verbesserte TV-Programmangebote zu schaffen.

Vor allem die Distributionskapazitäten der amerikanischen Unternehmen werden als strategischer Wettbewerbsvorteil gesehen.[20]

---

[18] Die Liste der dargestellten Unternehmen ist nicht vollständig. Vielmehr werden nur die größten und bedeutendsten Medienunternehmen analysiert. Ein weitergehender Ansatz würde den Rahmen dieser Arbeit sprengen. So blieben z.B. lokale Unternehmen oder Unternehmer (wie der Filmhändler Leo Kirch) weitgehend unberücksichtigt.

[19] Die Informationen über diese Unternehmen stammen in erster Linie aus Geschäftsberichten, Analysen von Investmentbanken und - für die amerikanischen Unternehmen - 10-K reports und 20-F reports an die SEC.

[20] Vgl. Kap. V.3.3.4.

"Often, in fact, it is expertise in the industrialized distribution of messages through technological devices that determines the power of various players in media industry".[21]

Die europäischen Unternehmen mit Interessen auf dem Audiovisionsmarkt stammen in erster Linie aus dem Printmedienbereich. Neben dem Zeitungs- und Zeitschriftengeschäft hat auch das Buchverlagsgeschäft relativ große Bedeutung. Zwei der heute größten Medienkonzerne der Welt, die französischen bzw. deutschen Verlagshäuser Hachette und Bertelsmann, konzentrierten sich in den vergangenen Jahren mehr oder weniger erfolgreich im Rahmen ihrer Diversifikationsstrategie auf den Audiovisionsbereich.[22]

Einige inzwischen international operierende europäische Unternehmen haben ihren Ursprung allerdings bereits im Audiovisionsbereich. Dazu zählen vor allem die italienische Fininvest, das luxemburgische Unternehmen CLT und der französische Pay-TV-Sender Canal +.Fast alle der genannten Konzerne verzeichneten in den vergangenen fünf Jahren exorbitante Wachstumsraten auf den Audiovisionsmärkten (vor allem beim Fernsehen). Im Vergleich aber zu ihren amerikanischen Konkurrenten sind die europäischen Medienunternehmen noch relativ unbedeutend, nicht nur ihre Größe betreffend, sondern auch hinsichtlich ihres Diversifikationsgrades. Hierin zeigt sich deutlich, wie groß die Herausforderung für die europäischen Medienhäuser ist, die zur Zeit entstehenden neuen Film- und Fernsehmärkte in Europa zu verteidigen.

Die japanischen Unternehmen mit Interessen im Medienbereich sind in erster Linie Hardware-Produzenten in der Unterhaltungselektronik-Industrie und im Bereich der industriellen Produktion, d.h., sie stellen u.a. Fernsehgeräte, Kameras, Radios, CD-Player etc. her. Sony und Matsushita stiegen beide durch Akquisitionen in die Medienindustrie ein: Sony übernahm CBS-Records und

---

[21] Turow (1992), S. 12.

[22] Hachette hat durch den Konkurs des mit 25 % zum Konzern gehörenden Programmveranstalters La Cinq einen erheblichen strategischen und vor allem finanziellen Rückschlag erlitten. Durch die Fehlinvestition verlor der Konzern ca. 600 Mio. DM und damit fast das gesamte Eigenkapital. Um den Bestand des Unternehmens nicht zu gefährden, wurde es mit dem zum gleichen Hauptaktionär gehörenden Rüstungskonzern Matra fusioniert.

Columbia Pictures, Matsushita erwarb den Medienkonzern MCA/Universal. Toshiba und das japanische Handelshaus C. Itoh stiegen bei einer Tochtergesellschaft von Time Warner als Minderheitsaktionäre ein.

Mit diesen Investitionen wollen sich die Unternehmen Software für ihre eigenen Hardware-Entwicklungen sichern. Vor allem Sony zog hier die Konsequenz aus dem Betamax-Mißerfolg.[23] Damals verlor der Konzern das Rennen um den Videorecorder-Standard gegen Matsushitas VHS-System - unter anderem auch deshalb, weil nicht genügend Software-Produkte im Betamax-Standard angeboten werden konnten.[24]

Paramount Communications Inc.

Das Unternehmen trägt seinen Namen erst seit kurzer Zeit; abgeleitet vom Herzstück des Konzerns, dem Filmstudio Paramount Pictures. Bis 1989 firmierte das Unternehmen noch unter dem Namen Gulf + Western Corp., dessen Ursprünge in der Produktion von Stoßdämpfern für Personen- und Lastkraftwagen lagen. In den 60er Jahren wurde "Gulf + Western [...] a Textbook case of conglomerization".[25] Das Unternehmen diversifizierte in so unverbundene Geschäftsbereiche wie Zink, Dünger und Immobilien.

1966 akquirierte Gulf + Western mit Paramount Pictures eines der ältesten und größten Filmstudios der USA. Nachdem die Medienaktivitäten sich mehr und mehr zum profitabelsten Unternehmensbereich entwickelten, wurde ab Mitte der 80er Jahre eine neue Unternehmensstrategie festgelegt, die eine Konzentration auf den Medienbereich vorsah. Seitdem trennte sich Gulf + Western von über 50 Unternehmen.[26] Die Namensänderung markierte den Ab-

---

[23] Vgl. Turow (1992), S. 219.

[24] Der Anteil japanischer Unternehmen an der weltweiten VCR-Produktion lag 1985 bei rund 85 %; vgl. Negrine/Papathanassopoulos (1990), S. 68. Es ist daher sehr wahrscheinlich, daß auch Neuentwicklungen in diesem Bereich künftig japanischer Herkunft sein werden.

[25] Balio (1990b), S. 271.

[26] Der letzte große Schritt war der Verkauf des im Bereich der Teilzahlungsfinanzierung tätigen Unternehmens "The Associates" an Ford für 3,35 Mrd. Dollar; vgl. Geschäftsbericht Paramount (1992), S. 3.

150

schluß der Entwicklung zum Medienkonzern.[27]

Paramount Communications besteht heute aus zwei Unternehmensbereichen: dem Entertainment-Bereich und dem Verlagsgeschäft.
Der Umsatz in Höhe von 4,3 Mrd. Dollar verteilt sich zu 61 Prozent
auf Entertainment und zu 39 Prozent auf das Verlagsgeschäft.[28]

Kern des Entertainment-Geschäfts ist das Filmstudio Paramount
Pictures, das die Produktion, die volle oder teilweise Finanzierung
sowie die Distribution von Spielfilmen betreibt. Zum Teil werden
auch bereits produzierte Spielfilme gekauft.[29] Während in den USA
und Kanada ein eigenes Distributionsnetz besteht, werden Filme
auf den Kinomärkten außerhalb der USA/Kanada durch United
International Pictures (UIP), einem Joint Venture mit MCA Inc. und
MGM Communication, vertrieben.

Neben Spielfilmen produziert Paramount auch Fernsehprogramme.
Das Unternehmen ist vertikal sehr stark integriert. Es hat im Prinzip
Interessen auf jeder Stufe der Verwertungskette. Im Kinobereich
gehören ihm eine Filmtheaterkette in Kanada sowie Anteile an Ket-
ten in den USA und Europa.[30] Paramount verfügt über eine eigene
Videokassetten-Distribution in den USA. In Europa arbeitet es in
diesem Geschäftssegment mit MCA im Rahmen eines Joint
Ventures zusammen. Im Fernsehbereich ist Paramount mit 50
Prozent am größten werbefinanzierten Fernsehsender der USA,
"USA Network" (Reichweite von 57,7 Mio. Zuschauer) beteiligt.
Auch in Pay-per-View hat Paramount investiert. Zusammen mit MCA
gründete es eine Gesellschaft, die via Direktfernsehsatellit den mit
Satellitenantennen ausgestatteten Haushalten einen PpV-Service
anbietet. 1992 stieg das Unternehmen zudem in die Pro-
grammveranstaltung ein und erwarb sechs Fernsehstationen in den
USA. Zum Entertainment-Bereich gehören schließlich noch die

[27] Die durch die Desinvestitionen angehäuften liquiden Mittel wollte Paramount 1989 für einen feindlichen Übernahmeversuch von Time Inc.
einsetzen. Der Versuch schlug zwar fehl und kostete Paramount ca. 80
Millionen Dollar; die geplante Fusion von Time und Warner wurde jedoch
verhindert.

[28] Vgl. Geschäftsbericht Paramount (1992), S. 1.

[29] Vgl. SEC report Paramount Communications Inc, Form 10-K (1991), S. 1.

[30] Zusammen mit MCA ist Paramount über das Joint Venture United Cinemas
International (UCI) der größte internationale Betreiber von Multiplex-Kinos.

Aktivitäten des Madison Square Garden (MSG) in New York, d.h., vor allem Sport- und Live-Musikveranstaltungen.

Der zweite Unternehmensbereich, das Verlagsgeschäft, sei hier nur kurz erwähnt. Die bekanntesten Verlage sind Simon & Schuster und Prentice Hall. Die Schwerpunkte der Verlagsaktivitäten liegen in den Bereichen Unterhaltung, Ausbildung, Wirtschafts- und Fachliteratur.[31]

Im Februar 1994 wurde die Mehrheit des Aktienkapitals von Paramount durch Viacom erworben.

Viacom Inc.

Viacom Inc. ist erst in den letzten Jahren zu einem bedeutenden Unternehmen in der Audiovisionsindustrie gewachsen. Der Konzern erzielt mit seinen vier Unternehmensbereichen einen Umsatz von zwei Mrd. Dollar. Zu den Unternehmensaktivitäten, die sich bisher noch hauptsächlich auf den amerikanischen Markt konzentrieren, zählen der Betrieb von Kabelnetzen, die Produktion von Filmen und Fernsehprogrammen sowie die Programmveranstaltung.[32]

Viacom Cable TV bedient über eine Mio. Kabelhaushalte. Darüber hinaus sind in diesem Bereich Beteiligungen an einem Pay-per-View Service (Viewer's choice) sowie an einem Home-Shopping Programm integriert.

Im Unternehmensbereich "Broadcasting" sind fünf TV-Stationen und 14 Radiostationen organisiert. Die TV-Stationen sind alle mit einem der drei großen Networks verbunden. Haupteinnahmequelle ist der Verkauf von Werbezeiten, die nicht an die Networks abgetreten wurden.

Zum Bereich "Viacom Networks", der die Programmveranstaltung zusammenfaßt, gehören zwei Pay-TV Kanäle: Showtime und The Movie Channel. Der nationale Anteil an diesem Markt beträgt 25 Prozent. Außerdem unterhält Viacom drei werbefinanzierte Kabelprogramme; darunter das inzwischen weltweit operierende Sparten-

[31] Vgl. Geschäftsbericht Paramount (1991), S. 14.
[32] Vgl. Viacom Joint Proxy Statement (1994), S. 1.

Programm Music Television (MTV). In einem Joint Venture mit Time Warner wird ein weiteres Unterhaltungsprogramm, The Comedy Network, angeboten. Zum neu geschaffenen Bereich "Entertainment" gehört die Distribution von Software, wobei vor allem der Absatz von TV-Programmen auf dem Syndizierungsmarkt eine wichtige Rolle spielt. Viacom profitiert hier u.a. von den Regeln der F.C.C., die den Networks den Verkauf der von ihnen produzierten Programme auf diesem Markt verbietet.[33] Darüber hinaus ist das Unternehmen in der TV-Produktion tätig.

Schließlich ist Viacom zusammen mit dem Medienkonzern Tribune auch in der Organisation von Ad-Hoc Networks tätig. Dies bedeutet, daß unabhängigen TV-Stationen attraktive Spielfilme angeboten werden unter der Voraussetzung, daß sie den Film gleichzeitig zu einem bestimmten Zeitpunkt senden. Auf diese Weise lassen sich nationale Reichweiten erzielen; eine Möglichkeit, um von den Werbetreibenden höhere CPM-Preise verlangen zu können.

Durch den Mehrheitserwerb an Paramount im Frühjahr 1994 ist Viacom zu einem der weltgrößten Unternehmen des Audiovisionsbereichs geworden.

The Walt Disney Company

Disney hat seine Aktivitäten in den drei Unternehmensbereichen Freizeitparks (Theme Parks and Resorts), Audiovision (Filmed Entertainment) und Consumer Products (Merchandising) konzentriert. 1993 wurde ein Umsatz von 8,5 Mrd. Dollar erzielt.[34] Der Audiovisionsbereich, zusammengefaßt in den Walt Disney Studios, ist mit 3,7 Mrd. Dollar der größte Geschäftsbereich des Unternehmens.

Die umsatzmäßig zweitgrößte Division von Disney ist der Betrieb von Freizeitparks (1993: 3,4 Mrd. Dollar). 1992 wurde in Frankreich der erste europäische Freizeitpark eröffnet, an dem der Konzern mit 49 Prozent beteiligt ist. Der dritte Bereich, 'Consumer Products', erzielt seinen Umsatz vor allem mit der Lizensierung des Namens Walt Disneys und seiner Figuren.

---

[33] Vgl. Kap. III.2.3.
[34] Vgl. Geschäftsbericht Walt Disney (1993), S. 44.

Die Spielfilmproduktion wird von zwei unabhängig geführten Labels, Touchstone Pictures und Hollywood Pictures, getragen. Zusätzlich werden Zeichentrickfilme unter dem Disney Label produziert. Die Distribution der Streifen in die amerikanischen Kinos hatte Disney von Anfang an (über das Tochterunternehmen Buena Vista) selbst übernommen.[35] International war Warner Brothers International lange Zeit für den Absatz zuständig; seit 1993 organisiert Disney jedoch auch seinen internationalen Vertrieb selbst.

In den vergangenen Jahren hat sich Disney im Audiovisionsbereich stark diversifiziert.[36] Der Konzern produziert inzwischen neben Filmen auch Fernsehprogramme für die Networks und unabhängige Fernsehstationen. Ähnlich vertikal integriert wie Paramount, ist Disney in den USA Marktführer im Videogeschäft und betreibt dort den zur Zeit einzigen Pay-TV Kanal, Disney Channel, der noch deutlichen Zuwachs an Abonnenten aufweist. Schließlich gehört zum Disney-Konzern noch eine TV-Station in Los Angeles.

Time Warner Inc.

Im März 1989 beschlossen die beiden Medienkonzerne Time Inc. und Warner Communications Inc. ihre Fusion, die auf dem Wege eines Aktienswaps vollzogen werden sollte. Nach einem kurz darauf folgenden Übernahmeangebot von Paramount für Time Inc. in Höhe von 11,2 Mrd. Dollar, das aber vom Time-Vorstand als "unfreundlich" abgelehnt wurde, entschloß man sich zu einer Akquisition von Warner.[37] Der Übernahmepreis belief sich auf 14 Mrd. Dollar und entsprach damit dem 3,3fachen des Umsatzes von Warner; ein auch für Medienverhältnisse ausgesprochen hoher Preis.

---

[35] Anfang 1993 stärkte der Konzern seine Distributionskraft mit der Akquisition von Miramax Film Corp., des größten unabhängigen Filmverleihers in den USA.

[36] Vgl. Geschäftsbericht Walt Disney (1991), S. 21.

[37] Dieser Schritt muß vor dem Hintergrund gesehen werden, daß eine Fusion die Zustimmung der Aktionäre benötigt hätte. Dieser konnte man sich jedoch im Hinblick auf das attraktive Angebot von Paramount nicht mehr sicher sein. Vgl. Mc Gonagle Jr. (1992), S. 28-32.

Durch den Zusammenschluß von Time und Warner ist der mit heute
ca. 14,5 Mrd. Dollar umsatzstärkste Medienkonzern der Welt entstanden.[38] Da die beiden Medienunternehmen sich in ihren Aktivitäten hervorragend ergänzen, ist der neue Konzern horizontal diversifiziert und vertikal integriert wie keiner seiner Konkurrenten.
Zudem ist er in vielen der bearbeiteten Marktsegmente auch
Marktführer.

Im Zeitschriftenbereich, einem von sechs Unternehmensbereichen,
verzeichnen drei Time-Warner-Titel - Time, Sports Illustrated und
People - die höchsten Werbeeinnahmen der Branche. Der Buchbe-
reich ist bei Time Warner die kleinste und am wenigsten profitable
Aktivität. Im Musikgeschäft dagegen ist der Konzern Weltmarktfüh-
rer. Es umfaßt vier Gesellschaften mit insgesamt 17 Labels.

Dem Audiovisionssektor, der 55 Prozent der Konzernaktivitäten umfaßt, lassen sich die drei restlichen Unternehmensbereiche, d.h.,
Film- und Fernsehgeschäft, Kabelbetrieb sowie Pay-TV, zuordnen.
Zum Filmgeschäft zählt vor allem das Filmstudio Warner Bros.,
eines der über lange Zeit erfolgreichsten Majors. Zu dem Bereich
gehören weiterhin Warner Home Video, weltweit die Nummer Eins
in der Distribution von Videofilmen, sowie Lorimar, eine der weltgrößten Fernsehproduktionsgesellschaften. Der Geschäftsbereich
Pay-TV vereint ca. 24 Mio. Abonnenten der beiden Pay-TV Kanäle
HBO und Cinemax. Damit hat Time Warner einen Anteil von 58
Prozent am amerikanischen Pay-TV Markt. Bei dem Betrieb von
Kabelnetzen ist Time Warner nach dem Marktführer TCI mit ca. sieben Mio. Abonnenten die Nummer Zwei in den USA. Darüber hinaus
hält das Unternehmen im In- und Ausland eine Vielzahl von Beteiligungen an Programmveranstaltern.

Der Audiovisionssektor wurde Mitte 1992 in eine eigene Gesellschaft - Time Warner Entertainment - eingebracht, an der sich dann
der japanische Elektronikkonzern Toshiba und das japanische
Handelshaus C. Itoh mit jeweils 5,6 Prozent, und zwei Jahre später
der Telekommunikationskonzern US West mit 25,5 Prozent beteiligten. Die strategische Allianz mit US West ist vor dem Hintergrund

---

[38] Vgl. Geschäftsbericht Time Warner (1993), S. 1.

geschlossen worden, die zum Time Warner Konzern gehörenden Kabelnetze in interaktive Kabelsysteme umzuwandeln.[39]

<u>The News Corporation Ltd.</u>

Der australische Konzern News Corp. gehört mit einem Umsatz von 7,5 Mrd. US Dollar (1993) zu den größten Medienunternehmen der Welt. Der Umsatz verteilt sich geographisch auf die Märkte USA (60 Prozent), Australien und Pazifischer Raum sowie Großbritannien (je 20 Prozent). Das Unternehmen ist in sechs Geschäftsbereiche eingeteilt, wobei vier Bereiche - Zeitungen, Zeitschriften, Verlags- und Druckgeschäft - den Printmedien zuzuordnen sind.

Der Audiovisionssektor ist in die beiden Segmente Film- und Fernsehproduktion sowie Programmveranstaltung unterteilt und repräsentiert insgesamt rund ein Drittel des Umsatzvolumens. Keimzelle des Audiovisionsbereiches ist das Filmstudio 20th Century Fox, das News Corp. 1985 erworben hatte, nachdem zwei Jahre zuvor ein feindlicher Übernahmeversuch für Warner Bros. mißlungen war.

Kurz nach der Akquisition von Fox erwarb News Corp. für zwei Mrd. Dollar die Gesellschaft Metromedia, die sechs Fernsehstationen in den wichtigsten TV-Regionalmärkten der USA besaß. Das Eigentum an den TV-Stationen war für News Corp. eine Grundvoraussetzung für den Versuch, ein nationales Network aufzubauen. Die inneren Strukturen dieses Markts waren über 30 Jahren lang unverändert geblieben. Der letzte erfolgreiche Eintritt in dieses Marktsegment gelang ABC in den 50er Jahren. Inzwischen hat Fox Broadcasting Company (FBC) über 140, dem Network angeschlossene Stationen.[40]

Die zweite, in ihrem Umfang für das Unternehmen bedeutende Investition im Fernsehbereich war der Satellitensender Sky Channel. Dieser Sender verursachte bei News Corp. sehr hohe Aufbauverluste, bis er Ende 1990 mit dem einzigen Konkurrenten, British Satellite Broadcasting (BSB), fusionierte. Das gemeinsame Investment

---

[39] Vgl. Levin (1994), S. 5.
[40] Vgl. SEC report News Corp., Form 20-F (1993), S. 5.

in der neuen Firma British Sky Broadcasting (BSkyB) wird mit ca. 2,2 Mrd. Dollar angegeben.[41] Insgesamt werden sechs eigene Programme angeboten, davon zwei Pay-TV Kanäle mit dem Programmschwerpunkt Spielfilm. Zusätzlich hat BSkyB neun weitere Programme von dritten Veranstaltern in sein Programmpaket aufgenommen. Durch einen sehr starken Anstieg der Haushalte mit Satellitenantennen konnte BSkyB seine Abonnentenzahl auf 3,1 Mio. steigern. In den Haushalten, die Sky Channel empfangen können, haben die sechs eigenen Programme einen Marktanteil von insgesamt 30 Prozent und liegen damit vor BBC und ITV. Seit 1993 weist BSkyB operativ Gewinne auf.[42]

Den dritten Schwerpunkt der Programmveranstaltung hat das Unternehmen mit der Akquisition einer Mehrheitsbeteiligung an Star Television in Hong Kong geschaffen. Star TV strahlt über Satellit eine Vielzahl von Programmen aus, die im gesamten Fernen Osten zu empfangen sind.[43]

Canal +

In Frankreich wurde 1984 mit der Gründung von Canal + als Pay-TV Kanal eine neue Form des Programmangebots geschaffen. Canal + ist inzwischen in Europa - gemessen an der Abonnentenzahl - der größte Pay-TV Anbieter und im Hinblick auf die Rentabilität weltweit Spitzenreiter. Mit seinen rund 3,7 Mio. Abonnenten im Inland erzielte Canal + 1991 den größten Teil des Umsatzes von insgesamt 8,7 Mrd. Francs.[44] Das Unternehmen versucht, das Kerngeschäft auch im Ausland aufzubauen und ist in Spanien, Belgien und Deutschland an Pay-TV Projekten beteiligt. Für 1995 werden acht Mio. Abonnenten für diese vier Länder erwartet.[45]

Im Bereich der Übertragungstechnik baut Canal + vor allem auf die Satellitentechnik. Hier sieht das Unternehmen die Chance, wesent-

---

[41] Vgl. Geschäftsbericht News Corp. (1991), S. 20.
[42] Vgl. SEC report News Corp., Form 20-F (1993), S. 15.
[43] Vgl. SEC report News Corp., Form 20-F (1993), S. 16.
[44] Vgl. Geschäftsbericht Canal + (1993), S. 6.
[45] Vgl. Geschäftsbericht Canal + (1991), S. 2.

lich schneller als über den Weg der Verkabelung eine ausreichend große Zuschauerzahl für zusätzliche Projekte zu erschließen, die sich mit den vorhandenen terrestrischen Frequenzen nicht mehr realisieren lassen. Vor diesem Hintergrund hat Canal + sich an einer Vielzahl von Themenkanälen in Frankreich beteiligt.[46]

Canal + ist über ein eigenes Studio auch an der Produktion von TV-Programmen und Spielfilmen beteiligt. In Frankreich partizipiert das Unternehmen inzwischen an der Produktion von 95 Prozent der französischen Filme. Mit einem Anteil von 17 Prozent ist Canal + auch an einem der amerikanischen Mini-Majors, Carolco Pictures, beteiligt. Das Unternehmen ist darüber hinaus in der Distribution von Videokassetten für den Verleihmarkt und den Direktverkauf engagiert.

Um die Unabhängigkeit und eine ausreichende Flexibilität zu gewährleisten, ist Canal + schließlich in der Herstellung von Decodern und Satellitenantennen tätig. Vor allem eine piratensichere Decodertechnik ist eine absolute Voraussetzung für den wirtschaftlichen Erfolg eines Pay-TV Senders.

Fininvest S.p.A.

Das italienische Unternehmen Fininvest besteht aus drei Bereichen, wovon der Audiovisionsbereich etwa die Hälfte zum Umsatz von ca. 16 Mrd. DM beiträgt.[47] Die beiden weiteren Säulen des Konzerns sind das Baugeschäft und der Warenhauskonzern Standa.

Die Fininvest ist im Audiovisionsbereich schwerpunktmäßig in Italien vertreten. Mit den drei werbefinanzierten Programmveranstaltern Italia Uno, Rete Quattro und Canale Cinque hält das Unternehmen einen Anteil von über 30 Prozent am gesamten italienischen Werbemarkt. Darüber hinaus ist Fininvest mit zehn Prozent am einzigen Pay-TV-Sender des Landes, Tele Piu, beteiligt. Stark vertikal integriert, gehört zum Konzern auch die größte private Film- und Fern-

---

[46] Diese Spartenprogramme umfassen z.B. die Themenbereiche Sport (Eurosport), Kinder (Canal J), Dokumentationsberichte (Planéte) und Musik (MCM); vgl. Williams (1992), S. 56.

[47] Vgl. Muzik (1990), S. 193.

sehproduktionsgesellschaft, Penta, die auch stark im Filmverleih vertreten ist.[48] Mit Cinema 5 besitzt der Konzern zudem die größte Kinokette im Land.

International zählt die Fininvest mit dem Filmhändler Leo Kirch zu West-Europas größten TV-Rechte-Händlern.[49] Über die Produktionsfirma Penta versucht sie auch in die europäische Fernsehproduktion einzusteigen.[50] Der Konzern hält außerdem eine Vielzahl von Beteiligungen an ausländischen Programmveranstaltern.[51]

Bertelsmann AG

Die Bertelsmann AG ist nach Time Warner der zweitgrößte Medienkonzern der Welt. Im Geschäftsjahr 1992/93 erzielte das Unternehmen einen Umsatz von 17,1 Mrd. DM, wovon über 60 Prozent auf das Ausland entfielen.[52] Ursprünglich fast ausschließlich im Printmediengeschäft tätig, diversifizierte das Unternehmen in den 80er Jahren in das Musikgeschäft und den Audiovisionsbereich. Der Großteil des Umsatzes stammt allerdings nach wie vor aus dem Buch-, Zeitschriften- und Zeitungsgeschäft. Der Musikbereich hat sich jedoch inzwischen zu einem der fünf großen weltweit operierenden Herstellern und Anbietern von Musikprodukten entwickelt.

Aktivitäten im Audiovisionssegment beschränken sich bisher auf Deutschland und sind im Verhältnis zum Gesamtgeschäft gering. Neben einer Beteiligung am größten werbefinanzierten Privatsender, RTL Plus, hat Bertelsmann in einem Joint Venture mit Canal + und der Kirch-Gruppe den Pay-TV Kanal Premiere gegründet. Darüber hinaus ist der Konzern an dem informationsorientierten Vollprogramm Vox und dem RTL-Ableger RTL2 beteiligt. Die Film- und Fernsehproduktion und der Handel mit Sportrechten stellen weitere Aktivitäten dar, die in der Zukunft ausgebaut werden sollen.[53] Im

---

[48] Vgl. Young (1992), S. 63.
[49] Vgl. Muzik (1990), S. 196.
[50] Zusammen mit Kirch und dem französischen Sender TF1 wurde 1990 eine Produktionsfirma gegründet, deren Zweck europäische TV-Produktionen ist.
[51] In Deutschland: DSF; in Frankreich: TF1 und in Spanien: Telecinco.
[52] Vgl. Geschäftsbericht Bertelsmann (1992/93), S. 9.
[53] Vgl. Geschäftsbericht Bertelsmann (1991/92), S. 46.

Rahmen eines Joint Ventures mit Canal + ist angestrebt, gemeinsam Filme und Fernsehsendungen zu produzieren.

Sony

Das Stammgeschäft des japanischen Elektronikkonzerns besteht in
der Herstellung von Video- und Audiogeräten, von Fernsehappara-
ten und anderen Produkten wie z.B. Halbleiter, Computer und
Telefone. Sie sind in dem Gesamtbereich Elektronik zusammengefaßt. Der zweite Bereich von Sony ist der "Entertainment"-Sektor, in
dem ungefähr ein Fünftel des Umsatzes von insgesamt 25,6 Mrd.
Dollar erzielt wird. Sony ist erst Mitte der 80er Jahre in das
Unterhaltungsgeschäft eingestiegen. Damals erwarb der Konzern
die Musikgesellschaft CBC Records, die heute 3,4 Mrd. Dollar zum
Konzernumsatz (13,1 Prozent) beiträgt.

Zum "Entertainment"-Sektor gehört ferner der Audiovisionsbereich
mit dem Filmstudio Columbia Pictures. 1989 von Coca-Cola übernommen, repräsentiert dieses Geschäft mit 1,83 Mrd. Dollar ca. 7
Prozent des Konzernumsatzes. Der Bereich ist in drei Einheiten
unterteilt: Filmproduktion, Fernsehproduktion und Filmtheater. Zum
Filmstudio gehören zwei Labels, unter denen Filme produziert werden: Columbia Pictures und Tri-Star Pictures. Columbia Pictures
besteht seit den Anfängen der Filmproduktion und zählte mit Universal und United Artists zu den "drei kleinen Schwestern".[54] Insgesamt 40 Prozent des Umsatzes, die die Filme generieren, werden
auf den internationalen Märkten erzielt.[55]

Sony verspricht sich vom Einstieg ins Software-Geschäft Synergien
mit seinen Elektronik-Aktivitäten.[56] Dabei geht es vor allem darum,
bei der Markteinführung von Neuentwicklungen im Elektronik-Be-
reich gleichzeitig in der Lage zu sein, Software für die neuen Geräte bereitstellen zu können.

---

[54] Balio (1990a), S. 4.
[55] Vgl. Geschäftsbericht Sony (1991), S. 22.
[56] Vgl. Morita/Ohga (1991), S. 4.

Neben den Studioaktivitäten ist Columbia Pictures Entertainment auch in der Produktion von Fernsehprogrammen tätig. Zum Unternehmen gehört ferner die amerikanische Kinokette Loews mit 850 Leinwänden.

Matsushita

Neben Sony ist mit Matsushita ein weiterer japanischer Elektronikkonzern in das Mediengeschäft eingestiegen. Das Unternehmen erwarb Ende 1990 den Medienkonzern MCA Inc. für 6,5 Mrd. Dollar. Der Kaufpreis entsprach damit dem 1,8fachen des Umsatzes von MCA in Höhe von 3,4 Mrd. Dollar. Ähnlich wie bei Sony, war bei Matsushita die Hoffnung auf Synergien Hauptmotiv für die Verbindung zwischen Hardware und Software: "The MCA acquisition widens Matsushita's business scope in the audiovisual field, which is blessed with many new technological advances and has great potential".[57]

MCA ist ein relativ stark diversifiziertes Medienunternehmen. Zum Konzern gehören das Filmstudio Universal Pictures und eine etablierte Fernsehproduktion. Die besten Zeiten hatten beide Geschäftszweige Anfang der 80er Jahre, als Universal in drei aufeinanderfolgenden Jahren Marktführer bei den Kinoeinnahmen war (Industrierekord).[58] Heute hat Universal nur noch einen Anteil von unter zehn Prozent an den Einspielergebnissen in den Kinos.

Internationale Vertriebsaktivitäten steuert MCA über Joint Ventures; vornehmlich mit Paramount.[59] Zum Audiovisionsbereich muß auch der 49prozentige Anteil an der Kinokette Cineplex Odeon gezählt werden. Schließlich gehört z.T.konzern noch eine Musikgesellschaft, die vor allem im amerikanischen Markt stark präsent ist.

---

[57] Geschäftsbericht Matsushita (1991), S. 24.
[58] Vgl. Balio (1990b), S. 274.
[59] Vgl. die Ausführungen zu Paramount.

3. Anforderungen an die Wettbewerbsstrategien - Analyse und Bewertung

3.1 Darstellung der unternehmerischen Herausforderung

Es ist heute bereits absehbar, daß das Wachstum der Audiovisionsmärkte in den USA und in Europa ein unterschiedliches Tempo verzeichnen wird.[60]

Wie zuvor analysiert, kann die Mehrzahl der Teilsegmente des Audiovisionsbereichs in den USA als saturiert angesehen werden.[61] Die Entwicklung auf den Kino- und Videomärkten verläuft stabil bzw. sogar abnehmend,[62] bei der Programmveranstaltung findet im Bereich des werbefinanzierten Fernsehens eher eine Verschiebung des Werbeaufkommens - von den Networks zu den Kabelprogrammen - als ein Wachstum des gesamten Sektors statt. Beim Pay-TV sind die Abonnentenzahlen insgesamt rückläufig, und nur das Pay-per-View verspricht noch gewisse Wachstumschancen. Lediglich der Kabelbereich verzeichnet jährlich zweistellige Wachstumsraten. Doch auch hier ist die künftige Entwicklung durch eine neue Gesetzgebung in Frage gestellt, die u.a. die Preisfestsetzung der Kabelgesellschaften reguliert.[63]

Der europäische Markt mit seinen 300 Mio. Haushalten stellt sich dagegen mit deutlich positiveren Perspektiven dar. Die Deregulierung des Fernsehens in den wirtschaftlich bedeutendsten europäischen Ländern hat neue Absatzmärkte für Programme und damit neue Marktchancen für Programmveranstalter eröffnet. Eine drastische Umverteilung der Werbemärkte und ein starkes Interesse der Konsumenten an einer Erweiterung des Programmangebots lassen enorme

---

[60]   Vgl. hierzu beispielhaft für viele die Einschätzungen von Veronis, Suhler & Associates (1993).

[61]   Vgl. Kap. IV.1.1.

[62]   Lediglich bei der Durchvermarktung von Videos ist noch überdurchschnittliches Wachstum zu verzeichnen.

[63]   Vgl. Veronis, Suhler & Associates (1993), S. 113.

162

Wachstumschancen vermuten und werden darüber hinaus die Wettbewerbsintensität drastisch erhöhen.[64]

Die Nutzung dieses Wachstumspotentials stellt eine hohe unternehmerische Herausforderung für die Medienunternehmen dar. Auf
Basis der Analyse der europäischen und amerikanischen Medienkonzerne[65] ist zu vermuten, daß die amerikanischen Unternehmen
dieser Herausforderung von der Produktseite a priori besser gerecht werden können.[66] Sie haben eine deutlich größere Erfahrung
im Audiovisionsbereich, und zwar sowohl in der Produktion und der
Distribution, als auch in der Programmveranstaltung. Der Grad der
horizontalen Diversifikation ist in der Regel sehr hoch.

Noch deutlicher heben sich die amerikanischen Gesellschaften
durch den Grad der vertikalen Integration ab. Fast alle Unternehmen verfügen über ausgebaute Produktionskapazitäten, sind im Bereich der technischen Übertragungswege wie Kabel und Satellit
engagiert und sind nicht zuletzt auch in den Segmenten Programmveranstaltung und Distribution[67] tätig (Vgl. Abbildung 11).
Von nachhaltigem strategischen Vorteil kann auch die Größe des
Unternehmens sein, die sowohl Marktmacht als auch eine starke Finanzkraft impliziert.

Die amerikanischen Medienunternehmen sind heute bereits mehrheitlich auf den europäischen Märkten präsent. Allerdings beschränken sich ihre Aktivitäten bisher vorwiegend auf den Vertrieb
ihrer Produktionen. Sie stehen nun vor der Herausforderung, ihre
Aktivitäten weiter auszudehnen. Dafür müssen sie bereit sein, direkt in die jeweiligen Märkte zu investieren und die damit verbundenen Risiken zu übernehmen.

[64] Vgl. Jeandou (1988), S. 210; vgl. auch Guillou 1987, S. 45.
[65] Hierzu zähle ich auch die amerikanischen Beteiligungen von Sony und Matsushita
[66] Eine detaillierte Analyse der Problematik wird in Kap. V.3 vorgenommen.
[67] Kino-, Video- und Syndizierungsmärkte.

Unternehmen	Software-Produktion		Programmver-anstaltung		Video	Kino	Übertragungs-technologie	
	Film	TV	Free-TV	Pay-TV			Kabel	Satellit
News Corp.	+++	+++	+++	++	+++	-	-	++
Paramount/ Viacom	+++	+++	++	+++	+++	+++	+	+
Walt Disney	+++	+++	+	++	+++	-	-	-
Time Warner	+++	+++	+	+++	+++	+++	+++	-
Matsushita (Universal)	+++	++	-	-	+++	+++	-	-
Sony	++›	++	+	-	+++	+++	-	-
Fininvest	++	+	+++	+	+	++	-	-
Canal +	++	+	-	+++	-	-	-	-
Bertelsmann	-	+	++	++	+	-	-	-

+++ sehr starke Präsenz
++ starke Präsenz
+ Präsenz
- nicht präsent

Abb. 11: Aktivitäten von Medienunternehmen im Audiovisionsbereich
Quellen: Geschäftsberichte, SEC reports, Form 10-K und 20-F

Für die europäischen Medienhäuser stellt sich die strategische
Herausforderung, die zur Zeit in Europa entstehenden neuen Film-
und Fernsehmärkte vor der amerikanischen Konkurrenz zu verteidigen. Sie haben allerdings deutlich weniger Erfahrung bei den
audiovisuellen Produkten. Dies gilt insbesondere für die Filmproduktion und -distribution, wo sie auch nicht annähernd die Produktionsleistung der amerikanischen Majors erzielen.[68] Bei der Programmveranstaltung haben einige Unternehmen bereits Erfahrungen sammeln können, doch beschränken sich diese im allgemeinen
auf den jeweiligen Heimatmarkt. Die Breite der horizontalen Diversifikation und die Tiefe der vertikalen Integration sind bei weitem nicht vergleichbar mit dem Niveau der amerikanischen Wettbewerber.

---

[68] So sind z.B. die drei größten privaten französischen
Produktionsgesellschaften Pathé, Gaumont und UGC zusammen nur halb
so groß wie die Columbia Filmstudios; vgl. Bonnell (1989), S. 235.

Einen großen Wettbewerbsvorteil haben die europäischen Medienunternehmen allerdings aufzuweisen: Durch ihre langjährige Marktbearbeitung im Printmedienbereich haben sie eine fundierte
Kenntnis der Bedürfnisse von Konsumenten und Werbetreibenden
auf den lokalen Märkten. Obwohl sich deutlich die Tendenz zu einem transnationalen Konsumverhalten abzeichnet,[69] werden zumindest mittelfristig noch lokale kulturelle und sprachliche Unterschiede das Marktverhalten bestimmen. Diese Erfahrung kann auch
für die Aktivitäten in anderen Medien sehr wertvoll sein. Darüber
hinaus verfügt die europäische Konkurrenz zumindest in ihren
Heimatmärkten über eine ausgebaute Infrastruktur. Nicht zuletzt
sind auch die stärkeren Bindungen zu den lokalen Behörden in den
immer noch stark regulierten Märkten der Programmveranstaltung
ein nicht zu unterschätzender Wettbewerbsvorteil.

Für die europäischen Medienkonzerne stellt sich das Problem, in
welchen Teilsegmenten der Audiovisionsindustrie sie präsent sein
müssen, um ihre Marktposition nachhaltig zu festigen. Darüber hinaus müssen sie entscheiden, ob sich ihre Strategie auf die jeweiligen nationalen Märkte konzentrieren, einen europäischen Ansatz
haben, oder sich sogar auf den Aufbau einer globalen Basis fokus-
sieren sollte. Dabei ist es in jedem Fall erforderlich, in Europa eine
starke Basis aufzubauen. "Seules des positions fortes en Europe
permettront d'avoir une approche vraiment 'globale', [...]."[70]

Allen Medien-Unternehmen gemeinsam ist das Problem, in welcher
Form in die jeweiligen Märkte investiert werden soll. Dabei stehen
sie vor der Alternative, durch Kooperationen und strategische Allianzen die Wachstumschancen wahrzunehmen oder im Alleingang
durch Eigenentwicklungen und Akquisitionen.

In den folgenden drei Unterkapiteln soll versucht werden, für die
dargestellten Probleme strategische Lösungsansätze zu finden.
Dafür wird zunächst ein strategisches Rahmenkonzept vorgestellt,
das auf den vorhandenen Ansätzen der neueren Strategieforschung
aufbaut und versucht, diese zu integrieren. Dieses Rahmenkonzept
soll dann auf die beiden großen Segmente des Audio-

---

[69] Vgl. Kap. IV.2.1.2.
[70] Lescure (1993), S. 3.

165

visionsbereiches, die Produktion und Distribution von audiovisuellen Werken sowie die Programmveranstaltung, angewandt und
strategische Handlungsempfehlungen abgeleitet werden.

3.2 Erfordernis eines integrierten Strategiekonzeptes

Die drastischen Veränderungen der Umwelt und der Unternehmen
in den 80er Jahren führten zu einer größeren Unternehmenskom-
plexität, zu einer höheren Wettbewerbsintensität und zu deutlich
volatileren Märkten. Unternehmen sehen sich heute zunehmend
kürzeren Produktlebenszyklen gegenüber.[71] Dies erhöht nicht nur
Forschungs- und Entwicklungsaufwand, sondern in hohem Maße
auch die Marketingkosten. Damit einhergehend hat sich die
Entwicklung neuer Technologien stark beschleunigt. Technologien
mit langer Entwicklungsdauer können bereits veraltet sein, wenn
ihre Entwicklung abgeschlossen ist. Ein markantes Beispiel für
dieses Risiko stellen die Direktfernsehsatelliten dar. Bevor diese
neue Generation von Satelliten ihren Platz im Orbit gefunden hatte,
war bereits absehbar, daß mit der Entwicklung von Medium-Power-
Satellites und der gleichzeitigen Verbesserung der Satellitenempfangstechnik deutlich ökonomischere Lösungen zur Verfügung stehen würden.[72] Es ist nicht auszuschließen, daß die Verbesserung
der Satellitentechnik auch die Kabeltechnologie obsolet werden
läßt. Diese Veränderungen steigern nachhaltig die Unsicherheit bei
Unternehmensentscheidungen und erhöhen die Investitionsrisiken.

Die zunehmende Wettbewerbsintensität äußerte sich zum einen in
einer stark gestiegenen Internationalisierung des Wettbewerbs,
zum anderen in einer höheren Unternehmenskonzentration mit
immer potenteren Wettbewerbern. Darüber hinaus schlossen Unternehmen im Laufe des vergangenen Jahrzehnts immer häufiger Kooperationen mit dem Ziel, komplementäre Geschäftsaktivitäten und
Unternehmensstärken zusammenzuführen. Im Medienbereich wird

---

[71] Der Erfolg eines Spielfilms in den Kinos beispielsweise entscheidet sich
heute während den ersten drei Wochenenden. Nur wenige Spitzenfilme
werden über einen längeren Zeitraum (ca. 10 Wochen) in den Kinos
abgespielt. Mitte der 50er Jahre erzielte ein Film noch ca 50% seiner
Einnahmen nach drei Monaten und ca. 75% nach einem Jahr; vgl. Bonnell
(1989), S. 64.

[72] Vgl. Kap. III.1.1.2.

166

diese Entwicklung dadurch deutlich, daß die Massenmedien zunehmend miteinander verknüpft sind.[73]

Nicht zuletzt hat sich der Wettbewerb auch durch die Veränderung der Nachfragestruktur intensiviert. Es ist generell eine wachsende Fragmentierung der Konsumenten feststellbar, die durch eine Veränderung des Konsumverhaltens bedingt ist. Vor allem ein gestiegenes Anspruchsniveau des Konsumenten und eine stärkere transnationale Konvergenz der Konsumwünsche sind Ausdruck dieses geänderten Konsumverhaltens.

Insgesamt hat auch die Integration der nationalen Volkswirtschaften der Triade[74] zu volatileren Marktstrukturen beigetragen. Besonders deutlich wird dies auf den Finanzmärkten, wo sich heute Turbulenzen auf den lokalen Aktien-, Zins- oder Währungsmärkten auch international unmittelbar bemerkbar machen. Obwohl nicht im gleichen Umfang, so können sich im Medienbereich ebenfalls Konjunkturprobleme in einem Land bzw. einer Region durch die zunehmende Integration der Werbemärkte global auswirken.

Die oben beschriebenen Umwälzungen führten zu einer Vielzahl von theoretischen Erklärungsansätzen und empirischen Untersuchungen der Strategieforschung.[75] Ausgangspunkt der Überlegungen zu einem Strategiekonzept bilden die Analyse der Umwelt, d.h. vor allem der Industriestruktur, sowie die unternehmensinterne Analyse, die sich hier am Begriff des "Competitive Scope" orientiert.

Der Competitive Scope faßt die gesamten Aktivitäten eines Unternehmens zusammen.[76] Diese lassen sich nach vier Teilaspekten einteilen.[77] Segment Scope beschreibt die Marktdurchdringung eines Industriesegments im Rahmen der Produktvielfalt. Die Aktivitä-

---

[73] Vgl. Turow (1992), S. 4.

[74] Die Triade umfaßt die Wirtschaftsräume Nordamerika, Europa und Japan; vgl. Ohmae (1985), S. 121.

[75] Vgl. hierzu die Ausführungen im Kap. V.3.2.1. bis V.3.2.3.

[76] "Competitive Scope is used [...] to refer to a broader conception of a firm's activities, encompassing industry segment coverage, integration, geographic markets served and coordinated competition in related industries." Porter (1985), S. 53, hier in Fußnote 8.

[77] Vgl. Porter (1985), S. 53f.

167

ten eines Unternehmens in verbundenen Industriesegmenten bestimmen den Industry Scope, die regionale Verteilung der Aktivitäten den Geographic Scope. Der vierte Aspekt des Competitive
Scope, der Vertical Scope, umfaßt die Aktivitäten auf vor- oder
nachgelagerten Produktionsstufen (vgl. Abbildung 12).

Aus der Industriestrukturanalyse und der Analyse des Competitive
Scope kann der strategische Handlungsbedarf abgeleitet werden,
wobei alle Teilbereiche des Competitive Scope in einer koodinier-
ten Strategie berücksichtigt werden müssen. Basis sollte dabei eine
der generischen Strategien sein.[78] Es sind aber darüber hinaus vor
allem folgende strategische Alternativen, auf die bei der Entwicklung einer koordinierten Wettbewerbsstrategie geachtet werden
muß:

• Verbundene versus unverbundene Diversifikation (3.2.1)

• Alleinentwicklung versus Kooperation (3.2.2)

• Multilokales versus globales Strategiekonzept (3.2.3)

Diese drei Themenbereiche behandeln die Richtung von Investitionen, deren Form und den Grad der Internationalisierung. Dabei
kommt es darauf an, die angeführten Problemfelder nicht getrennt,
sondern in einem Gesamtzusammenhang und in Abhängigkeit des
jeweiligen Marktsegments zu behandeln (vgl. Abbildung 12).

Dieses Vorgehen berücksichtigt die Komplexität der strategischen
Aufgabe und scheint insbesondere den Bedingungen der
Medienmärkte zu entsprechen.

---

[78] Vgl. die Ausführungen in Kap. II.2.3.3.; vgl. hierzu auch Porter (1985), S.
54, der den Bedarf für eine koordinierte Strategie insbesondere für die
beiden Teilbereiche Geographic Scope und Industry Scope sieht.

168

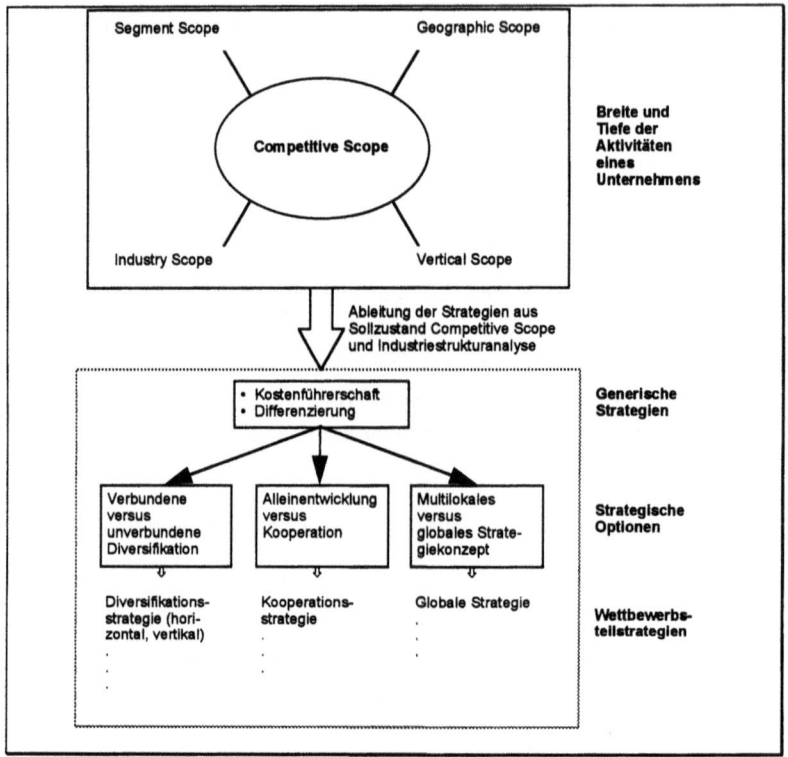

Abb. 12: Entwicklung einer koordinierten Wettbewerbsstrategie

3.2.1 Verbundene versus unverbundene Diversifikation

Im Prinzip lassen sich drei Arten von Unternehmen unterscheiden: Einproduktunternehmen, diversifizierte Unternehmen mit verbundenen Geschäften (verbundene Diversifikation), sowie diversifizierte Unternehmen mit völlig unterschiedlichen Geschäften (unverbundene Diversifikation/Konglomerate).[79] Vor allem die 60er

---

[79] Vgl. Ohmae (1982), S. 137. Die aus der englischsprachigen Literatur übernommenen Begriffe der 'related' und 'unrelated' diversification soll im folgenden mit 'verbundener' und 'unverbundener' Diversifikation übersetzt werden. Vgl. hierzu auch die grundlegenden Arbeiten von Rumelt (1974), zur Typologie der verschiedenen Diversifikationsschritte sowie Rumelt (1982), S. 359-369 mit einer Analyse der Profitabilität von Diversifikationsstrategien. Der Vorteil an Rumelts Ansatz ist, daß er Diversifikation nicht ausschließlich an produktionsorientierten Gemeinsamkeiten mißt, sondern aus strategischer Sicht auch Gemeinsamkeiten im Marketing, Distribution, Forschung und Entwicklung

und 70er Jahre waren geprägt durch die Bildung von Konglo-
meraten. In den 80er Jahren kehrte sich dieser Trend um. Unternehmen begannen, sich auf bestimmte Kerngeschäfte zu konzentrieren und sich von Unternehmensteilen zu trennen, die mit diesem
Geschäft nicht verbunden waren.[80]

Diversifikation soll im folgenden definiert werden als "[...] the entry
of a firm or business unit into new lines of activity, either by
processes of internal business development or acquisition, which
entails changes in its administrative structure, systems, and other
management processes."[81]

Mit Diversifikationsstrategien hat sich in der Vergangenheit mit z.T.
unterschiedlichen Ergebnissen die Literatur zur Industriellen
Organisation, zum Strategischen Management und die Finanzlitera-
tur beschäftigt.[82] Die unverbundene Diversifikation von
Unternehmen wurde mit der angestrebten Risikostreuung begründet. Darüber hinaus wurde als Begründung häufig die Realisierung von finanziellen Synergien angeführt, die sich durch einen
unvollkommenen Kapitalmarkt ergeben können.[83] Abgeleitet aus
der Finanztheorie wurde das Ziel verfolgt, Unternehmen mit nicht
korrelierenden Cash-flows zusammenzuführen, um die Variabilität
des konsolidierten Cash-flows und damit das Risiko zu mindern.
Heute erscheint die Erzielung von finanziellen Synergien als Motiv
für Diversifikationsschritte nicht mehr ausreichend zu sein. "Based

---

sowie Technologien in das Klassifizierungsschema einbezieht. Vgl. hierzu
Montgomery/Singh (1984), S. 185.

[80] Vgl. Markides (1992), S. 401: Paramount Communications ist wohl das
eindeutigste Beispiel aus dem Medienbereich für diese Entwicklung. Der
Konzern entwickelte sich von einem Konglomerat zu einem reinen
Medienunternehmen; vgl. vorheriges Kap. V.2.

[81] Ramanujam/Varadarajan (1989), S. 525.

[82] Vgl. Amit/Livnat (1988), S. 99 .

[83] Ramanujam/Varadarajan (1989), S. 526; Hill/Hoskisson (1987), S. 331.
"Early studies showed that under acceptable assumptions about financial
markets, there are no economical motives for unrelated diversification.
Later studies, however, have shown that if one introduces some frictions
into the financial markets, such as bankruptcy costs and taxes, there may
be financial motives for non-synergistic mergers." Amit/Livnat (1988), S.
99.

on the CAPM, there are no benefits to shareholders from diversification performed by firms rather than by individual shareholders."[84] Deshalb bewertet der Aktienmarkt Unternehmen mit hohem unverbundenem Diversifikationsgrad mit einem "conglomerate discount".[85]

Verbundene Diversifikation geht einen Schritt weiter als die Konglomeratbildung, da nicht eine einfache Allokation der Kapitalressourcen im Vordergrund steht, sondern vielmehr versucht wird, über finanzielle Synergien hinausgehende geschäftsbezogene Verbundwirkungen zwischen den jeweiligen Unternehmensteilen zu realisieren. Dabei ist danach zu unterscheiden, ob diese Verbundwirkungen auf vor- oder nachgelagerten Produktionsstufen (vertikale Integration) oder zwischen verschiedenen Geschäften der gleichen Produktionsebene (horizontale Diversifikation) erzielt werden.[86]

Ziel der vertikalen Integration ist die Margenerhöhung eines Unternehmens im Ablauf des Produktionsprozesses.[87] Die Entscheidung zur vertikalen Integration wird im wesentlichen beeinflußt durch die folgenden Faktoren.[88]

• Der Reifegrad der jeweiligen Industrie

• Die Volatilität der Industrie

• Asymmetrien in den Verhandlungspositionen gegenüber Lieferanten, Distributoren, Kunden und Wettbewerbern

• Strategische Ziele der Unternehmung.

Stark konzentrierte, wenig volatile Industrien führen zu verstärkter vertikaler Integration. Gleiches gilt auch bei erheblichen Asymmetrien in den Verhandlungspositionen, z.B. durch die Verhandlungsmacht von Lieferanten.

---

[84] Amit/Livnat (1988), S. 100; vgl. auch Amihud/Lev (1981), S. 605-617.

[85] Porter (1987), S. 52; vgl. auch Gupta/Govindarajan (1986), S. 708.

[86] Empirische Studien deuten darauf hin, daß "resource sharing" eher zwischen verbundenden als zwischen unverbundenen Unternehmen stattfindet; vgl. Gupta/Govindarajan (1986), S. 696, mit der dort angegebenen Literatur.

[87] Vgl. Hill/Hoskisson, (1987), S. 331; vgl. auch Harrigan (1985a), S. 398.

[88] Vgl. Harrigan (1985a), S. 402ff.

171

Der Vorteil der horizontalen Diversifikation in verbundene Geschäfte liegt vor allem in den Synergiepotentialen,[89] die aus dieser
Verbindung entstehen können.

"When a firm operates in a set of related businesses, it is
possible for it to exploit its 'core factors' leading to
economies of scale and scope, efficiency in resource
allocation, and opportunity to exploit particular technical and
managerial skills."[90]

Economies of Scale beschreiben die Einsparungen bei den Stück-
kosten, die sich durch die Erhöhung der Produktionsvolumina ergeben, sofern die Kapazitätsauslastung noch zu steigern ist.

Neben den Synergie-Effekten aus Scale Economies lassen sich die
potentiellen Synergien einer Horizontalstrategie in gemeinsame Aktivitäten (wie z.B. Vertrieb) oder in Transfer von speziellem Management Know-how bzw. Fähigkeiten unterteilen.[91] Verbundvorteile
durch vertikale Integration können z.B. durch den Zugriff auf das
Recht einer exklusiven Verwertung von Produkten der
vorgelagerten Stufen entstehen.[92] Grundsätzlich gilt für Economies
of Scope, daß ihre Vorteile "[...] arising from inputs that are shared
or utilized jointly by related activities."[93]

Synergien sind in der Vergangenheit oftmals nicht so realisiert worden, wie dies zu Beginn einer Investition oder einer Akquisitionsentscheidung vorgesehen war. Dies lag allerdings häufig weniger
an der fehlenden Existenz von Verbundwirkungen, sondern an

---

[89] Zu einer Typologie von Synergien und ihren jeweiligen ökonomischen
Werten Vgl. Chatterjee (1986), S. 121-125.

[90] Palepu (1985), S. 242; vgl. auch Rumelt (1982).

[91] Porter (1987), S. 49. Diese Vorteile werden auch unter dem Begriff der
'Economies of Scope' zusammengefaßt; "The term scope economies isn't
just a new fangled name for synergy; it actually defines the conditions
under which synergy works." Ghemawat (1986), S. 55. Vgl. zum Begriff der
Economies of Sope auch Teece (1980), S. 223-246.

[92] Grundsätzlich müssen die Vorteile einer Ressourcenteilung jedoch immer
den entstehenden Transaktionskosten und einer eventuell geminderten
Flexibilität gegenübergestellt werden; vgl. Gupta/Govindarajan (1986), S.
698, sowie Harrigan (1985a), S. 397.

[93] Hill/Hoskisson (1987), S. 332.

der mangelnden Fähigkeit des Managements, diese zu identifizieren und umzusetzen.[94]

"Compelling forces are at work today, however, that means that firms must reexamine their attitude toward synergy. Economic, technological, and competitive developments are increasing the competitive advantage to be gained by those firms that can identify and exploit interrelationships among distinct but related businesses."[95]

Entscheidend ist für die Erzielung strategischer Vorteile durch verbundene Diversifikation ist, daß diese Vorteile durch administrative Maßnahmen - dies betrifft vor allem die Struktur des Unternehmens - identifiziert und realisiert werden können.[96] Gerade bei stark dezentral geführten Unternehmen könnte dies zu einem Problem werden. Horizontale Synergien lassen sich in einem derartigen Unternehmen nur dann einfach realisieren, wenn alle Unternehmensteile von einer Maßnahme profitieren. Eine Horizontalstrategie ist daher häufig mit Kosten verbunden, die unter Umständen den Vorteil des Verbundeffektes übersteigen können.

Es gibt zahlreiche empirische Untersuchungen, die das Verhältnis zwischen Diversifikationsgrad und Performance zum Gegenstand haben. Die Ergebnisse dieser Forschung sind zwar nicht ganz eindeutig,[97] der überwiegende Teil zeigt jedoch eine starke positive

---

[94]   Vgl. Porter (1985), S. 318.

[95]   Porter (1985), S. 319.

[96]   Ramanujam/Varadarajan (1989), S. 536. "Realising economies of scope requires inter divisional coodination among divisions." Hoskisson (1987), S. 630.

[97]   Vgl. Chatterjee/Wernerfelt (1991), S. 33. Vgl. auch Ramanujam-/Varadarajan (1989), S. 540; Amit/Livnat (1988), S. 108; Mit der Thematik von Diversifikationsstrategie und Profitabilität haben sich intensiv zwei Forschungsrichtungen beschäftigt: Industriestrukturanalyse und Strategisches Management. Dabei fällt auf, daß "[...] the industrial organization studies failed to uncover the different profitability patterns of related and unrelated diversifiers." Palepu (1985), S. 240. Die Forschung zur Industriestruktur geht von der Hypothese aus, daß Diversifikation die Marktmacht eines Unternehmens steigert und damit die Profitabilität erhöht. Diese Annahme konnte bisher empirisch jedoch nicht eindeutig bestätigt werden. Die Strategische Management Literatur hat sich in ihren Untersuchungen dagegen auf Economies of Scope und operative Synergien konzentriert, wobei festgestellt wurde, daß verbundene Diversifikationen eine bessere Performance gewährleistet. Vgl. Kim/Hwang/Burgers (1989), S. 46. Zu methodologischen Fragen ("choice of measurement technique will influence results"); vgl. Hall/St. John (1994), S. 153-168.

Korrelation zwischen dem Grad der Verbundenheit der Geschäftseinheiten eines Unternehmens und seiner Performance.[98]

Von Bedeutung ist auch der Grad der Internationalität der Diversifi-
kationsentscheidung. Zu diesem Bereich ist ein Ansatz erarbeitet
und untersucht worden, der Produkt- und internationale Marktdi-
mension mit Unternehmensdiversifikation integriert.[99] Neu an dieser
Studie war vor allem die Erkenntnis, daß eine positive Korrelation
zwischen Profitabilität und internationaler Diversifikation besteht.[100]

3.2.2 Alleinentwicklung versus Kooperation

Entscheidend für den Erfolg eines Diversifikationsschritts ist vor
allem die Frage nach dem Diversifikationsmodus. Grundsätzlich
stehen dem Unternehmen drei Optionen zur Verfügung, in welcher
Form eine bestimmte Wettbewerbsstrategie verfolgt wird.[101]

- Eigenentwicklungen

- Akquisitionen

- Kooperationen/Allianzen

Diese drei Optionen lassen sich entweder nach interner
(Eigenentwicklung) versus externer Entwicklung (Akquisition)[102]

---

[98] Vgl. Palepu (1985), S. 241, Vgl. auch Bettis/Mahajan (1985), S. 786; in
ihren Untersuchungen stellen die Autoren fest, daß gleichzeitig zu den
höheren Erträgen aus verbundener Diversifikation auch Risiken reduziert
werden. Vgl. hierzu auch Montgomery/Singh (1984), S. 186ff. Die Autoren
haben in ihren Untersuchungen für Konglomerate ein größeres Risiko,
ausgedrückt durch einen höheren Beta-Faktor festgestellt. Als zusätzliches
Argument für eine bessere Performance bei verbundener Diversifikation
werden auch die Grenzen der Unternehmensführung aufgezeigt, ein zu
hohes Maß an strategischer Vielfalt zu managen; vgl. Prahalad/Bettis
(1986), S. 496.

[99] Vgl. Kim/Hwang/Burgers (1989), S. 53.

[100] Ebenda, S. 54.

[101] Vgl. Yip 1982, S. 331.

[102] Vgl. Sieben/Sielaff, Hrsg. (1984), S. 1. Grundsätzlich läßt sich auch die
strategische Option der Kooperation zur externen Entwicklung zählen.
Studien, die interne und externe Entwicklungen gegenübergestellt haben,
lassen vermuten, daß die interne Entwicklung Vorteile gegenüber der
externen Entwicklung im Hinblick auf die Performance aufweist; vgl.
Simmonds (1990), S. 399. Diese Aussage wird durch empirische Untersuchungen bestätigt, die gezeigt haben, daß Start-ups nicht
risikoreicher sind als Akquisitionen oder Joint Ventures; vgl. Porter (1987),
S. 58. Allerdings gibt es in der Literatur zu diesem Punkt sehr
unterschiedliche Auffassungen. Trotz vieler und detaillierter empirischer

oder nach Alleinentwicklung (Eigenentwicklung, Akquisition) versus Entwicklung mit Partnern (Kooperation) unterteilen. In den folgenden Ausführungen wird die Unterteilung in Alleingang und Kooperation gewählt, da Kooperation hier als alternative Form einer Wettbewerbsstrategie verstanden wird. Der Entscheidungsspielraum eines Unternehmens im Hinblick auf die oben genannten Optionen hängt im wesentlichen von den jeweiligen Markt- und Wettbewerbsstrukturen, den Stärken des Unternehmens und den strategischen Vorteilen, die sich mit einer bestimmten Form des Markteintritts erzielen lassen ab (vgl. Abbildung 13):

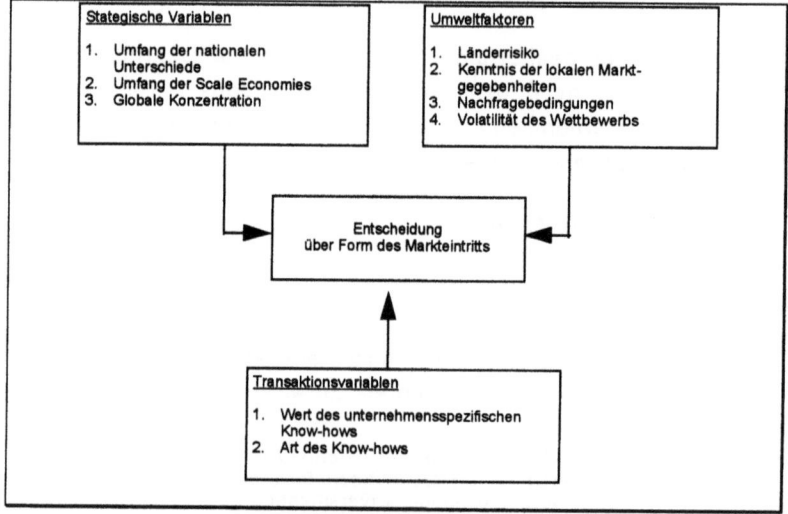

Abb. 13: Entscheidungsrahmen für die Form des Markteintritts
Quelle: Hill/Hwang/Kim (1990), S. 120

Eine Eigenentwicklung bedeutet den Aufbau eines Geschäfts mit den unternehmenseigenen Ressourcen. Unter der Akquisition eines Unternehmens versteht man im allgemeinen den Erwerb einer Mehrheitsbeteiligung am Eigenkapital des akquirierten Unterneh

---

Forschungen zu diesem Thema gilt daher jedesmal für den Akquisitionserfolg, daß "[...] chances for success vary with (1) the type of acquisiton, (2) the type of synergy, and (3) the degree of interdependence." Haspeslagh/Jemison (1987), S. 56.

175

mens. Der Käufer hat nach dem Erwerb die Kontrolle über die Unternehmensführung. Akquisitionen können sich aber auch auf einzelne Unternehmensteile (z.B. Zeitschriftentitel) beziehen. In diesem Fall werden eine Gesamtheit von materiellen und immateriellen Vermögensgegenständen sowie in der Regel Mitarbeiter übernommen.

Akquisitionen haben entweder zum Ziel, in einem neuen Markt eine Basis für weitere Expansion zu schaffen oder Synergien mit bereits vorhandenen Geschäften zu verwirklichen.[103]

Zu den wesentlichen Voraussetzungen für vom Unternehmen allein getragene Investitionen in ein neues Marktsegment oder einen anderen nationalen Markt zählen die Managementressourcen. Eine Vielzahl von Studien hat gezeigt, daß die Qualität des Managements eine der kritischen Faktoren in der Erzielung von Wettbewerbsvorteilen ist.[104] Es hat sich in der Vergangenheit vielfach gezeigt, daß Marktstrategien, die sich im eigenen Land bewährt haben, nicht so einfach und in vollem Umfang auf das Ausland übertragbar sind.[105] Für eine erfolgreiche Investition ist es deshalb nicht nur notwendig, daß die neue lokale Unternehmensführung mit der Unternehmensstrategie des Konzerns vertraut ist, vielmehr muß sie auch den lokalen Markt und das Geschäft genau kennen.

Die Entscheidung zur Eigenentwicklung ist grundsätzlich gegen eine Akquisitionsentscheidung zu stellen, sofern adäquate Akquisitionsobjekte überhaupt zur Disposition stehen.[106] Neben dem Vergleich der Kosten eines Start-ups mit Akquisitionspreisen[107] und

---

[103] Vgl. Yip (1982), S. 332.
[104] Vgl. stellvertretend Pralahad/Bettis (1986), S. 488.
[105] Vgl. Bartlett/Ghoshal (1987a), S. 10.
[106] Vgl. Yip (1982), S. 334.
[107] Bei Akquisitionen muß berücksichtigt werden, daß aufgrund von Asymmetrien in den Informationen in der Regel zu hohe Prämien bezahlt werden; vgl. Zajac/Bazerman (1991), S. 48, mit der dort angegebenen Literatur.

Integrationskosten spielen auch der Zeitfaktor und besondere Stärken des Akquisitionsobjekts eine wichtige Rolle bei der Entscheidung. Unabhängig von der Marktstruktur ist auch die Struktur des
Unternehmens, das in den Markt eintritt, von großer Bedeutung für
die Wahl des Diversifikationsmodus'.[108]

Fehlt insbesondere das erforderliche Management Know-how oder
befindet man sich in reifen Märkten mit hohen Eintrittsbarrieren,
dann bleibt sehr häufig die Akquisition als einziges Instrument der
Markteintrittsstrategie übrig, wenn das Unternehmen keine Koalitionen eingehen will.

Häufig bestimmt auch die Bilanzstruktur über die Alternativen
Akquisition oder Eigenentwicklung. Bei der Eigenentwicklung ist in
vielen Ländern die Investition als Sofortaufwand zu buchen und
stellt somit eine direkte Belastung des Eigenkapitals dar. Beim Un-
ternehmenskauf hingegen stellt sich dieses Problem nicht in dem
Umfang, da der Unterschiedsbetrag zwischen Eigenkapital und
Kaufpreis als Goodwill aktiviert und über einen längeren Zeitraum
abgeschrieben werden kann. Aber auch hier können sich für die jeweiligen Unternehmen je nach nationalem Bilanzrecht drastische
Unterschiede in den GuV-Belastungen ergeben.[109]

Alternativ zur Alleinentwicklung besteht die Option, die strategischen Ziele eines Unternehmens durch Kooperationen zu realisieren.[110] Die in dieser Arbeit bislang dargestellten Strategiekonzepte[111] zeichnen sich vor allem durch eine Gemeinsamkeit aus: Es
sind reine Wettbewerbsmodelle, in denen die Strategie gesehen
wird als ein

---

[108] Vgl. Yip (1982), S. 344.

[109] Während in Deutschland gefordert wird, den Unterschiedsbetrag sofort mit
dem Eigenkapital zu verrechnen oder ihn längstens über 15 Jahre
abzuschreiben, liegt die Abschreibungsdauer in den USA bei 40 Jahren. In
einigen Ländern (z.B. Frankreich, Niederlande) ist es gar nicht zwingend
notwendig, den Firmenwert abzuschreiben. Das australische Handelsrecht
zeichnet sich sogar dadurch aus, daß Zuschreibungen zu den
immateriellen Vermögensgegenständen möglich sind.

[110] Vgl. Schillaci (1987), S. 61.

[111] Vgl. vor allem Kapitel II.2.

"[...]way in which a corporation endeavors to differentiate itself positively from its competitors, using its relative corporate strengths to better satisfy customer needs"[112]."Besteht der Wettbewerb nicht in der Form, oder nimmt er Formen an, die weit entfernt vom freien Wettbewerb sind, müssen andere Ansätze gefunden werden."[113]

Aufgrund der dargestellten Veränderungen der Umweltfaktoren gehen Unternehmen zunehmend strategische Verbindungen mit Wettbewerbern ein.[114] Zu diesen strategischen Verbindungen sind neben der Fusion und der Akquisition vor allem Kooperationen in der Form von Joint Ventures, Beteiligungen, Lizenzvereinbarungen und gemeinsame F+E-Projekte zu zählen. Neben die klassischen Wettbewerbsbeziehungen treten damit auch Koalitionsbeziehungen.[115]

Der theoretische Rahmen einer Kooperationsstrategie umfaßt die Form (mit oder ohne Beteiligung am Eigenkapital), Fokus (z.B. zahlreiche Vereinbarungen oder wenige bedeutende Verbindungen), Autonomie (hohe oder geringe Unabhängigkeit bei der Führung eines gemeinsamen Projekts) und die Dauer der Kooperationsstrategie.[116] Bei der Festlegung der Kooperationsstrategie ist in erster Linie die Industriestruktur zu berücksichtigen. Angesichts der zunehmenden Globalisierung von Industrien können sich die im Wettbewerb erforderlichen Kernfähigkeiten eines Unternehmens drastisch ändern. "Strategic

---

[112] Ohmae (1982), S. 92.

[113] Strategor (1988), S. 176.

[114] Vgl. Nohria/Garcia-Pont (1991), S. 105; Harrigan (1987), S. 67. "Traditional mutinationals have tried to do everything on their own as they entered each market. They can't do that anymore, because the skills and products required to compete worldwide have increased greatly." Ohmae (1985), S. 207.

[115] Vgl. zu den verschiedenen Formen der Kooperation auch: Ring/Van de Ven (1992), S. 432-493.

[116] Vgl. Harrigan (1988), S. 142.

linkages are a way for firms to respond to these challenges."[117] Die engste und strategisch langfristigste Kooperationsform ist das Joint Venture. "Joint Ventures are business agreements, whereby two or more owners create a separate entity."[118]

Kooperationen können sich aus einer Vielzahl von Gründen anbieten. Am offensichtlichsten sind gesetzliche Regelungen, die einen Alleingang von vornherein ausschließen. Gerade im in der Regel stark regulierten Medienbereich lokale Mediengesetze oder Gesetze zur Beschränkung von Medienkonzentration den Entscheidungsrahmen. Strategische Allianzen mit einem oder mehreren Unternehmen der gleichen Industrie werden aber in erster Linie mit der Hoffnung auf wirtschaftliche Vorteile eingegangen.[119]

- Die Entwicklung neuer Produkte oder der Eintritt in neue Märkte verlangt Investitionsmittel, die für ein Unternehmen allein zu umfang- oder zu risikoreich sind.[120] Der Aufbau eines Vollprogramms verursacht beispielsweise Anlaufverluste von einer halben Mrd. DM.

- Der Zeitfaktor spielt eine entscheidende Rolle bei einem Markteintritt (Erzielung von First Mover Advantages),[121] bzw. bei der Realisierung einer internationalen Strategie, und ein Unternehmen kann oftmals die Aufgabe in einem

---

[117] Nohria/Garcia-Pont (1991), S. 107; vgl. auch Gomez-Casseres (1989), S. 19.

[118] Harrigan (1988), S. 142.

[119] Für eine empirische Untersuchung der Motive zum Eingehen strategischer Allianzen, dargestellt am Beispiel der Automobilindustrie Vgl. Burgers/Hill/Kim (1993), S. 419-432. Für eine Untersuchung der Korrelation von Integration versus kooperative Strukturen und Reformance am Beispiel der Filmindustrie Vgl. Robins (1993), S 103-118.

[120] Vgl. Hamel/Doz/Per/Prahalad, (1989), S. 133; Harrigan (1987), S. 69; Schillaci (1987), S. 61; Branson (1985), S. 9.

[121] First Mover Advantages können definiert werden als die "[...]ability of pioneering firms to earn positive economic profits." Liebermann/Montgomery (1988), S. 41. Ein gutes Beispiel für die Sicherung von Wettbewerbsvorteilen durch frühen Markteintritt ist das Joint Venture SES, das mit seinem Astra-Satelliten-System und der hohen Marktdurchdringung seiner Empfangsanlagen den Markt für Konkurrenzsysteme unattraktiv gemacht hat; vgl. Collins (1990), S. 112.

bestimmten Zeitrahmen nicht allein bewältigen.[122]
"Cooperation can also accelerate the speed of an industry's development [...]."[123]

- Stärken der Partner ergänzen sich - z.B. hat der eine Partner die notwendigen Produktkenntnisse, während der andere über die lokalen Marktkenntnisse verfügt. Auf diese Weise können hohe Markteintrittsbarrieren überwunden werden.[124] Somit wird den beiden erst gemeinsam der Zugang zum Markt möglich.

- Unternehmen können Unsicherheiten des Wettbewerbs durch vertragliche Gestaltungen reduzieren.[125]

- Koalitionen mit anderen Unternehmen können hohe Markteintrittsbarrieren für weitere Wettbewerber schaffen.[126]

- Koalitionen können mit hohen Lerneffekten verbunden sein.[127]

Auf der anderen Seite aber schränken gerade Joint Ventures die strategische Flexibilität eines Unternehmens deutlich ein[128] und können unter Umständen signifikante Administrationskosten verursachen.[129] Darüber hinaus können die Vorteile einer Reduzierung des Investitionsrisikos durch ein "Partnerrisiko" wieder aufgehoben werden, da sich wirtschaftliche Probleme beim Partnerunternehmen in der Regel auch auf die gemeinsame Investition negativ

---

[122] Vgl. Lorange/Roos (1991), S. 25; Ohmae (1985), S. 20.

[123] Harrigan (1988), S. 151.

[124] Vgl. Kogut (1989a), S. 18. Es ist empirisch nachgewiesen worden, daß länderspezifische Wettbewerbsvorteile von Unternehmen die Bildung von internationalen Kooperationen fördert; vgl. Shan/Hamilton (1991), S. 421-427.

[125] Vgl. Nohria/Garcia-Pont (1991), S. 107; Harrigan (1988), S. 152. Wernerfelt/Karnani (1987), S. 192.

[126] Vgl. Porter (1985), S. 494.

[127] Vgl. Hamel/Doz/Pralahad (1989), S. 134.

[128] Dies gilt z.B. dann, wenn ein Unternehmen nach einer ersten Phase der Globalisierung seiner Aktivitäten über Joint Ventures diese in einer zweiten Phase weltweit integrieren will; vgl. Gomes-Casseres (1989), S. 24.

[129] Vgl. Osborn/Baughn (1990), S. 505.

auswirken. Abbildung 14 gibt eine kurze Zusammenfassung der mit einem Joint Venture verbundenen Vor- und Nachteile:

Potentielle Vorteile im Vergleich zwischen interner und externer Expansion:

⇨ Schnellere Entwicklung
⇨ Höhere Flexibilität
⇨ Zugang zu internen nicht verfügbaren Ressourcen
⇨ Zugang zu nicht am Markt verfügbaren Ressourcen
⇨ Geringere Kosten
⇨ Höhere Konzentration auf einen Bereich
⇨ Höhere Autonomie
⇨ Zugang zu nicht transferierbaren Ressourcen
⇨ Höhere Synergieeffekte

Mögliche Nachteile im Vergleich zwischen interner und externer Expansion:

⇨ Begrenzte Informationen
⇨ Konflikt über Ausübung der Kontrolle
⇨ Änderung der strategischen Ziele eines Partners
⇨ Konflikt zwischen Joint Venture und Partnern
⇨ Vertrauensmangel zwischen den Partnern
⇨ Unterschiedliche Führungsstile
⇨ Mangel an kooperativem Verhalten
⇨ Mangelnde Bereitschaft zum Fähigkeitstransfer
⇨ Eingeschränktes Interesse eines Partners

Abb. 14: Vorteile und Nachteile eines Joint Ventures
Quelle: Schillaci (1987), S. 61

Ferner muß von vornherein geklärt sein, wer über die Management-kompetenz verfügt. Bei einer gemeinsamen Unternehmensführung besteht die Gefahr, daß sich die Partner nach einiger Zeit nicht mehr auf eine gemeinsame Strategie verständigen können.[130] Dieses Risiko wird im Medienbereich umso größer, je mehr die typischen Anlaufverluste ansteigen. Aus diesen Gründen ist es äußerst wichtig, solche Fälle bereits vor Beginn der Kooperation einzukalkulieren und in den Gesellschafterverträgen zu regeln. In der Regel ist jedoch davor auszugehen, daß die Möglichkeiten zur Einflußnahme bei Joint Ventures geringer ist als bei einer Tochtergesellschaft (vgl. Abbildung 15 mit einer Übersicht zu den unterschiedlichen Konsequenzen bei einer bestimmten Form des Markteintritts).

---

[130] Joint Ventures mit gemeinsamer Unternehmensführung der beteiligten Unternehmen scheinen erfolgloser zu sein, als Joint Ventures mit einem dominanten Partner; vgl. Killing (1982), S. 121. Über die Hintergründe des Scheiterns von Partnerschaften vgl. Mohr/Spekman (1994), S. 135-152.

Form des Markteintritts	Kontrolle	Ressourcen Commitment	Auflösungs- risiko
Lizenzierung	Niedrig	Niedrig	Hoch
Joint Venture	Mittel	Mittel	Mittel
Tochter- gesellschaft	Hoch	Hoch	Niedrig

Abb. 15: Charakteristika von verschiedenen Formen des Markteintritts
Quelle: Hill/Hwang/Kim (1990), S. 120

Wichtig ist im Hinblick auf die Dauer einer Kooperationsstrategie, daß sie nicht als Alternative zur Wettbewerbsstrategie gesehen, sondern vielmehr als alternative Wettbewerbsstrategie verstanden wird. "Collaboration is competition in a different form."[131] Kooperation verändert nicht die strategischen Wettbewerbsziele, sondern weist einen anderen Weg auf, diese bestmöglichst zu erreichen. Zudem gilt: "Joint Ventures (and other forms of cooperation) are transitional strategies."[132]

Ergänzend zu Kooperationen bzw. Joint Ventures sollen auch kurz Überlegungen zu strategischen (Minderheits-) Beteiligungen angestellt werden. Bei strategischen Beteiligungen erwirbt der Investor vom Zielunternehmen in der Regel eine Minderheitsbeteiligung in der Hoffnung, Einfluß auf die Wettbewerbsstrategie zu nehmen. Im Unterschied zu reinen Finanzbeteiligungen, die grundsätzlich nur nach der Rendite beurteilt werden, wird eine strategische Beteiligung in erster Linie nach ihrem Einfluß auf die Wettbewerbsstrategie bewertet. Die strategische Beteiligung sollte deshalb einen bestimmten Prozentsatz am Eigenkapital des Zielunternehmens übersteigen, damit der Käufer Vertreter in die Entscheidungs- und Überwachungsgremien entsenden kann.[133] Ist letzteres

---

[131] Hamel/Doz/Pralahad (1989), S. 134.

[132] Harrigan (1988), S. 153. Nicht ganz so klar ist diese Bewertung bei Kooperationen von Unternehmen in verschiedenen Industrien. Beispiel: Die Kooperation zwischen dem Medienkonzern Time Warner und dem Computerunternehmen IBM zur Entwicklung von interaktiven Produkten; vgl. Carroll/Roberts (1992), S. 131.

[133] Die Höhe der erforderlichen Beteiligung ist von den lokalen Gesetzen (Aktiengesetz, GmbH-Gesetz etc.) abhängig. In Deutschland ist eine 25 %-

nicht gewährleistet, dann steht der Erfolg von vornherein in Frage, da sich auf andere Weise kaum Einfluß auf die Unternehmenssteuerung nehmen läßt.

Strategische Beteiligungen werden in erster Linie eingegangen, wenn die Akquisition eines Zielunternehmens gesetzlich verboten, mit zu hohem finanziellen Aufwand verbunden oder zu risikoreich ist und/oder der strategische Wert des Zielunternehmens für die eigene Unternehmensstrategie nicht groß genug ist, um eine Mehrheit zu erwerben.

Strategische Beteiligungen sind meines Erachtens mit sehr hohem Risiko eines Mißerfolgs verbunden. Da dem Verkäufer der vermutete strategische Wert, den diese Beteiligung für den Käufer hat, in der Regel bekannt ist, wird sich dies im Kaufpreis entsprechend niederschlagen. Das bedeutet, daß gewöhnlich keine hohen Renditen auf die Investitionsmittel zu erzielen sind.

Ein weiteres Problem stellt die Realisierung des strategischen Wertes für den Käufer dar.[134] Als Minderheitsgesellschafter wird es ihm nur dann gelingen, seine eigenen Interessen zu verfolgen, wenn diese im Einklang mit den Interessen des Zielunternehmens stehen. Dieses Ziel läßt sich aber oft schon durch Kooperation erreichen. Nicht zuletzt sind größere Minderheitsbeteiligungen nicht sehr liquide, so daß eine rasche Desinvestition - wenn überhaupt möglich - oft mit Verlusten verbunden ist. Strategische Beteiligungen sind demnach keine besonders attraktive Form der Kooperation.

Zusammenfassend bleibt festzuhalten,[135] daß die Fähigkeit von Unternehmen, erfolgreiche und langfristige Koalitionen mit anderen Unternehmen zu entwickeln, angesichts des raschen Wandels der Audiovisionsindustrie ein wesentlicher Erfolgsfaktor sein wird.[136]

Beteiligung notwendig, während in Frankreich diese Marke z.B. bei 34 % liegt. Allerdings lassen sich bestimmte Rechte eines Gesellschafters auch in Statuten oder Gesellschaftsverträgen regeln.

[134] Vgl. Harrigan (1988), S. 142.

[135] Details in Kap. V.3. und V.4.

[136] Vgl. mit ähnlicher Einschätzung Ohmae (1985), S. 208.

3.2.3 Multilokales versus globales Strategiekonzept

Bei der Entwicklung eines Konzepts interdependenter Teilstrategien muß grundsätzlich auch der Grad und die Form der Internationalisierung zur Erzielung von Wettbewerbsvorteilen berücksichtigt werden. Hierbei wird im allgemeinen zwischen multilokalen und globalen Wettbewerbsstrategien unterschieden.[137] Dabei wird die Wahl der Internationalisierungsstrategie sehr stark von der Zusammensetzung und der Möglichkeit zur Koordination der Aktivitäten abhängen (vgl. Abbildung 16).

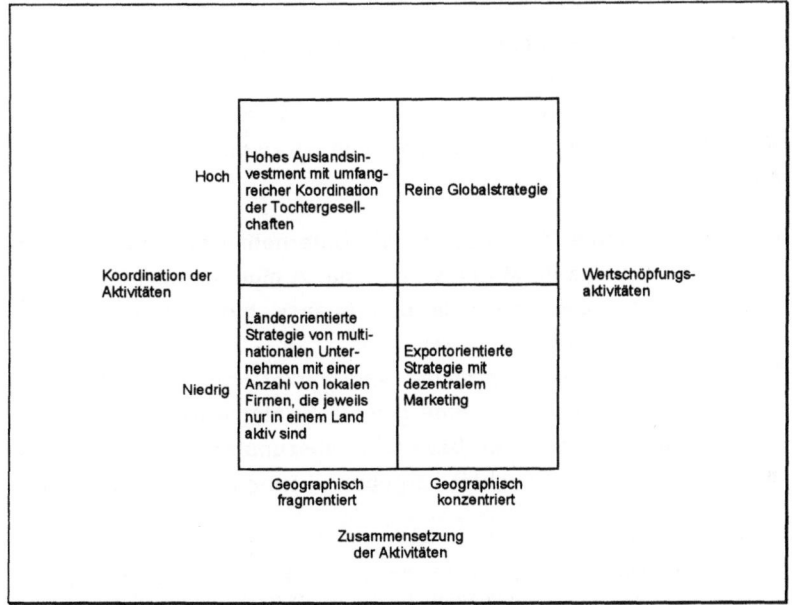

Abb. 16: Typen von Internationalisierungsstrategien
Quelle: Porter (1986), S. 19

Die bereits detailliert dargestellten Veränderungen der Wettbewerbsbedingungen haben zu einer wachsenden Integration der nationalen Märkte geführt. Am deutlichsten wird diese Entwicklung sicherlich bei den inzwischen globalen Kapitalmärkten. Aber auch Konsumgütermärkte werden immer globaler, da Konsumentenbe-

---

[137] Vgl. stellvertretend für viele Porter (1986), S. 11.

dürfnisse und -gewohnheiten zunehmend konvergieren.[138] Besonders deutlich wird die Entwicklung z.B. im Nahrungsmittelbereich; aber auch im Medienbereich, wo beispielsweise identische Zeitschriftenkonzepte in mehreren Ländern realisiert werden.[139]

Dieser Trend der Entstehung von globalen Industrien,

> "[...] in which important characteristics like consumer needs, minimum efficient scale, and context of competitive strategy were defined not by individual national environments, but by the global economy,"[140]

verlangt eine entsprechende Überprüfung und gegebenenfalls Adaption der Wettbewerbsstrategien. Damit ergibt sich für die Unternehmen die Notwendigkeit zu analysieren, ob sie ihre Wettbewerbspositionen mit den bestehenden strategischen Fähigkeiten halten können.[141]

Die internationale Strategie eines Unternehmens bedeutet vor allem eine multilokale Marktbearbeitung."A multi-domestic strategy seeks to maximize worldwide performance by maximizing local competitive advantage, revenues, or profits",[142] indem "[...]subsidiaries design, produce, and market products or services tailored to local needs".[143] Eine globale Strategie hat dagegen als Ziel, potentielle Wettbewerbsvorteile auszunutzen, die sich aus einem weltweiten Geschäft ergeben können.[144] Quellen von

---

[138] Vgl. Henzler/Rall (1986), S. 53; Kogut (1985b), S. 32; vgl. auch Levitt 1983, S. 102: "Two vectors shape the world - technology and globalization. The first helps determine human preferences; the second, economic realities.". Eine wichtige Komponente der fortschreitenden Globalisierung ist natürlich auch der kontinuierliche Abbau von Zöllen oder Einfuhrbeschränkungen.

[139] Vgl. Wilke (1990), S. 11, Yip (1992), S. 36.

[140] Bartlett/Ghoshal (1987a), S. 9.

[141] Vgl. Nohria/Garcia-Port (1991), S. 107; vgl. auch Hill/Hwang/Kim (1990), S. 121, mit einer Untersuchung zur Konsequenz globaler Märkte auf die Markteintrittsstrategie.

[142] Yip (1989), S. 31.

[143] Ebenda, S. 29.

[144] "An industry is global, if there is some competitive advantage to integrating acitvities on a worldwide basis." Porter (1986), S. 13. Bei der Umsetzung einer globalen Wettbewerbsstrategie ist allerdings durchaus kein Widerspruch, lokale Adaptionen vorzunehmen.

derartigen Wettbewerbsvorteilen sind z.B. Skalenerträge und Economies of Scope, oder aber nationale Unterschiede bei den Faktorkosten.[145] Die Verwirklichung dieser Vorteile kann sich in Kostenreduktionen, verbesserten Produkten und höherer Produktprogrammqualität, gestiegener Konsumentenzufriedenheit und damit verbesserten Wettbewerbspositionen niederschlagen.[146]

Grundsätzlich kann zwischen drei Formen von Globalisierung unterschieden werden.[147]

• Globaler Wettbewerb zeigt sich dann, wenn auf verschiedenen lokalen Märkten um den Erfolg globaler Marken bzw. Produkte gerungen wird und damit der Wettbewerb in einem Land nicht unabhängig vom Wettbewerb in anderen Ländern ist.

• Ein globales Geschäft ist dadurch gekennzeichnet, daß das zur Kosteneffizienz erforderliche Volumen nicht auf dem Heimatmarkt eines Unternehmens verfügbar ist.

• Globale Gesellschaften haben Distributionsstrukturen in den wichtigsten Schlüsselmärkten und sind in der Lage, auf internationaler Basis dem Wettbewerb zu begegnen.

Bei der Festlegung einer globalen Wettbewerbsstrategie und ihrer Abgrenzung zu einer multilokalen Strategie muß jedoch zunächst das Globalisierungspotential einer Industrie analysiert und bewertet werden.[148] Yip unterscheidet hierbei vier Antriebskräfte, die den

---

[145] Vgl. Ghoshal (1987), S. 427; Scope economies entstehen durch die unternehmensweite Nutzung von Wirtschaftsgütern (Produktionsmittel, Markennamen), externe Verbindungen (z.B. Distributionswege) und Transfer von Management-Know-how. Es zeigt sich seit einiger Zeit jedoch in immer stärkerem Maße, daß - bedingt durch den schnellen technologischen Wandel und die wirtschaftliche Entwicklung in den sogenannten Billiglohn-Ländern - Kostenvorteile oft nur noch zeitlich begrenzt realisiert werden können. Wettbewerbsvorteile, die sich aus der Bildung von Marken oder dem Aufbau einer weltweiten Distribution ergeben, sind deutlich nachhaltiger; vgl. auch Hamel/Prahalad (1985), S. 146.

[146] Vgl. Yip (1992), S. 21.

[147] Vgl. Hamel/Prahalad (1985), S. 140. Es wird in Kap. V.3.3.4.5 dargestellt, daß im Bereich der Film- und Fernsehproduktion alle drei Formen der Globalisierung wirksam sind.

[148] Vgl. Hout/Porter/Rudden (1982), S. 98; Yip (1992), S. 25.

Globalisierungsgrad einer Industrie bestimmen (vgl. Abbildung 17):[149]

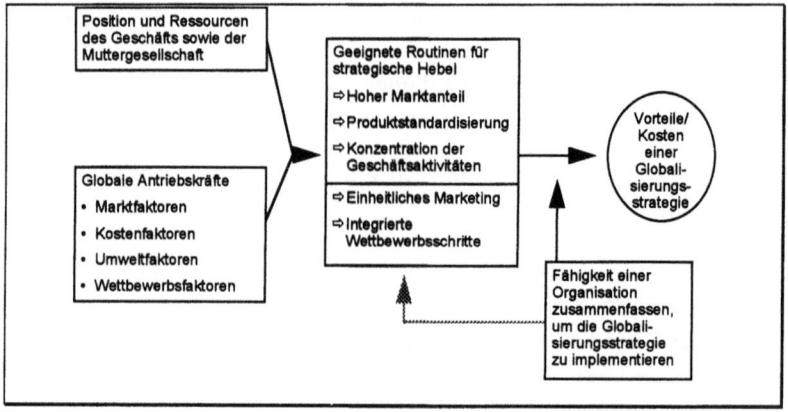

Abb. 17: Rahmenkonzept für globalstrategische Kräfte
Quelle: Yip (1984), S. 30

Ein hoher Globalisierungsgrad ergibt sich z.B. dann, wenn ein globaler Produktstandard erreicht werden kann bzw. vom Markt gefordert wird oder wenn einzelne Wettbewerber eine globale Strategie verfolgen und damit Druck auf die gesamte Industrie ausüben. Darüber hinaus können auch staatliche Institutionen durch den Abbau von Zöllen oder anderen Handelsbarrieren den Weg für eine Globalisierung von Produkten öffnen. Aus dem Niveau der Globalisierung wird dann die adäquate Strategie abgeleitet. "The ideal strategy matches the level of strategy globalization to the globalization potential of the industry."[150] Dabei kann es durchaus sein, daß ein Teilsegment der Industrie eine globale Strategie verlangt,[151] für ein anderes Teilsegment aber eher eine multilokale Strategie adäquat ist. Eine theoretische Perspektive hinsichtlich einer Synthese von globaler und lokaler

---

[149] Vgl. Yip (1989), S. 35; im Medienbereich haben vor allem staatliche Regulierungen starken Einfluß auf das Globalisierungspotential; vgl. auch Yip (1992), S. 52.

[150] Yip (1989), S. 34.

[151] Z.B. die Film- und Fernsehproduktion, Vgl. Kap. V.3.3.4.5.

Strategie hat die Wissenschaft bisher allerdings noch nicht liefern können.[152]

Analog zur oben (3.2.1) bereits genannten Horizontalstrategie hängt auch eine erfolgreiche Globalstrategie von mehreren organisatorischen Voraussetzungen ab. "[...] organization factors, such as structures, management, processes, people, and culture affect how well a desired global strategy can be implemented."[153] Die Entscheidung, sich zu einem globalen Unternehmen zu entwickeln, verlangt damit sehr häufig drastische interne Veränderungen bei Aufgabenfeldern wie Produktentwicklung, Produkteinführung, Ressourcenallokation, regionale Präsenz und letztendlich Organisationsstruktur.[154] Diese Voraussetzungen zur Veränderung sind in einem stark dezentral geführten Unternehmen in der Regel nicht gegeben. Ein globaler Produktionsstandard erfordert z.B. häufig eine zentrale Entwicklung und Forschung sowie auch zentrales Marketing.[155] Die Organisationsstruktur kann daher zu einem großen Hindernis für die Umsetzung einer globalen Strategie werden[156] und hohe Managementkosten durch gestiegene Anforderungen an Koordination, Berichtswesen, unter Umständen zusätzliches Personal, und schließlich Verminderung der Management-Effizienz verursachen.[157] Entscheidende Herausforderung ist, einen Ausgleich zwischen der notwendigen lokalen Steuerung der Geschäfte und den Anforderungen einer globalen Koordination zu finden.[158]

Japanische und amerikanische Unternehmen scheinen der Notwendigkeit einer stärkeren Zentralisierung aufgrund ihrer hierarchischeren Unternehmenskulturen besser zu entsprechen. Europäische Unternehmen werden dagegen größeren Schwierigkeiten

---

[152] Huo/McKinley (1992), S. 111.

[153] Yip (1992), S. 27; vgl. auch Kogut (1985a), S. 24.

[154] Vgl. Henzler/Rall (1986), S. 256; vgl. auch Porter (1985), S. 33.

[155] "A global strategy demands that the product-line organization have the ultimate authority, because without it the company can not gain systemwide benefits". Hout/Porter/Rudden (1982), S. 107.

[156] Vgl. Bartlett/Ghoshal (1987a), S. 13.

[157] Vgl. Yip (1992), S. 23.

[158] Vgl. Porter (1986), S. 33.

begegnen, ihre historisch bedingte, starke lokale Autonomie zugunsten einer verstärkten Integration zu reduzieren.[159]

Übertragen auf die Audiovisionsindustrie bedeutet dies, daß die amerikanische Konkurrenz auf Basis dieser Erkenntnis grundsätzlich eher in der Lage ist, einen globalen Produkt- und Know-how Transfer zu realisieren.

3.3 Wettbewerbsstrategien im Software-Bereich

Audiovisuelle Produkte stellen künstlerische Einzelstücke, d.h. Unikate, dar, deren Vervielfältigung bzw. Verwendung durch Copyrights international geregelt sind. Software-Produkte lassen sich grob in die drei dominierenden Bereiche Spielfilmproduktion, Fernsehproduktion und Produktion von Live-Übertragungen - vor allem Sport- und Musikereignisse - einteilen.

Dieses Kapitel arbeitet heraus, welche strategischen Erfordernisse sich für die Medienunternehmen in der Produktion von audiovisuellen Werken und deren Absatz zukünftig ergeben. Zu diesem Zweck werden zum besseren Verständnis nach einer kurzen Wiederholung der typischen Merkmale von Medienerzeugnissen ihre Herstellung und Finanzierung sowie die generellen Absatzstrukturen behandelt. Diese Darstellung erfolgt in enger Anlehnung an die amerikanische Situation.

Nach einer Analyse der Schlüsselerfolgsfaktoren im Software-Bereich folgt eine auf den Medienbereich ausgerichtete Darstellung eines Strategiekonzeptes, das sich am vorgegebenen Rahmen orientiert.

3.3.1 Charakteristika von audiovisuellen Produkten

Audiovisuelle Produkte sind - wie bereits im Detail dargestellt - als typische Medien-Produkte durch einige besondere ökonomische Merkmale gekennzeichnet, die die Absatz- und Konsumprozesse deutlich bestimmen und deshalb hier nochmals kurz zusammengefaßt werden.[160]

---

[159] Vgl. Yip (1992), S. 192; vgl. auch Bartlett/Ghoshal (1987a), S. 13.
[160] Vgl. Kap. II.1.

Audiovisuelle Produkte weisen die Merkmale eines öffentlichen Gutes auf. Der Verbrauch durch einen Konsumenten vermindert nicht den Nutzen durch einen weiteren Konsumenten (sog. Nicht-Rivalität).[161] Daraus folgt, daß die Fixkosten hoch sind und die Grenzkosten eines weiteren Konsumenten gegen Null tendieren. Es besteht dementsprechend ein Anreiz zur Konsumentenmaximierung.[162]

> "To be profitable, business strategies for selling public goods must repeatedly exploit such product. Competitive advantage lies in reaching the largest audience for each product and in exposing the product in as many different markets as possible."[163]

Ein weiteres Merkmal ist, daß Software-Produkte im Laufe der Zeit im allgemeinen an Attraktivität verlieren. Man kann zwischen "verderblicher" Software, das sind aktuelle Programme wie z.B. Live-Übertragungen von Sportveranstaltungen, und "lagerfähiger" Software, z.B. Spielfilme, unterscheiden.[164] Beim letzteren ist der Attraktivitätsverlust im Zeitablauf geringer. Attraktivitätsverluste für den einzelnen Verbraucher ergeben sich in der Regel auch bei wiederholtem Konsum eines audiovisuellen Produkts.

Charakteristisch für die Film- und Fernsehproduktion ist darüber hinaus die Tatsache, daß Software-Produkte grundsätzlich Unikate sind. Dadurch besteht sowohl beim Hersteller als auch bei den Konsumenten hohe Unsicherheit im Hinblick auf die Nachfrage bzw. den Nutzen, da sich Rückschlüsse auf bisherige Produkterfolge nicht ziehen lassen.[165] Insofern stellt sich für die Käufer das Preis-/Nutzenverhältnis erst nach dem Verbrauch heraus. Dies führt zu

---

[161] Vgl. Jeandou (1988), S. 124.

[162] Vgl. Kruse (1989b), S. 256.

[163] Owen/Wildman (1992), S. 25.

[164] Vgl. Kruse (1989b), S. 260.

[165] Ebenda, S. 260; "Ease of entry and share instability are both consequences of the fundamental uncertainty associated with trying to predict viewers' preferences in programming [...]." Owen/Wildmann (1992), S. 58; vgl. auch Bonnell (1989), S. 174.

einem hohen Investitionsrisiko für den Produzenten.[166] Bei Spielfilmen läßt sich allenfalls versuchen, durch Besetzung und ein erprobtes Story-Konzept an erfolgreiche Filmwerke anzuschließen. Die Erfahrung zeigt darüber hinaus, daß der Erfolg mit der Größe des Produktionsbudgets ansteigt,[167] aber auch dies muß nicht zwangsläufig sein.

Anders als bei der industriellen Produktion ist der Preis eines audiovisuellen Produkts völlig unabhängig von seinen Kosten. Er richtet sich in der Regel nach dem Erfolg, den das Produkt auf vorherigen Verwertungsstufen erzielt hat (bei Spielfilmen beispielsweise bestimmt vor allem der Kinoerfolg den Preis für nachgelagerte Verwertungsstufen).

3.3.2 Herstellung und Finanzierung von Software

In den folgenden Abschnitten wird kurz auf den Aspekt der Herstellung und Finanzierung von audiovisuellen Produkten eingegangen und anschließend die jeweiligen Absatzbeziehungen herausgestellt. Dabei wird zwischen Kino- und Fernsehproduktion unterschieden, da sie in einigen wichtigen Gesichtspunkten deutlich verschieden sind.[168] "The two programme categories of television programmes and feature films should really be treated separately [...]."[169]

3.3.2.1 Die Spielfilmproduktion

Spielfilme sind die am meisten nachgefragten Software-Produkte, da sie für alle Absatzkanäle, d.h. Kino, Pay-TV, Video und die Prime-Time Programmgestaltung im Fernsehen mit im Prinzip das einzige bzw. wichtigste Produkt darstellen.[170] Dementsprechend generiert dieser Produktbereich insgesamt den höchsten Umsatz.

---

[166] Lediglich bei bereits erfolgreichen TV-Serien oder eingeführten einzelnen Programmkonzepten ist das Risiko relativ gering.

[167] "Although not all expensive films and programs generate large audiences and revenues, on average additional production dollars make a positive contribution to audiences and revenues." Owen/Wildman (1992), S. 42.

[168] Dies betrifft vor allem die unterschiedliche Distribution und eine völlig andere Verwertungskette.

[169] Negrine/Papathanassopoulos (1990), S. 93.

[170] Vgl. Bonnell (1989), S. 194.

In den USA werden jährlich rund 600 Spielfilme produziert. Ein Großteil dieser Filme wird durch die großen Filmstudios wie z.B. Paramount, 20th Century Fox oder Columbia hergestellt. Der Output eines Filmlabels beträgt ca. 12 bis 15 Filme pro Jahr. Den restlichen Anteil produzieren entweder die Mini-Majors (z.B. Orion, New Line etc.) oder eine Vielzahl unabhängiger Produzenten. Die Filmstudios unterscheiden sich von den anderen beiden Gruppen dadurch, daß sie die Finanzierung, Produktion, Distribution und das Marketing ihrer Filme selbst übernehmen.

Die Herstellungskosten eines Films lassen sich in vier Komponenten einteilen:

• Kosten für das Recht an einem Manuskript

• Vorproduktionskosten (z.B. Zusammenstellung des Filmteams, Kostümdesign, Auswahl der Drehorte)

• Filmproduktion (Schauspieler, Regisseur, Produzent sowie Kostüme und Kulisse)

• Nachbereitung (z.B. Schnitt, Spezialeffekte, Synchronisation etc.)[171]

Die Durchschnittskosten eines von den großen Filmstudios produzierten Films belaufen sich inzwischen auf ca. 20 Mio. Dollar.[172] Die Kosten entwickelten sich von 1976 bis 1988 mit einer jährlichen Steigerungsrate von 13 Prozent. Diese drastische Kostensteigerung hat mehrere Gründe. Die Entstehung bzw. Erweiterung der Sekundärmärkte führte zu einem hohen Mittelzufluß von Investoren, die hohe Renditen vermuteten. Zugleich zeichnete sich eine zunehmende Dichotomisierung in am Markt sehr erfolgreiche und absolut erfolglose Filme ab. Diese Entwicklung hatte eine starke Nachfrage nach Top-Stars und -Regisseuren zur Folge, die die Preise für die Besetzung eines Films drastisch steigen ließ. Inzwischen können die Kosten für einen einzelnen Film bereits dreistellige Millionenbeträge erreichen.[173]

---

[171] Vgl. Vogel (1990), S. 72.

[172] Ebenda, S. 52. Zu den Durchschnittskosten europäischer Filme Vgl. Kap. IV.1.2.

[173] Wie zum Beispiel die Filme Terminator II und Hook, deren Produktionen jeweils über 100 Mio. Dollar kosteten.

Die steigenden Produktionskosten erhöhen das Risiko und damit auch die Finanzierungskosten, da der Investor eine höhere Risikoprämie verlangt. Man versucht, dieser Entwicklung zu begegnen, indem mit den Schauspielern zunehmend Erlösbeteiligungen und geringere Fix-Gagen vereinbart werden. Außerdem haben sich einige Mini-Majors und unabhängige Produzenten auf sogenannte "Low-Budget"-Filme spezialisiert, deren Kosten in der Regel fünf Mio. Dollar nicht übersteigen.[174]

Die Finanzierung der Filme verläuft in ganz unterschiedlichen Formen. Während sich die Filmstudios in der Regel ganz gewöhnlich am Kapitalmarkt durch Ausgabe von Aktien bzw. Schuldverschreibungen finanzieren, versuchen Mini-Majors und unabhängige Produzenten andere Wege der Mittelbeschaffung. Es ist inzwischen üblich, Verwertungsrechte an Filmen z.B. für einen regionalen Pay-TV Markt oder für die Distribution im Ausland bereits vor der Produktion zu verkaufen, um auf diese Weise einen Teil der Finanzierung sicherzustellen. Der restliche Teil wird beispielsweise durch Aktienausgabe an einer neugegründeten Produktionsgesellschaft, die den Film produzieren soll, oder durch Limited Partnerships aufzubringen versucht.[175] Durch den Rechteverkauf besteht für den Investor die Aussicht auf eine marktgerechte Rendite nur dann, wenn der Film in den Kinos ein Erfolg wird. Da ein Film in der Mehrzahl der Fälle jedoch erst durch den Verkauf auf Sekundärmärkten profitabel wird, sind diese Investitionen sehr risikoreich.

3.3.2.2 Die Fernsehproduktion

Die meisten Filmstudios verfügen heute über eigene Produktionskapazitäten für TV-Programme bzw. ihnen gehören TV-Produktionsgesellschaften.[176] Produziert werden in erster Linie Fernseh-

---

[174] Ein erfolgreiches Beispiel ist der Mini-Major Samuel Goldwyn Studios.

[175] Die Limited Partnerships, die von ihrer Konstruktion her mit einem Joint Venture Capital Fonds vergleichbar sind, finanzieren allerdings auch die großen Filmstudios. Die drei Silver Screen Partnerships hatten für Disney z.B. insgesamt fast eine Mrd. Dollar für die Filmproduktion aufgebracht; vgl. Grover (1991), S. 231ff.

[176] So gehört zu Warner Bros. z.B. die weltweit größte Produktionsgesellschaft Lorimar, u.a. Produzent der Fernsehserie Dallas.

serien und Spielfilme, die ausschließlich für das Fernsehen gedreht werden.

Bevor eine Fernsehserie gedreht wird, produziert man zunächst einen Pilotfilm, der die Charaktere der Serie und die grundsätzliche Handlung vorstellt. Auf Basis des Pilotfilms entscheidet dann der Käufer - im allgemeinen die großen Networks - über den Erwerb der Rechte an den ersten 13 Episoden der Fernsehserie. Die Verträge sehen oft Verlängerungsoptionen für den Käufer vor, die bis zu sechs Saisons betragen können und danach ein Andienungsrecht einräumen.[177] Im Gegenzug übernehmen die Networks im Durchschnitt 80 Prozent bis 85 Prozent der Kosten. Die restliche Finanzierung wird durch Bankdarlehen und Investoren sichergestellt.

Neben der Produktion für die Networks werden auch Fernsehprogramme für Kabelprogrammveranstalter und unabhängige Fernsehstationen hergestellt. Die Finanzierung übernehmen dann auf Fernsehprogramme spezialisierte Distributionsgesellschaften, die dafür die Rechte am Vertrieb erhalten.[178]

Die Kosten für die Produktion einer einstündigen Serienfolge belaufen sich im Durchschnitt auf ca. eine Mio. Dollar, sofern die Produktion für die Sendung in den Networks bestimmt ist. Serien, die nicht für die Networks produziert werden, erfordern einen deutlich geringeren Aufwand.[179] Ein wichtiger Faktor für den wirtschaftlichen Erfolg einer Fernsehserie ist die Laufzeit. Zum einen reduzieren sich die Kosten pro Folge durch einen degressiven Verlauf der Fixkosten für Kulisse, Kostüme etc. Zum anderen läßt sich eine Fernsehserie auf dem Syndizierungsmarkt nur dann unterbringen, wenn sie bereits über eine bestimmte Anzahl von Folgen verfügt.[180]

Die Rentabilität von Fernsehproduktionen läßt sich in etwa mit der von Spielfilmproduktionen vergleichen. Nur ein kleiner Teil der Serien erweist sich als profitabel, wie z.B. Magnum mit einem Umsatz

[177] Vgl. Vogel (1990), S. 117.
[178] Ebenda, S. 118.
[179] Ebenda, S. 121.
[180] Vgl. SEC report News. Corp, Form 20-F (1993), S. 5.

von 200 Mio. Dollar oder die Bill Cosby Show, mit einem Umsatz von 500 Mio. Dollar allein im Syndizierungsmarkt die bisher erfolgreichste Fernsehsendung.[181]

Insgesamt jedoch ist das Risiko bei Fernsehprogrammen noch höher, da eine Vielzahl von Serien schon frühzeitig - z.T. bereits nach der zweiten oder dritten Folge - vom Programm abgesetzt werden, wenn sie nicht die erforderlichen Einschaltquoten bringen.[182] Anders als bei Mißerfolgen im Kino wird damit auch eine Vermarktung auf den Sekundärmärkten verhindert. Darüber hinaus haben die Programmproduzenten einen wesentlich geringeren Einfluß auf das Produkt als bei Spielfilmen, da die Networks als Auftraggeber stark mitreden wollen.[183]

3.3.2.3 Produktion von Live-Veranstaltungen

Eine der wichtigsten und attraktivsten Programmsparten ist die Übertragung von Sportereignissen. In den USA zählen zu den zehn erfolgreichsten Sendungen, gemessen an den Einschaltquoten, sechs Superbowl-Übertragungen, d.h., die Übertragung der Endspiele um die amerikanische Football-Meisterschaft. Rechte an der Übertragung werden typischerweise jedoch nicht von den Produktionsgesellschaften erworben, sondern entweder durch spezialisierte Rechte-Händler oder direkt von den Programmveranstaltern, die dann die Produktion selbst übernehmen.

Da die Preise für Sportrechte in den letzten Jahren durch einen intensiven Nachfragewettbewerb drastisch gestiegen sind, werden solche Investitionen für die Programmveranstalter immer risikoreicher. CBS mußte in den Geschäftsjahren 1990 und 1991 Abschreibungen in Höhe von 604 Mio. Dollar auf die erworbenen Übertragunsrechte für Basketball und Baseball vornehmen,[184] da Zuschauerinteresse und damit verbunden auch die Werbeeinnahmen nicht

---

[181] Vgl. Vogel (1990), S. 121.

[182] Die hohe Mißerfolgsquote führt dazu, daß "[...] turn over in the ranks of network suppliers is very high"; Owen/Wildman (1992), S. 58. Selbst große Filmstudios wie Disney hatten im Bereich der TV-Produktion hohe Verluste hinzunehmen; vgl. Grover (1991), S. 163 .

[183] Vgl. Grover (1991), S. 163.

[184] Vgl. Goldman (1991), S. B6.

die hohen Kaufpreise rechtfertigten. Sehr deutlich lassen sich die drastischen Preisentwicklungen auch anhand der Übertragungs- rechte für Olympische Spiele darstellen. In Deutschland wird dieser Trend ebenfalls offensichtlich, wo die Preise für die Übertragungs- rechte an Fußballturnieren inzwischen astronomische Höhen er- reicht haben. Die neuen Privatsender haben hier den Nachfrage- wettbewerb drastisch verstärkt.

3.3.3 Absatzbeziehungen

Die Analyse der Distribution ist im Audiovisionsbereich eine ent- scheidende Voraussetzung für strategische Handlungsempfehlun- gen. Die heutigen Absatzkanäle für Software-Produkte sind das Ki- no, die Videokassette und das Fernsehen. Spielfilmprodukte lassen sich im Prinzip durch alle drei Absatzkanäle verwerten, während sich Fernsehproduktionen und Live-Veranstaltungen grundsätzlich nicht für den Vertrieb in den Kinos eignen und auch für Videos nur eingeschränkt nutzbar sind.

3.3.3.1 Distribution von Spielfilmen

Der Absatz eines Spielfilms folgt einer bestimmten Verwertungsket- te, die sich am Deckungsbeitrag pro Konsument und an der Ausschlußfähigkeit des jeweiligen Mediums richtet.[185] Zuerst wird ein Film in den Kinos gestartet, da hier der Deckungsbeitrag kom- biniert mit der Ausschlußfähigkeit am höchsten ist. Nach ca. sechs bis neun Monaten erscheint der Film zunächst auf Videokassette und wird danach auf den Pay-per-View Kanälen angeboten. Ein Jahr nach der Kinopremiere ist der Film auch auf Pay-TV Kanälen zu sehen und weitere eineinhalb Jahre später in den Networks. Die beiden letzten Glieder in der Verwertungskette sind die Kabelfern- sehprogramme und der Syndizierungsmarkt, für die das Produkt nach ca. fünf bis sechs Jahren zugänglich wird.[186]

Bis auf den Absatz über Video, der praktisch unbegrenzt ist, wird ein Spielfilm nicht auf mehreren Märkten gleichzeitig vertrieben.

---

[185] Vgl. Kap.V.3.3.4.4.
[186] Vgl. Vogel (1990), S. 13; vgl. auch Balio (1990b), S. 263.

"Distributing pictures in this manner allows a distributor to tap every segment of the market in an orderly way and at a price commensurate with its demand."[187]

Das Marketing eines Distributors für den Absatz eines Films auf den Kinomärkten richtet sich in erster Linie nach dem Zielpublikum.[188] Dementsprechend werden auch der Zeitpunkt der Premiere festgesetzt, Anzahl und Orte der Kinos bestimmt und die Werbekampagnen gestaltet. Dabei werden auch Analysen von früheren Filmen desselben Genres zu Rate gezogen und der Erfolg der jeweiligen Markteinführungsstrategie untersucht.

Im Sommer und im Dezember (Vorweihnachtszeit) sind die mit Abstand höchsten Besucherzahlen feststellbar. Darüber hinaus steigt die Zahl der Kinobesucher auch an Feiertagen. Diese Saisonalität führt dazu, daß die Distributoren versuchen, die vermeintlich publikumsattraktivsten Filme zu diesen Zeiten in den Markt zu bringen.[189] Die Premiere von Filmen mit einem begrenzteren Zielpublikum werden eher für den Frühling und den Herbst eingeplant.

Anzahl und Standortwahl des Kinos werden einerseits durch die erwartete Attraktivität des Films und andererseits von den Beziehungen des Distributors zu den jeweiligen Kinoketten beeinflußt. Nicht zuletzt spielt auch der Wettbewerb mit anderen Filmen um den Platz auf den Leinwänden eine Rolle. "Achieving the optimal release strategy for an individual theatrical feature film is as much an art as a science."[190] Im Prinzip lassen sich zwei Markteinführungsstrategien für einen Film unterscheiden:

• Gestaffelte Kommerzialisierung: Bei dieser Form der Markteinführung wird der Film zunächst nur in einer geringen Anzahl von Kinos und lokalen Märkten gezeigt. Nach einer gewissen Zeit wird er dann in anderen lokalen

---

[187] Balio (1990b), S. 263.

[188] Vgl. Vogel (1990), S. 75.

[189] Es liegt auf der Hand, daß damit die im Prinzip unerwünschte Saisonalität noch erhöht wird.

[190] Waterman (1985), S. 231.

Märkten vorgeführt. Diese Strategie begrenzt vor allem die Kosten für das Marketing sowie die Anzahl der Filmkopien. Dieses Marketingkonzept bietet sich vor allem bei Autorenfilmen und europäischen Filmexporten an, bei denen in der Regel kein Massenpublikum zu erwarten ist.

- Flächendeckende Kommerzialisierung: Spricht ein Film ein breites Publikum an und hat er eine erwartete hohe Attraktivität, dann versucht der Filmverleiher, ihn auf einer möglichst großen Anzahl von Leinwänden anlaufen zu lassen[191]. In diesem Fall wird der Film auch durch nationale Werbung unterstützt. Damit soll dem Umstand Rechnung getragen werden, daß die größten Einspielergebnisse während der ersten zwei bis drei Wochen erzielt werden.[192]

Zwischen dem Filmverleiher und den Kinos bestehen in der Regel vertragliche Beziehungen, die neben der Festlegung des Films und dem Zeitpunkt der Freigabe auch die Aufteilung der Kinoeinnahmen regeln. Neben den Standardvertragsbeziehungen kommt es auch vor, daß Filmverleiher für bestimmte Filme die Kinobetreiber bieten lassen oder mit ihnen vereinbaren, daß der Kinobetreiber außer dem von ihm gewünschten Film auch noch weitere - im allgemein weniger attraktive - Filme buchen muß.[193] Üblicherweise vereinbaren Filmverleiher und Kinobetreiber eine degressive Verteilung der Kinoeinnahmen.[194]

---

[191] Dies können in den USA zwischen 2000 und 3000 Leinwände sein. Den Rekord hält bisher der Film "Batman returns" mit einer gleichzeitigen Premiere auf 3500 Leinwänden, d.h., ca. einem Drittel aller Leinwände der wichtigsten Märkte in den USA. Anfang der 80er Jahre lief ein Film auf maximal 500-1000 Leinwänden an; vgl. Waterman (1985), S. 230. An dieser Entwicklung lassen sich deutlich die Trends zu kürzeren Produktlebenszyklen, zum Entstehen eines Hit-Marktes und der damit zusammenhängenden Steigerung der Marketing-Kosten ablesen.

[192] Auf den nationalen Kinomärkten Europas wird in der Regel nur die flächendeckende Kommerzialisierung zur Markteinführung eines Films eingesetzt.

[193] Das sogenannte Block-booking ist auch in Italien gängige und erlaubte Praxis; vgl. Clark (1992), S. 27.

[194] Vgl. Vogel (1990), S. 76. Dies kann beispielsweise bedeuten, daß der Anteil des Filmverleihers zunächst 90 % beträgt und dann im Laufe der Zeit abnimmt. Von den Bruttoeinnahmen werden jedoch vor der Verteilung die fixen Kosten des Kinobetreibers abgezogen. Mitunter werden zwischen Distributor und Kinobetreiber auch Minimumzahlungen vereinbart, die dem Filmverleiher bei Flops zugute kommen.

Der Distributor übernimmt schließlich auch die Werbung für den Film. Die Werbekosten sind in den vergangenen Jahren drastisch gestiegen. Sie entsprechen im Durchschnitt bereits 50 Prozent der Produktionskosten eines Films, wobei ca. 70 Prozent der Werbeausgaben in den Tageszeitungsmarkt fließen. Diese Entwicklung ist auf die zunehmende Saisonalität des Geschäfts mit intensiverem Wettbewerb um den Zuschauer, sowie auf die stärkere Konzentration des Publikumsinteresses auf wenige Spitzenfilme und die gestiegene Bedeutung des Kinoerfolgs für den Gesamterfolg des Films, d.h., den Absatz auf den Sekundärmärkten, zurückzuführen. Während es den Filmstudios inzwischen gelungen ist, das Wachstum der Produktionskosten zu bremsen, steigen die Werbekosten weiter deutlich an.

Der Distributor erhält für seine Leistungen einen Anteil an den Kinoeinnahmen, in der Regel 30 Prozent bis 40 Prozent der Einnahmen aus dem Filmverleih. Werbekosten entsprechen im Durchschnitt 20 Prozent bis 25 Prozent des Filmverleihumsatzes[195]. Unter Berücksichtigung von weiteren Ausgaben des Verleihs - Filmkopien z.B. stellen im Durchschnitt acht Prozent der Produktionskosten dar - in Höhe von ca. 15 Prozent, fließen dem Produzenten ca. 30 Prozent der Einnahmen aus dem Filmverleih zu. Da Schauspieler und Regisseure häufig auch noch an diesen Einnahmen beteiligt werden, ist es offensichtlich, daß sich eine Produktion nicht mehr allein auf den Kinomärkten amortisieren läßt[196]. Nur ca. 60 Prozent bis 80 Prozent der Produktionskosten eines von den Majors vertriebenen Films werden auf den Kinomärkten eingespielt.[197]

Daß die großen Filmstudios dennoch profitabel sind, verdanken sie vor allem den Einnahmen aus der Distribution und dem weiteren Absatz der Filme auf den Sekundärmärkten.[198]

---

[195] Vgl. Vogel (1990), S. 116.

[196] Nur eine kleine Minderheit von Spielfilmen spielt das 4-5fache der Produktionskosten ein.

[197] Vgl. Vogel (1990), S. 85.

[198] Mini-Majors und unabhängige Produzenten, die generell keine Einnahmen aus der Distribution aufweisen, haben daher deutlich größere Schwierigkeiten, ein positives Ergebnis zu erzielen.

Die Sekundärmärkte haben immer mehr an Bedeutung gewonnen. 1987 überstiegen beispielsweise die Umsätze aus dem Videogeschäft in den USA erstmals die Einnahmen aus dem Kinoverleih.[199] In Europa sind die Einnahmen aus dem Kinogeschäft zwar immer noch größer als der Umsatz auf den Videomärkten, aber auch hier zeichnet sich eine Marktverschiebung ab. Die großen amerikanischen Filmstudios haben entsprechend auf die Entstehung dieses neuen Marktes reagiert und eigene Distributionskapazitäten aufgebaut.

"Wholesale distribution of prerecorded video cassettes, once dominated by independant concerns such as Vestron, is increasingly controlled by the major Hollywood studies."[200]

Beim Verkauf von Spielfilmrechten an die Fernsehprogrammveranstalter werden häufig ganze Filmpakete, die eine Vielzahl von Filmen beinhalten, angeboten. Dabei ist es gerade bei Veranstaltern von Abonnementsfernsehen üblich, daß nicht nur fertiggestellte Filme, sondern auch künftige Produkte eines Filmstudios erworben werden. Hier kann es durchaus vorkommen, daß der gesamte Output eines Filmstudios für die nächsten fünf Jahre nach Vertragsabschluß erstanden wird.[201] Der Preis wird dabei entscheidend davon beeinflußt, ob der Veranstalter die Rechte exklusiv erhält. Je größer die Nachfragekonkurrenz ist, desto weniger zeigen sich die Studios bereit, Exklusivrechte zu verkaufen, bzw. umso mehr verlangen sie für diese Rechte. So ist es in den USA durchaus üblich, daß mehrere Pay-TV Kanäle dasselbe Filmrecht erwerben.

---

[199] Vgl. Veronis, Suhler & Associates (1993), S. 144.
[200] Owen/Wildman (1992), S. 9.
[201] Vgl. Hilmes (1990), S. 306.

3.3.3.2 Distribution von TV-Produktionen

Produktionen von Fernsehfilmen und -serien werden grundsätzlich von den Fernsehprogrammveranstaltern nachgefragt. Ein Abspiel in den Kinos oder der Vertrieb über Videokassette ist eher die Ausnahme. Bei Fernsehspielfilmen ist es häufig üblich, daß die Rechte zunächst an das Abonnementsfernsehen verkauft werden, bevor der Film im werbefinanzierten Fernsehen läuft.

In den USA sind die wichtigsten Abnehmer für Fernsehproduktionen die großen Networks, die in ihren Produktionsmöglichkeiten gesetzlich beschränkt sind. Daneben besteht ein wichtiger Syndizierungsmarkt, auf dem sich die unabhängigen Fernsehstationen versorgen. Auf diesem Markt werden zum Großteil Serien angeboten, die bereits in den Networks gelaufen sind. Bei Programmen, die direkt für den Syndizierungsmarkt produziert werden, muß der Distributor sicherstellen, daß sich eine genügend große Anzahl von TV-Stationen für die Ausstrahlung zusammenschließt, damit den Werbetreibenden eine nationale Reichweite von mindestens 65 Prozent bis 70 Prozent angeboten werden kann.[202]

In Europa werden einige für amerikanisches Fernsehen produzierte Filme zunächst im Kino gezeigt. Unabhängige US-Produzenten arbeiten beim Export ihrer Produkte nach Europa zunehmend mit spezialisierten Distributionsfirmen zusammen, die anstatt der üblichen 40prozentigen Vertriebsgebühr nur noch einen Anteil von 10 Prozent bis 15 Prozent an den Einnahmen verlangen.[203] Da die Bedeutung der internationalen Programm-Märkte immer weiter zunimmt, steigen aber auch die Majors verstärkt in diese Märkte ein.[204]

---

[202] Die Intensität des Wettbewerbs auf dem Syndizierungsmarkt wird stark durch die Tatsache beeinflußt, daß es den Networks verboten ist, als Distributoren aufzutreten. Dies gilt selbst für ihre Eigenproduktionen. Diese Regeln stammen aus dem Jahr 1970, als die Networks noch eine quasi-Monopolstellung innehatten und die FCC unabhängige Produzenten schützen wollte. Heute wird über eine Änderung dieser Regeln nachgedacht; vgl. Kap. III.2.3.

[203] Vgl. Vogel (1990), S. 128.

[204] Vgl. Jeandou (1988), S. 207. Zu den wichtigsten europäischen Programm-Märkten zählen die MIP-TV in Cannes, das Festival International de Télévision de Monte Carlo sowie der American Market for International Television (AMIT).

3.3.4 Anforderung an die Wettbewerbsstrategie

3.3.4.1 Zukunft der Software-Märkte

Während die Kinomärkte in den USA und Europa eher stagnieren,
liegen die Wachstumshoffnungen der Programmindustrie auf den
internationalen Videomärkten und dem europäischen Fernsehen.
Das durch die Öffnung der Medienmärkte bedingte Wachstum "[...]
schafft einen immensen zusätzlichen Programmbedarf".[205] Insgesamt wird von einer Verdoppelung des Programmstunden-Outputs
gesprochen.[206] Die derzeitige Programmproduktion in Europa reicht
bei weitem nicht aus, um diese erwartete Nachfrage zu befriedi-
gen.[207]

Daraus läßt sich schließen, daß sich der Nachfragewettbewerb um
audiovisuelle Produkte zwischen privaten Fernsehanbietern unter-
einander sowie zwischen privaten und öffentlichen Fernsehveranstaltern zunächst intensivieren wird. Dies wird eine starke Preissteigerung auf den Software-Märkten zur Folge haben. Mittelfristig
ist jedoch anzunehmen, daß sich aus Gründen der gestiegenen
Marktattraktivität auch die Produktion erhöhen wird. Vermutlich
werden darüber hinaus Wiederholungen einen zunehmenden Anteil
am Gesamtprogramm haben.[208]

3.3.4.2 Markteintrittsbarrrieren und Schlüsselerfolgsfaktoren der
Software-Produktion

Der Einstieg in die Programmproduktion wird a priori nicht von hohen Barrieren erschwert. Mit vergleichsweise geringem finanziellen
Aufwand läßt sich ein audiovisuelles Werk problemlos herstellen.
Verfolgt ein Unternehmen jedoch das Ziel einer andauernden und
nachhaltigen Marktpräsenz im Bereich der Produktion, dann kommen bestimmte Markteintrittsbarrieren zur Geltung, von denen die

---

[205] Schrape/Kessler (1989), S. 265.
[206] Ebenda, S. 281.
[207] Vgl. Kap. IV.1.2.1.
[208] Ebenda, S. 281.

wichtigsten im folgenden dargestellt werden. Dabei ist zu beachten, daß diese Barrieren gleichzeitig als Schlüsselerfolgsfaktoren der Software-Produktion zu werten sind.[209]

Die Tatsache, daß die großen Filmstudios seit Jahrzehnten bestehen und daß es bisher kein weiteres Unternehmen mehr geschafft hat, in den Markt einzusteigen und ein Studio mit eigenen Produktions- und Distributionskapazitäten aufzubauen, spricht für die Existenz hoher Markteintrittsbarrieren und ihrer Wirksamkeit.[210]

Der wohl kritischste Faktor für den Erfolg einer Software-Produktion ist ein unternehmenseigenes Distributionsnetz.[211] "Unfortunately, people who discuss mass communication often ignore distribution".[212] Erfahrung im Distributionsbereich und eine gut ausgebaute Vertriebsstruktur sind notwendige Voraussetzungen für die Kontrolle der Auswertung eines Produktes. Es sei an dieser Stelle nochmals hervorgehoben, daß eines der wichtigsten Merkmale eines audiovisuellen Produktes seine Nicht-Rivalität ist.[213] Damit wird die Maximierung der Anzahl der Konsumenten auf jeder Verwertungsstufe für den Produzenten bzw. den Rechteinhaber im Prinzip zum wichtigsten Ziel seiner Absatzstrategie. Ohne ein eigenes Distributionsnetz hat der Produzent grundsätzlich keinen Einfluß darauf, in welcher Form und mit welchen Mitteln dieses Ziel erreicht werden kann.[214]

Ein weiterer Aspekt, der die strategische Bedeutung einer zum Unternehmen gehörenden Vertriebsstruktur unterstreicht, sind die Einnahmen aus der Distributionsleistung. Dies läßt sich sehr klar am Beispiel der Spielfilmproduktion zeigen. Wie die Darstellung der Einnahmenverteilung gezeigt hat, erhält der Distributor zuerst sei-

---

[209] Vgl. den Ansatz von Ohmae (1982), S. 42-48 zur Analyse von Schlüsselerfolgsfaktoren.

[210] Es gilt als typisch, daß oligopolistische Märkte grundsätzlich hohe Eintrittsbarrieren aufweisen; vgl. Picard (1989), S. 77.

[211] Vgl. Balio (1990a), S. 6, und auch White (1985), S. 357: "Though film production appeared to be competitive (with ease entry), film distribution was the bottleneck."

[212] Turow (1992), S. 12.

[213] Vgl. Kap. V.3.3.1.

[214] Vgl. dazu ausführlich Kap. V.3.3.4.4

nen Anteil von 30 Prozent an den Umsätzen aus dem Filmverleih und zwar ungeachtet der Produktionskosten des Films. Somit macht der Filmverleiher nur dann Verluste, wenn der Film ein absoluter Reinfall ist. Allerdings müssen die Kosten für den Aufbau und Unterhalt eines Vertriebnetzes bei einer Gesamtbetrachtung berücksichtigt werden.

Die Profitabilität der großen amerikanischen Filmstudios hängt in hohem Maße von den Einnahmen aus der Distribution ab.[215] Sie garantieren den Studios neben den äußerst volatilen Ergebnissen aus der Filmproduktion einen stabilen Cash-flow. Diese Bedeutung zeigt sich auch bei den Mini-Majors, die trotz beachtlicher Kinoerfolge mehrheitlich finanzielle Probleme haben.[216]

Vor allem die internationale Distribution der Software hat in den vergangenen Jahren immer mehr an Gewicht für die Studios gewonnen (vgl. Abbildung 18). Ein weltweites Distributionsnetz verlangt jährlich ein Minimum von ca. 25 neuen Filmen, damit sich die Kosten der Organisation amortisieren lassen.[217] Um diese Anforderung zu erfüllen, ist eine eigene Produktionskapazität erforderlich, da dies zumindest für einen Teil der Programme die Produktionskontrolle garantiert. Außerdem kann nicht davon ausgegangen werden, daß jedes Jahr 25 qualitativ hochwertige Filme von unabhängigen Produzenten zur Distribution zur Verfügung stehen, bzw. einem Markteinsteiger zur Distribution überlassen werden. Der hohe Aufwand für die Unterhaltung einer ausgebauten Vertriebsstruktur zählt zu den wichtigsten Marktein-

---

[215] Vgl. Veronis, Suhler & Associates (1993), S. 143-147. Das Filmstudio 20th Century Fox realisiert beispielsweise seit Jahren einen höheren Umsatz in der Distribution von Filmen auf den Fernseh- und Videomärkten als durch seinen Anteil an den Einspielergebnissen der Kinos; vgl. SEC-report, Form 20-F (1993), S. 4.

[216] So hat Carolco Pictures zum Beispiel mit Terminator 2: Judgment Day einen der erfolgreichsten Filme aller Zeiten produziert. Orion Pictures ist in große finanzielle Probleme geraten, obwohl das Unternehmen Kassenschlager und Oscar-Preisträger wie "Schweigen der Lämmer" oder "Der mit dem Wolf tanzt" produzierte. Den Mini-Majors fehlen eindeutig die stabilen Einnahmen aus der Distribution ihrer Produkte auf den Kino-, Video- und Fernsehmärkten.

[217] Vgl. Balio (1990a), S. 6.

trittsbarrieren.[218] Ein Einstieg in die Software-Industrie bietet sich daher im Hinblick auf das damit verbundene Investitionsrisiko zunächst nur als Programmproduzent und nicht als Distributor an.

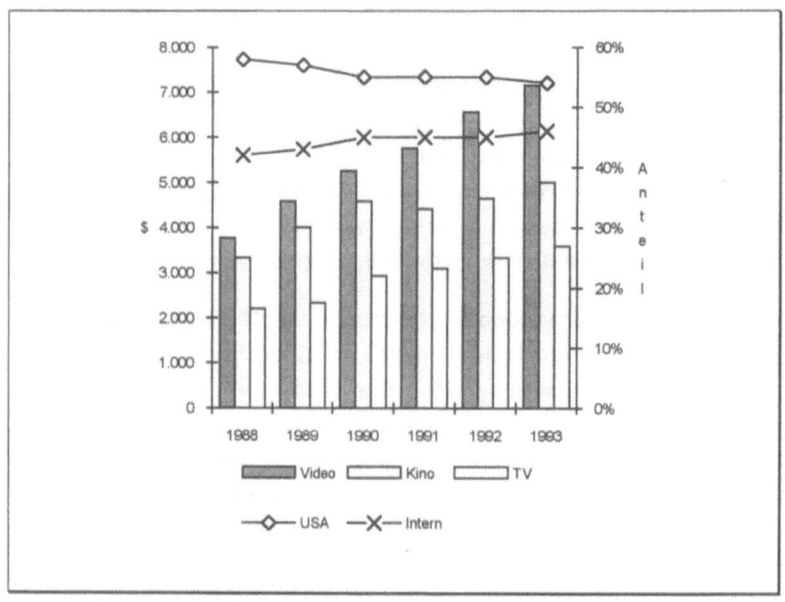

Abb. 18: Umsatzverteilung der amerikanischen Filmdistribution
Quelle: Veronis, Suhler & Associates (1993), S. 144 f.

Eng mit dem obigen Problem verbunden ist auch die erforderliche Finanzkraft für die Filmproduktion. Während den großen Filmstudios ein ausreichendes Potential zur Finanzierung ihrer eigenen Produktionen zur Verfügung steht, ist dies bei den unabhängigen Produzenten und Mini-Majors meistens nicht der Fall. Diese müssen zur Finanzierung ihrer Produkte sehr häufig Rechte an einer neuen Produktion abtreten. Dieser Verkauf kann sich auf regional begrenzte Märkte sowie auf ein bestimmtes Medium beschränken.

---

[218] Vgl. Turow (1992), S. 36; mit ähnlichen Annahmen, allerdings nur auf die USA bezogen, auch bei White (1985), S. 357: "The source of the barriers is unclear; it may be in economies of scale, in risk absorption (since each movie is a costly and highly uncertain venture) or in maintaining a nationwide network of sales offices and representatives."

Im Extremfall verbleiben den Produktionsgesellschaften nur noch die Anteile an den heimischen Kinoeinnahmen. Dadurch wird die Investition sehr risikoreich, da der Produzent an einem Erfolg seines Films kaum beteiligt wird, für den Großteil der Kosten aber das volle Verlustrisiko trägt.

Ein weiterer Schlüsselerfolgsfaktor ist die Verfügbarkeit des kreativen Potentials. Die Entwicklung zu einer Industrie von wenigen Hits und vielen Flops sowie zu einem immer bedeutender werdenden Starkult hat den Engpaß beim kreativen Potential noch verschärft. Die große Konkurrenz der Studios und unabhängiger Produzenten um einige wenige Schauspieler und Regisseure hat die Kosten für die Besetzung eines Films drastisch erhöht. Übereinstimmend wird aber von der einfachen Formel ausgegangen, daß ein Schauspieler, der zehn Mio Dollar kostet, einen höheren Erfolg einspielt als ein Schauspieler, der eine Mio. Dollar verlangen kann.

Diesem immer wichtiger werdenden Starkult und dem dementsprechend immer größer werdenden Engpaß versuchen die Studios durch langfristige Verträge zu begegnen. Regisseure werden z.B. für die Regie eines Pakets von fünf Filmen verpflichtet. Gleiches gilt auch für Schauspieler und vor allem für Produzenten.[219]

3.3.4.3 Kostenführerschaft versus Differenzierung

Wie bereits im Kapitel II.2. angesprochen, sieht Porter vor allem zwei generische Strategiealternativen für die Erzielung strategischer Wettbewerbsvorteile: Kostenführerschaft und Differenzierung. Zur Bewertung der Frage, welche der beiden Strategien im Bereich der Software-Produktion geeignet erscheinen, sind zunächst die spezifischen Merkmale von Film- und Fernsehproduktionen zu berücksichtigen.[220] Diese Charakteristika sind entscheidend für die Bestimmung einer geeigneten Wettbewerbsstrategie.

---

[219] Wie ernst die Sicherung der kreativen Kräfte genommen wird, war sehr eindrucksvoll bei der Verpflichtung des Produzentenpaars Gubers/Peters (Batman) durch Sony zu beobachten. Die Ablösung von deren Vertrag bei Time Warner kostete Sony umgerechnet etwa eine Milliarde Dollar; vgl. Landro (1990), S. 5.

[220] Vgl. Kap.V.3.3.1.

Kostenführerschaft bietet sich als Strategie an, wenn das Unternehmen besser als seine Wettbewerber in der Lage ist, bestimmte Kostenantriebskräfte zu steuern und wenn der Preis eines Produkts für den Kunden eine wichtige Rolle spielt. Die beiden wichtigsten Kostenantriebskräfte sind in der Regel Skalenerträge und Lernkurveneffekte. Skalenerträge lassen sich vor allem erzielen, wenn effizient produziert wird oder sich die Fixkosten auf eine größere Basis verteilen lassen. Auch Lernkurveneffekte ziehen auf die gewonnenen Erfahrungen aus der Wiederholung von Produktionsprozessen ab. Da die Software-Produktion jedoch jeweils ein einmaliger Produktionsvorgang ist, bei der ein Unikat hergestellt wird, können auf diese Weise keine Kostenersparnisse erzielt werden. Production economies sind anwendbar bei den jeweiligen Trägermedien, d. h. Zeitung, einer Zeitschrift, Videokassetten, nicht aber bei den Inhalten. "There are no significant production cost advantages related to scale when the product is a public good being distributed."[221]

Auch bei der Werbung für audiovisuelle Produktionen lassen sich keine economies of scale realisieren, da es sich jeweils um eine einmalige Werbekampagne für einen Film handelt und nicht um Werbung für eine Marke.

Im Hinblick auf die Bedeutung des Preises muß man sich fragen, welche Kriterien beim Kunden für seine Konsumentenentscheidung eine Rolle spielen. Im Medienbereich richtet sich der Konsument in erster Linie bei seiner Entscheidung nach der erwarteten Attraktivität des Produkts. Dabei ist es unerheblich, ob er als Käufer (Kino-, Videomärkte) oder lediglich als Konsument (Fernsehen) auftritt. Der Preis spielt dementsprechend eine sekundäre Rolle.[222] Auf den Fernsehmärkten, wo die Programmveranstalter anstatt der Konsumenten als Käufer auftreten, erfolgt die Preisbildung ausschließlich auf der Basis der bereits auf anderen Märkten bewiesenen Attrak-

---

[221] Vgl. Picard (1989), S. 65.

[222] Die Entscheidung, einen bestimmten Film im Kino zu sehen, wird in aller Regel nicht dadurch beeinflußt, daß man einen anderen Film z.B. 10 Prozent billiger sehen könnte. Allerdings darf auch nicht der Schluß gezogen werden, daß der Konsument in seinem Nachfrageverhalten preisunelastisch ist. Die Preiselastizität hängt eher von der jeweiligen Stufe der Verwertungskette ab; vgl. Kap. V.3.3.4.4.

tivität des Produkts für den Zuschauer - bei Spielfilmen abgeleitet vom Erfolg auf den Primärmärkten - oder der erwarteten Attraktivität und hat keinen Zusammenhang mit den Kosten des Films. Selbstverständlich werden die Preise für Software auch durch die Wettbewerbsintensität beeinflußt.

Aus diesen Erkenntnissen läßt sich ableiten, daß die Kosten einer Produktion nur eine nachrangige Bedeutung für ihren wirtschaftlichen Erfolg hat. Damit erscheint auch die Strategie der Kostenführerschaft wenig erfolgversprechend.[223] In diesem Zusammenhang sollte erwähnt werden, daß Kostenführerschaft und hoher Marktanteil meistens miteinander verbunden sind. Die Untersuchungen von PIMS haben zudem eine starke Korrelation zwischen Marktanteil und Profitabilität eines Unternehmens festgestellt. Im Produktionsbereich hat ein hoher Marktanteil weder direkten Einfluß auf die Profitabilität, noch gibt es einen eindeutigen Hinweis auf die Wettbewerbstellung des Unternehmens. Ein hoher Marktanteil kann durch eine Vielzahl von Filmen entstanden sein, die im Durchschnitt nicht profitabel waren. Darüber hinaus schwanken die Marktanteile sehr stark im Bereich der Softwareproduktion.[224]

Strategische Wettbewerbsvorteile lassen sich daher nur durch Differenzierung gegenüber den Wettbewerbern schaffen. Diese Differenzierung könnte auf Unternehmensebene oder auf Produktebene erfolgen.

Da audiovisuelle Produkte auf den Konsumgütermärkten gehandelt werden, bietet sich theoretisch auf der Unternehmensebene der Aufbau einer Marke an; vergleichbar z.B. mit Nestlé im Nahrungsmittelbereich oder mit L'Oréal im Kosmetikbereich. In der

---

[223] Die Strategie, Low-Budget Filme zu produzieren, darf nicht mit Kostenführerschaft verwechselt werden, da diese Filme meistens für ein begrenztes Zielpublikum gedreht werden.

[224] Die großen Majors haben insgesamt immer den größten Marktanteil auf sich vereinen können; aber zwischen ihnen veränderten sich die Anteile zum Teil sehr drastisch: "The year to year fluctuation in their market share reflects the notoriously high risk of film production, but the same six or seven firms have nevertheless dominated the industry for forty years." Waterman (1985), S. 224.

Film- und Fernsehindustrie gibt es jedoch im allgemeinen keine Markenidentifikation,[225] auch nicht mit den großen Filmstudios.[226]

Diese Erfahrung hat auch Coca Cola nach dem Erwerb des Filmstudios Columbia Pictures gemacht. Das Filmstudio wurde 1982 von Coca-Cola für 700 Millionen Dollar übernommen, da der Konzern der Meinung war, daß sich die so erfolgreichen Marketingstrategien aus dem Softdrink-Geschäft auch auf das Filmgeschäft übertragbaren ließen und er sich aus dem Transfer von Know-How hohe Synergien versprach.[227] Auf der Basis der Marketing-Erfahrungen von Coca-Cola wurde mit Tri-Star Pictures eine weitere "Marke", d.h. ein Film-Label, gegründet. Ähnlich den Überlegungen bei der Plazierung von Marken in den Regalen der Supermärkte versprach man sich hiermit eine höhere Plazierungskraft von Filmen in den Kinos. Darüber hinaus rechnete man mit hohen Verbundwirkungen durch die Beteiligung von CBS und des Abonnements-Fernsehens HBO an TriStar Pictures. Der Ausstieg von HBO und CBS aus dem Joint Venture sowie letztendlich der Verkauf von Columbia an Sony zeigte jedoch, daß sich weder die erhofften Synergien realisieren, noch der Marketing-Ansatz aus dem Markengeschäft ohne weiteres übertragen ließen.

Die Ausnahme sind die Walt Disney Filmstudios, die als einziges Studio eine Marke darstellen.[228] Disney ist bekannt für die hohe Qualität seiner Zeichentrickfilme für Kinder. Dieser Markenname erlaubte auch den Aufbau eines umfangreichen Merchandising-Geschäfts,[229] in dem Disney die Figuren seiner Filme lizensiert.[230] Der

---

[225] Vgl. Vogel (1990), S. 43.

[226] Kaum ein Konsument schaut sich einen Film an, weil er z.B. von 20th Century Fox oder Paramount produziert wurde - meistens achtet der Verbraucher gar nicht darauf.

[227] Vgl. Balio (1990b), S. 276.

[228] Vgl. Grover (1991), S. 15.

[229] Merchandising kann definiert werden als "[...] une activité commerciale consistant à exploiter la notoriété d'une marque, d'une émission, d'un personnage de fiction ou d'un film pour écouler des produits griffés ou portant des emblémes de cette notoriété," Bonnell (1989), S. 316.

[230] Als Beispiel für das Merchandising Geschäft läßt sich der Film "Who framed Roger Rabbit" anführen. Bereits vor der Premiere des Films hatte Disney 34 Lizenzverträge für mehr als 500 Produkte abgeschlossen. Darüber hinaus wurden konzertierte Werbekampagnen mit McDonalds und Coca Cola organisiert; vgl. Grover (1991), S. 120. Mit dem Verkauf von

209

Markenname hatte jedoch den Nachteil, daß die für den Kinobesuch enorm wichtige Zielgruppe der Jugendlichen Disney als Label für Kinder negativ besetzte. Deshalb wurde Touchstone Pictures als ein zweites Label gegründet, unter dem Filme für Jugendliche und Erwachsene gedreht werden.

Grundsätzlich muß sich die Differenzierung von Software-Produzenten auf der Unternehmensebene durch die Strategien zur Diversifikation, der Globalisierung sowie der Kooperationen ergeben.[231] Entscheidend ist aber die Differenzierung auf der Produktebene, die sich auf die Besetzung des Films, eine interessante Geschichte und vor allem auf eine überzeugende Marketingstrategie konzentrieren muß.[232] Um die Unsicherheit des Konsumenten über die Attraktivität eines Films zu reduzieren und damit von vergangenen Erfolgen zu profitieren, wurden im letzten Jahrzehnt zunehmend Fortsetzungen von Kinohits produziert.[233]

3.3.4.4 Diversifikationsstrategie im Bereich der Software-Produktion

Es wurde dargestellt, daß Diversifikation einem Unternehmen nur im Rahmen von verbundenen Geschäften strategische Wettbewerbsvorteile bringen kann. Dabei bieten sich als Optionen die vertikale Integration oder die horizontale Diversifikation[234] an. Beide Optionen werden im folgenden dahingehend untersucht, ob sie einem Produzenten von audiovisuellen Erzeugnissen Wettbewerbsvorteile sichern können.

Die adäquate Diversifikationsstrategie für ein Unternehmen muß sich grundsätzlich an den Schlüsselerfolgsfaktoren der Industrie orientieren. In den bisherigen Ausführungen wurde deutlich, daß ein - möglichst weltweites - Distributionsnetz von größter strategischer Bedeutung ist. Entscheidend ist hier eine wirtschaftliche

---

Batman-Artikeln zum Film wurden 500 Mio. Dollar umgesetzt.
[231] Vgl. zu den Einzelheiten die nachfolgenden Kapitel.
[232] Die Bedeutung der Marketingstrategie erklärt auch die stark angestiegenen Marketingkosten.
[233] Vgl. Balio (1990b), S. 261
[234] Vgl. Kap. V.3.2.1.

Überlegung, die sich an der Struktur der Verwertungskette orientiert und auf deren maximale Ausnutzung gerichtet ist.[235]

Indem die einzelnen Stufen der Verwertungskette (sog. windows) nicht gleichzeitig, sondern nacheinander bearbeitet werden, nutzt man die Merkmale der Produktinhalte als öffentliches Gut.[236] "The underlying principle is the attempt to price-discriminate between classes of viewers of different demand elasticity."[237] Die Verwertungskette ist so aufgebaut, daß zunächst die Konsumenten bedient werden, die eine geringe Nachfrage-Elastizität aufweisen und dementsprechend bereit sind, einen höheren Preis zu zahlen. Zum Schluß wird das Produkt den Konsumenten angeboten, die eine sehr hohe Nachfrage-Elastizität haben. Aus diesem Grund wird im Verlagsgeschäft ein Buch zunächst als Hardcover, dann eventuell als Trade Paper und schließlich als Taschenbuch verlegt. Ein Film wird zuerst in den Kinos gezeigt, da hier die höchsten Einnahmen pro Zuschauer zu erzielen sind. Am Ende der Auswertungskette steht das frei zugängliche Fernsehen, für dessen Konsum der Zuschauer nur noch seine Zeit zur Verfügung stellt und der Werbetreibende nur noch einen sehr geringen Preis pro Zuschauer bezahlt. Ein Unternehmen hat dann die Möglichkeit zur Preisdiskriminierung, wenn es die Kontrolle über die Verwertungskette hat. Dies gewährleistet die maximale Abschöpfung der Konsumentenrente.[238]

Der Aufbau eines Distributionsnetzes erfordert allerdings eine bestimmte Betriebsgröße, bzw. ein gewisses Produktionsvolumen. Um die für diese Zwecke notwendigen Studiokapazitäten auszunutzen, bietet sich daher neben der Film- auch die Fernsehproduktion an. Darüber hinaus gewährleistet die Kontrolle über die Distribution auch die Verantwortung für das für den Gesamterfolg eines Films

---

[235] Als Verwertungskette wird eine Vielzahl von Distributionskanälen bezeichnet, die zeitlich gestaffelt sind (Vgl. Kap. V, 3.3.3). Die einzelnen Stufen der Verwertungskette sind vom jeweiligen Produkt abhängig. So änderte beispielsweise das Aufkommen von Pay-TV und das Entstehen der Videomärkte die Struktur der Verwertungskette nachhaltig. Vor allem die Zweitverwertung im Kino entfiel völlig, und das frei zugängige Fernsehen wurde deutlich zeitlich nach hinten geschoben; vgl. Hilmes (1990), S. 302.

[236] Vgl. Owen/Wildman (1992), S. 26.

[237] Noam (1991), S. 30; vgl. auch Owen/Wildman (1992), S. 27; vgl. Kruse (1989b), S. 259.

[238] Vgl. Noam (1991), S. 30; vgl. auch Balio (1990b), S. 263.

so entscheidende Marketing sowie die zeitliche Gestaltung der Produktplazierung in der Verwertungskette. Abhängig vom Erfolg eines Films, kann der Distributor die Größe des Fensters für das jeweilige Medium, d. h. die Verweildauer im jeweiligen Glied der Verwertungskette, festlegen.[239] Je erfolgreicher ein Film in den Kinos ist, desto länger wird damit gewartet, das Video in den Markt zu bringen. Umgekehrt wird versucht, die Verwertungskette zeitlich zu straffen, wenn sich der Film als Mißerfolg in den Kinos herausstellt. Auf diese Weise profitiert das Video noch von der Publizität, die für die Kinoaufführung geschaffen wurde.

In Europa ist der Distributor in der optimalen Gestaltung seiner Verwertungsstrategie allerdings durch gesetzliche Regeln eingeschränkt, da es in einigen Ländern zum Schutz der Kinoindustrie bestimmte Mindestfristen zwischen der Erstaufführung im Kino und der Markteinführung des Videos gibt.[240] Ansonsten gilt: "Windowing practices in foreign markets are similar to those in the United States."[241]

Insgesamt basiert eine Verwertungsstrategie im wesentlichen auf folgenden Faktoren:[242]

• Unterschiede des Preises bzw. der Margen pro Zuschauer im jeweiligen Absatzkanal

• Ausmaß, in dem Zuschauer eines Absatzkanals für weitere Kanäle ausscheiden

• Unterschiede der Absatzkanäle im Hinblick auf die Ausschlußfähigkeit

• Geschwindigkeit, mit der das Konsumenteninteresse nach der Erstveröffentlichung für das Produkt abnimmt

• Verbundeffekte zwischen Absatzkanälen (z.B. Publizität)

---

[239] "By purchasing the rights to all theatrical and ancillary markets, distribution gains the opportunity to choose the 'windows', the number of exhibitions within each window, the timing and amount of advertising, and, to the extent allowed by technology and the law, retail prices." Waterman (1985), S. 229.

[240] Vgl. Kap. III.2.1.

[241] Owen/Wildman (1992), S. 63.

[242] Vgl. Owen/Wildman (1992), S. 30.

- Zeitpunkt der Mittelrückflüsse und Zinsrate

Die Bedeutung von Distributionsnetzen für die audiovisuelle Software ist inzwischen auch von europäischen Medienunternehmen erkannt worden. Die italienische Fininvest hat bereits begonnen, über ihre Beteiligungsgesellschaft Penta ein europaweites Vertriebsnetz aufzubauen.[243]

Untersucht man Verbundvorteile zwischen Produktion sowie Distribution und den nachgelagerten Verwertungsstufen, dann scheint sich aus Sicht des Produktionsunternehmens die Vorwärtsintegration in Filmtheaterbetriebe anzubieten. Wie bereits angesprochen, entscheidet sich der Erfolg eines Films in den ersten zwei bis drei Wochen nach dem Kinostart. Da der Wert eines Films auf den Sekundärmärkten vor allem von den Einspielergebnissen in den Kinos bestimmt wird, kommt der Filmtheateraufführung enorme Bedeutung zu. "Le cinéma devient un enjeu fondamental de toutes les stratégies audiovisuelles."[244]

Eine eigene Kinokette mit Leinwänden in den wichtigsten Märkten gibt der Distribution die Möglichkeit, die Absatz- bzw. Markteinführungsstrategien für einen Film wesentlich unabhängiger zu gestalten. Gerade zu den Spitzenterminen (Sommer, Vorweihnachtszeit) hat ein Filmverleiher oft Probleme, seine Buchungsstrategie zu realisieren, da in der Regel eine Vielzahl von Spitzenfilmen um die guten Leinwände konkurrieren.

Die heutigen Aktivitäten der großen Filmstudios im Hinblick auf eine erneute Integration von Abspielstationen für ihre Software nach der erzwungenen Trennung in den 50er Jahren weist auf die Bedeutung der Kinos für das Marketing und den Gesamterfolg eines Films hin.[245] Diese Strategie der Integration von Filmproduktion, Distribution und Abspiel in den Kinos versuchen die

---

[243] Vgl. Braunschweig/Keidel (1991), S. 788. In Italien dominiert Penta bereits den Verleihmarkt; vgl. Clark (1992), S. 27.

[244] Bonnell (1989), S. 33; dies hat auch das italienische Medienunternehmen Fininvest erkannt und in Italien eine Kinokette mit 50 Filmtheatern (Cinema 5) aufgebaut; vgl. Braunschweig/Keidel (1991), S. 788.

[245] Vier der Majors besitzen wieder Anteile an Kinoketten: Paramount hält zusammen mit Warner Bros. Mann, sowie einen 100prozentigen Anteil an Famous Players Leinwänden; einen Anteil von 49 % an einer der größten Kinoketten mit 1.900 Leinwänden, Cineplex Odeon, hält MCA/Universal.

amerikanischen Unternehmen mit der Schaffung von Multiplexen in Europa zu realisieren.[246]

Auch eine Vorwärtsintegration in die Programmveranstaltung könnte sich für die Programmproduzenten aus strategischer Sicht anbieten. Damit hätte er im Fernsehbereich eine weitere sichere Abspielstation für seine Produkte. Dieser Sachverhalt ist aber anders zu bewerten als die Investition in Filmtheater. Zum einen hat das Fernsehen als im Prinzip letzte Station in der Verwertungskette keinen großen Einfluß mehr auf den wirtschaftlichen Gesamterfolg einer Produktion. Darüber hinaus ist der Markt für Software-Produkte heute ein Verkäufermarkt und wird dies auf absehbare Zukunft auch bleiben. Diese Situation ist allerdings erst in den letzten Jahren durch die wachsende Konkurrenz bei der Programmveranstaltung entstanden. Noch vor zehn Jahren konnte der Pay-TV Sender HBO beispielsweise den Studios die Konditionen eines Vertrages diktieren, und in Europa wurden Vertragsbedingungen durch die Monopolstrukturen des öffentlichen Fernsehens bestimmt. Die Verbindung mit einem Pay-TV Kanal oder einem werbefinanzierten Fernsehsender gewährleistet von daher keinen strategischen Wettbewerbsvorteil im Sinne eines sicheren Absatzmarkts.[247]

3.3.4.5 Erfordernis einer Globalisierungsstrategie

Wie beim Musikgeschäft hat sich das Geschäft mit audiovisuellen Produkten globalisiert. Die Produktionen der amerikanischen Film- und Fernsehindustrie haben inzwischen einen weltweiten Zuspruch gefunden.[248] Vor allem die beiden anderen Regionen der Triade,

---

[246] "Aus der Sicht der international operierenden Filmverleihfirmen ermöglichen die europäischen Multiplexe eine europaweit abgestimmte Start- und Marktpolitik der ökonomischen bedeutsamen Filme." Klingsporn (1991), S. 800.

[247] Anders stellt sich die Situation aus der Sicht des Programmveranstalters dar; vgl. dazu Kap. V.3.4.

[248] Austin (1990), S. 340. "Today globalization and technology are offering us dramatic new opportunities to reinforce our position as the world's leading creator, owner and distributor of copyrights, and to develop outlets for our talent." Levin (Chairman von Time Warner Inc) (1994), S. 2.

Japan und Europa, zählen zu den wichtigsten Auslandsmärkten amerikanischer Produkte.[249]

Auf den Audiovisionsmärkten etabliert sich zunehmend ein globaler Produktionsstandard,[250] den zur Zeit fast ausschließlich nur die amerikanischen Produktionen realisieren. Japanische und europäische Produkte finden dagegen außerhalb der jeweiligen Region bzw. sogar außerhalb des jeweiligen Landes kaum Nachfrage. Dieser Vorteil der amerikanischen Konkurrenz stützt sich auf die folgenden Punkte:

- Der große, im Vergleich zu Europa deutlich homogenere Absatzmarkt in den USA ermöglicht den Produzenten von vornherein ein höheres Budget; dies spiegelt sich in der Regel in einer höheren Attraktivität des Filmes durch die Besetzung, Spezialeffekte oder Auswahl der Drehorte etc. wider.

- Die globale Nachfrage für amerikanische Produkte erlaubt eine Amortisation der fixen Kosten eines Films über eine Vielzahl von Absatzkanälen und damit einen wesentlich größeren Absatzmarkt.[251]

- Die Vielzahl von Absatzkanälen mindert deutlich das Mißerfolgsrisiko bzw. das Ausmaß des Mißerfolgs. Ein Film, der in den amerikanischen Kinos zum Flop wurde, hat durch die Sekundärmärkte in den USA und vor allem durch den Export die Chance, zumindest noch die Produktionskosten einzuspielen.

Die höhere Attraktivität amerikanischer Software, die daraus resultierenden größeren Absatzmärkte und damit das vergleichsweise geringere Investitionsrisiko sprechen für eine langfristig höhere Profitabilität der amerikanischen Programmproduktion und ihrer zunehmenden Beherrschung der internationalen Film- und Fernseh-

---

[249] Vgl. Siegmund (1992), S. 31-32.

[250] "Die Produkte der internationalen Kooperation werden sowohl in ihrer filmischen Machart und in ihrer Erzählweise als auch von der Finanzierungsseite her universell sein." Braunschweig/Keidel (1991), S. 791.

[251] Vgl. Wedell/Luyken (1986), S. 56.

industrie. Der US-Markt eignet sich daher hervorragend als Platt-
form für eine Globalisierungsstrategie der Majors.[252]

Für die europäischen Medienunternehmen stellt es sich als die
größte Herausforderung für die Zukunft dar, diese Dominanz zu
brechen bzw. die sich bereits abzeichnende Entwicklung einer
Marktbeherrschung zu stoppen, um auch im Produktionsbereich von
der zunehmenden Attraktivität der europäischen Audiovisionsmärkte profitieren und - was noch wichtiger ist - sich Zugang zum Engpaßfaktor Software verschaffen zu können.[253] "Aussi le contrôle des
droits vidéo est-il devenu un enjeu stratégique pour les producteurs
et les distributeurs."[254] "Nicht wer über Satelliten, sondern über
Programme verfügt, wird die Medienzukunft bestimmen."[255]

Um auch nur annähernd mit amerikanischen Produkten konkurrieren zu können, erscheint der Aufbau einer europäischen Produktion
erforderlich, die den amerikanischen und damit universellen
Produktionsstandard erfüllt und auch auf den amerikanischen Markt
abzielt.[256] Dies würde in einem ersten Schritt die Schaffung von für
Großproduktionen geeigneten Fazilitäten bedeuten und
längerfristig den Aufbau eines internationalen Distributionsnetzes
erfordern.[257] Nur eine internationale Struktur ermöglicht
Produktionen, die im Wettbewerb mit amerikanischen Produkten
bestehen können.[258] Insgesamt dürfte das für die Realisierung
dieses Ziels notwendige Investment in einer Größenordnung von
einer Mrd. DM liegen. Eine derartige Strategie ist mit hohen Risiken
verbunden und wird durchaus kritisch bzw. pessimistisch gesehen.

---

[252] "A country is a desirable global platform in an industry if it provides an
enviroment yielding firms domiciled in that country an advantage in
competing globally in that particular industry." Porter (1986), S. 25.

[253] Im folgenden Kapitel wird darzustellen sein, daß der Sicherung der
Ressource Software für die Programmveranstaltung eine ganz wesentliche
Rolle zukommt.

[254] Bonnell (1989), S. 437.

[255] Kofler (1989), S. 57.

[256] Vgl. Guillou (1987), S. 59.

[257] Negrine/Papathanassopoulos (1990), S. 95. Mitte der 80er Jahre versuchte
die französische Produktionsgesellschaft Gaumont eine vergleichbare
Strategie zu realisieren. Das Unternehmen mußte sich nach hohen
Verlusten aber wieder zurückziehen. Vgl. Guillou (1987), S. 59.

[258] Vgl. Bonnell (1989), S. 206. "L'hégémonie de l'industrie cinématographique
des Etats-Unis sur le reste du monde s'effectue par le double jeu des
produits et des structures." Bonnell (1989), S. 468.

"Although it would make some sense to invest in home-
grown productions, the inability of such productions to break
into the US market - the largest media market in the world -
reduces the economic argument for involvement in feature
films."[259]

Alternativ besteht für europäische Medienunternehmen die Möglichkeit, direkt in die amerikanische Film- und Fernsehproduktion zu investieren. Die USA als Produktionsstandort weisen außer den oben
bereits angesprochenen Vorteilen noch einige weitere positive
Aspekte auf, die für ein Direktinvestment sprechen:

- Die englische Sprache als Lingua franca, u.a. für paneuropäisches Fernsehen.[260]

- Die differenzierte Wettbewerbstruktur des amerikanischen
  Audiovisionsmarktes.

- Die Verfügbarkeit von kompetenten Fachkräften aus dem
  Bereich der Filmproduktion.

- Die Verfügbarkeit einer ausgebauten Struktur zur Finanzierung von Produktionen.[261]

Einen strategisch wichtigen Schritt in diese Richtung hat der hol-
ländische Musikkonzern Polygram unternommen, der eine Produktionsgesellschaft in den USA gegründet hat und nun zunächst
Spielfilme ausschließlich co-produziert, um im Markt Erfahrungen
zu sammeln und sich langsam eine Filmbibliothek aufzubauen. Die
Strategie von Polygram ist sehr langfristig ausgelegt. Sie hat allerdings den Vorteil, daß die mit dem Einstieg des Unternehmens in
das Filmgeschäft entstehenden Investitionsrisiken in einem vertret-
baren Rahmen bleiben.

3.3.4.6 Kooperationsstrategie

In der zweiten Hälfte der 80er Jahre wurde die Akquisition als die
geeignete Alternative für den Markteintritt in die Film- und Fern-

---

[259] Vgl. Negrine/Papathanassopoulos (1990), S. 95.

[260] Englisch wird allgemein als die globale Mediensprache bezeichnet; vgl.
Schiller (1988), S. 784. Vgl. auch Zimmer (1989), S. 127.

[261] Vgl. Turow (1992), S. 213.

sehproduktion gesehen. Bei fünf der sieben großen amerikanischen Filmstudios änderten sich in diesem Zeitraum die Eigentumsverhältnisse.[262] Unternehmen wie News Corp., Sony und Matsushita erkannten frühzeitig die künftige strategische Bedeutung einer etablierten Produktionsgesellschaft und einer großen Film- und Fernsehbibliothek, um auf die Globalisierung der Fernsehmärkte vorbereitet zu sein. Europäischen Medienunternehmen bieten sich daher als Akquisitionsobjekte im Prinzip nur noch die Mini-Majors, die bis auf wenige Ausnahmen große finanzielle Schwierigkeiten haben.

Für die Europäer scheinen deshalb die Eigenentwicklung im Sinne der von Polygram verfolgte Strategie oder das Eingehen von strategischen Verbindungen[263] mit etablierten Marktkräften die geeignetsten Alternativen, um auf die zunehmende Globalisierung der Software-Märkte zu reagieren. Da die Eigenentwicklung jedoch eine jahrelange und auch risikoreiche Aufbauarbeit bedeutet, müssen Kooperationen einen hohen Stellenwert in den Wettbewerbsstrategien von europäischen Medienunternehmen einnehmen.[264]

Kooperationen sind im Bereich der Film- und Fernsehproduktionen bereits sehr häufig vorzufinden. Dies gilt vor allem für die Co-Produktionen, die aus den folgenden Gründen beschlossen werden:

• Reduzierung des Investitionsrisikos - da sich die Mehrzahl der Filme als Flops herausstellen.

• Sicherung des Verwertungsrechts für ein bestimmtes Medium bzw. ein bestimmtes geographisches Gebiet (z.B.

---

[262] Vgl. Kap. V.1.

[263] "Coalitions are a natural consequence of globalization and the need for an integrated worldwide strategy." Porter (1986), S. 32. Dies gilt insbesondere, um hohe Markteintrittsbarrieren zu umgehen, Investitionsrisiken zu mindern und Zeitvorteile zu realisieren. Vgl. Kap. V.3.2.2.

[264] "Traditional multinationals have tried to do everything on their own as they entered each market. They can't do that anymore because the skills and products required to compete worldwide have increased greatly." Ohmae (1985), S. 207. Tatsächlich ist auch auf den Medienmärkten ein Wandel in diese Richtung spürbar gewesen: "[...] in the last five or so years, another important factor has come to play and that is the growth of interlocking alliances across media organizations." Negrine/Papathanassopoulos (1990), S. 101. Vgl. hierzu mit der gleichen Erkenntnis für die französischen Filmindustrie: Guillou (1987), S. 64.

beteiligen sich Pay-TV Kanäle sehr häufig an der Produktion von Spielfilmen gegen das Exklusivrecht der Verwertung im eigenen Sender).

* Vergrößerung des Absatzgebietes durch internationale Koproduktion (schafft Größenvorteile bzw. die Möglichkeit zu kostspieligeren Produktionen; letzteres kann vor allem für europäische Produktionsfirmen, die im Wettbewerb mit den amerikanischen Produktionen stehen, von Bedeutung sein).

Die gleichen Gründe, die für die gemeinsame Produktion eines Films oder einer Fernsehserie sprechen, gelten auch für das Eingehen von langfristigen Verbindungen, d.h. z.B. die Gründung einer gemeinsamen Produktionsgesellschaft. Vor allem für die europäischen Medienunternehmen könnte dies einen Weg darstellen, innerhalb kurzer Zeit eine eigene, nennenswerte Infrastruktur aufzubauen, bzw. vom Know-how des Partners zu profitieren.

Bei den Kooperationen bestehen grundsätzlich die Optionen, eine Allianz mit einem anderen europäischen Medienunternehmen zu schließen oder einen Partner im amerikanischen Markt zu finden. Diese beiden Optionen schließen sich jedoch nicht aus, sondern ergänzen sich. Die Verbindung mit europäischen Partnern hat den Vorteil der Kräftebündelung, wenn jeder der Partner eine entsprechend starke Stellung im lokalen Audiovisionsmarkt hat. Vor allem für TV-Produktionen würde dies einen erheblichen strategischen Wettbewerbsvorteil gegenüber weiteren europäischen Konkurrenten bedeuten, da sowohl höhere Produktionsbudgets als auch größere Absatzmärkte verfügbar wären. Eine Kooperation mit amerikanischen Produktionsgesellschaften würde in erster Linie den Zugang zu einem großen Erfahrungsschatz und hohem Know-how verschaffen. Darüber hinaus würden die vorhandenen Produktions- und Vertriebsstrukturen die Investitionsrisiken deutlich reduzieren. Bei diesen Überlegungen ist aber zu unterscheiden, ob der potentielle Partner bereits im europäischen Markt tätig ist - im Prinzip sind dies alle großen Filmstudios - oder nicht.

Bei einer Zusammenarbeit mit potentiellen Konkurrenten tritt oft das Problem konfliktärer Ziele zwischen dem Kooperationsunternehmen und seinen Partnern oder auch zwischen den Partnern auf.

Eine langfristige Lösung scheint daher die Kooperation mit Unternehmen zu bieten, die nicht direkt im europäischen Markt präsent sind. Dies gilt z.B. für die Mini-Majors.

Die Fininvest hat bereits begonnen, beide Optionen zu realisieren. So haben sich die Fininvest, der französische Fernsehsender TF1 sowie der deutsche Filmhändler Kirch zusammengeschlossen und eine Produktionsgesellschaft gegründet.[265] Noch einen Schritt weiter ist Fininvest mit der Produktionsgesellschaft Penta[266] gegangen. Diese hat mit dem amerikanischen Mini-Major New Line einen Kooperationsvertrag über mehrere Filme abgeschlossen, der der Penta die europäischen Vertriebsrechte sichert.[267] Auch Canal + hat sich in den USA einen Kooperationspartner für die Produktion von Software gesucht. Mit dem großen Filmstudio Warner Bros. sollen gemeinsam 20 Spielfilme produziert werden, deren Inhalte europäischen Bezug haben sollen. Während Warner in diesem bisher größten Kooperationsprojekt (Umfang ca. 1,3 Mrd. DM) die Kino- und Videorechte auswerten kann, soll Canal + die Pay-TV-Rechte erhalten.[268]

Die amerikanischen Produktionsgesellschaften sind bereits seit langem durch Kooperation eng miteinander verbunden. Dies gilt vor allem für den internationalen Vertrieb ihrer Produkte: MCA/Universal, Paramount und MGM vertreiben ihre Produkte in Europa durch das Joint Venture UIP, Walt Disney ließ seine Videofilme international durch Warner Bros. vertreiben. Die Kooperationen - größtenteils auf internationaler Ebene - erstrecken sich auch auf den Betrieb von Filmtheatern.[269]

---

[265] Vgl. Kiefer (1990), S. 160. Diese Produktionsgesellschaft soll für jährlich 100 Mio. Dollar Fernsehfilme und -serien produzieren; vgl. Meise (1992), S. 248.

[266] Penta ist ein Joint Venture zwischen der Fininvest und dem in Italien sehr bedeutenden Produzenten Cechi Gori.

[267] Vgl. Braunschweig/Keidel (1991), S. 788.

[268] Ebenda, S. 789. Buena Vista International hat 1993 eine langfristige Kooperationsvereinbarung mit vier europäischen Rundfunkanstalten (RAI, TF1, ARD und dem spanischen Fernsehsender TVE) zur Produktion von Fernsehserien geschlossen; vgl. Geschäftsbericht Walt Disney (1993), S. 13.

[269] Vgl. Kap. IV.2.2.1.

3.4. Wettbewerbsstrategien im Bereich der Programmveranstaltung

Analog zum vorherigen Kapitel zur Programmproduktion soll auch in diesem Abschnitt zur Programmveranstaltung zunächst auf deren wesentliche Merkmale eingegangen werden. Daran schließt sich in den beiden folgenden Abschnitten eine Analyse des werbe- und des konsumentenfinanzierten Programmbetriebs an. Auf dieser Analyse aufbauend erfolgt im vierten Teil dieses Kapitels die Diskussion eines für die künftigen Veränderungen adäquaten Strategiekonzeptes.

3.4.1 Charakteristika der Programmveranstaltung

Die Finanzierung der Programmveranstaltung erfolgt entweder durch öffentliche Mittel (public financing) oder durch Marktfinanzierung.[270] Letztere läßt sich unterteilen in die Werbefinanzierung und die Entgeltfinanzierung.[271] Die folgenden Ausführungen beziehen sich auf Fernsehprogramme, die von privaten Unternehmen angeboten und durch den Markt finanziert werden.

Die Aufgaben der Programmveranstaltung lassen sich in die ausreichende Versorgung mit Software und die Programmgestaltung, d.h. das Zusammenstellen der Software-Produkte, unterteilen. Dabei wird der Wert durch die Programmgestaltung und die Risikoübernahme geschaffen.[272] Die Fernsehprogrammveranstaltung weist einige besondere Merkmale auf, die hier nochmals kurz dargestellt werden:

• Analog zum Konsum einzelner Software-Produkte ist auch die Programmveranstaltung durch die Nicht-Rivalität gekennzeichnet. Die Kostenstruktur ist im Prinzip unabhängig von der Anzahl der Zuschauer. Daraus folgt, daß der Programmveranstalter beim werbefinanzierten Fernsehen auf eine Maximierung der Zuschauerzahl abzielt, um von der starken Durchschnittskostendegression zu profitieren.[273]

---

[270] Vgl. Dunnett (1990), S. 7.

[271] Vgl. Seufert (1991), S. 97.

[272] Vgl. Owen/Wildman (1992), S. 206.

[273] Vgl. Kruse (1989a), S. 81.

"In a competitive market, the benefits of spreading fixed costs over large audiences favor program delivery services that are able to reach large audiences."[274] Das Umsatzwachstum durch Werbezeitenverkauf ist daher der entscheidende Faktor für Erfolg oder Mißerfolg eines Programmanbieters.

- Ein weiteres Merkmal für die Programmveranstaltung sind die hohen und irreversiblen Eintrittskosten. Der Aufbau eines werbefinanzierten Fernsehsenders oder eines Pay-TV Kanals erfordert umfangreiche Investitionen. Diese Kosten - z.B. Zusagen für Programmeinkauf, Transpondermiete und Decodereinkauf - sind in der Regel typische 'sunk costs'[275]. Die Existenz von 'sunk costs' bedingen in der Regel hohe Markteintrittsbarrieren. Die Investitionen sind aufgrund ihres Umfangs und der Struktur sehr risikoreich und erfordern ein solides Finanzierungspotential des Investors.[276]

- Die technische Reichweite bestimmt das Marktpotential für einen Programmveranstalter. Je geringer die technische Reichweite ist, desto größer muß der Marktanteil im Distributionsgebiet sein, um die Kosten der Programmveranstaltung zu amortisieren. Der Programmanbieter ist daher an der Maximierung der technischen Reichweite interessiert.

- Fernsehprogrammanbieter stehen in einer Substitutionskonkurrenz zu den benachbarten Medien Video und Kino.[277]

- In keinem westlichen Land gibt es einen freien, nicht vom Staat geregelten Zugang zum Betrieb eines TV-Senders. Vor allem in Europa, wo die private Programmveranstaltung noch keine lange Historie hat, muß man bei der Marktbearbeitung noch eine Vielzahl von Regularien beachten.[278]

---

[274] Owen/Wildman (1992), S. 27.

[275] "Costs are sunk when they cannot be eliminated even by ending production, e.g. costs that cannot be recovered by exit from the market." Yao (1988), S. 62.

[276] Die Finanzkraft eines Unternehmens wird als wichtiger Faktor gesehen (financial strength as relative superiority); vgl. Ohmae (1982), S. 52.

[277] Vgl. Kruse (1989a), S. 81; vgl. Kap. II.1.2.

[278] Vgl. Kap. III.2.

3.4.2 Veranstaltung von werbefinanzierten Programmen

Der Umsatz eines werbefinanzierten Fernsehsenders wird durch die folgenden Parameter bestimmt:

- Technische Reichweite (Prozentsatz der Haushalte, die den Sender terrestrisch, über Kabel oder per Satellit empfangen können)

- Marktanteil (Prozentsatz der Haushalte, die das Programm im Distributionsgebiet sehen)

- Zustand des Werbemarktes (Anteil der TV-Werbung am gesamten Werbemarkt, konjunkturelle Lage, rechtliche Beschränkungen)

- Konkurrenzsituation (Anzahl der auf dem Werbemarkt konkurrierenden Vollprogramme, Spartenprogramme; Wettbewerb um den Zuschauer mit öffentlichen Veranstaltern, Pay-TV Kanälen sowie Kino und Video)

Der Preis für eine Werbebotschaft wird gewöhnlich pro tausend Zuschauer (CPM) und pro Dauer der Werbung (15 sec., 30 sec., 60 sec.) festgelegt. Je größer die Reichweite eines Senders und sein Marktanteil, desto höher ist der CPM-Preis, den der Veranstalter verlangen kann, da die Werbetreibenden an einer möglichst umfassenden Verbreitung ihrer Werbebotschaft interessiert sind. Gleiches gilt, wenn der Veranstalter Werbetreibenden ein gewünschtes Zuschauersegment anbieten kann.

Je nach Art des Zielpublikums unterscheidet man Vollprogramme, die auf ein Massenpublikum abzielen, und Spartenprogramme, deren Programmgestaltung auf ein bestimmtes Zielsegment ausgerichtet ist. Gemeinsam ist beiden Konzepten, daß sie die Maximierung der Zuschauerzahl im jeweiligen Segment zum Ziel haben. Etwas ironisch und doch treffend bemerken zu diesem Ziel die beiden Autoren Owen und Wildman:

> "The first and most serious mistake that an analyst of the television industry can make is to assume that advertising-supported television broadcasters are in business to broad

cast programs. They are not. Broadcasters are in the business of producing audiences."[279]

3.4.2.1 Vollprogramme

Die Mehrzahl der nach der Deregulierung der europäischen Fernsehmärkte tätigen privaten Programmveranstalter bietet ein Vollprogramm an. Als Vollprogramm gilt ein Sender, der alle Programmtypen, d.h. Spielfilm, Fernsehfilm oder -serie, Sport, Nachrichten, Dokumentationen sowie Spiel- und Unterhaltungsshows, aufweist.

Private Vollprogramme finanzieren sich durch die Werbeeinnahmen.[280] Die größten Kostenfaktoren eines Vollprogramms sind der Personalaufwand, die Kosten der technischen Übertragung und vor allem die Programmkosten, die bei einem Vollprogramm im Durchschnitt 50 Prozent der Gesamtkosten darstellen.[281]

Die Programmversorgung erfolgt entweder extern durch den Kauf von Film-, Fernseh- und Übertragungsrechten oder intern durch die Produktion von Programmen. Sieht man von dem Erwerb von Rechten an Live-Veranstaltungen (z.B. Sportereignisse) ab, dann ist die externe Beschaffung im allgemeinen kostengünstiger, da diese Software sich bereits auf anderen Märkten - zumindest z.T. - amortisiert hat. Dies gilt insbesondere für die amerikanischen Produkte.

Sportrechte haben in der Vergangenheit sehr deutliche Preissteigerungen erfahren, da sich der Sport zu einem wichtigen Programmelement entwickelt hat.[282] Inzwischen zählt er zu den teuersten Programmelementen.[283]

---

[279] Owen/Wildman (1992), S. 3.

[280] Öffentliche Programmanbieter finanzieren sich in der Regel durch eine Mischung aus Gebühren- und Werbeeinnahmen; Ausnahmen stellen z.B. die BBC und die belgische RTBF dar, die ausschließlich auf Gebühreneinnahmen angewiesen sind.

[281] Vgl. Bonnell (1989), S. 307.

[282] Vgl. Dunnett (1990), S. 101.

[283] Das Network CBS schloß in den Jahren 1990 und 1991 Verträge mit einem Gesamtwert von 3,6 Mrd. Dollar ab, um sich die Ausstrahlungsrechte für vier Jahre an den Sportarten Baseball, Basketball, American Football und

Die interne Beschaffung läßt sich in die Rubriken Eigen-, Ko- und Auftragsproduktionen unterteilen. Programmelemente wie Nachrichten, Dokumentationen, Spiel- sowie Unterhaltungsshows werden größtenteils vom Programmanbieter selbst produziert, während Fernsehfilme und -serien überwiegend als Ko- oder Auftragsproduktionen erstellt werden.[284]

Die Programmgestaltung ist die wichtigste Aufgabe beim Betrieb eines Vollprogramms. Dabei kommt es darauf an, sich von den anderen Vollprogrammen zu differenzieren und den Zuschauer langfristig an das Programm zu binden und nicht nur das Publikum für eine bestimmte Sendung zu maximieren, "[...] car la regularité de l'écoute est une donnée aussi capitale que l'importance de son niveau."[285]

Hieraus läßt sich die Bedeutung ableiten, die Fernsehserien, Talk-, Spiel- oder Unterhaltungsshows mit Starmoderatoren für ein Programm haben, da sie beim Zuschauer einen Trend zum wiederholten Konsum der jeweiligen Sendung erzeugen können. Spielfilme zielen dagegen zwar auf ein breites Publikum ab, erzielen aber sui generis nur einen Einmaleffekt.[286] Die Vielzahl von Pay-TV Kanälen und werbefinanzierten Spartenprogrammen mit dem hauptsächlichen Programmtyp "Spielfilm" haben daher in den USA dazu geführt, daß die Networks kaum noch Spielfilme in ihr Programm aufnehmen.

Ausgesprochen aufschlußreich für die Programmgestaltung ist eine genaue Analyse der Zuschauerbewegungen. Aus ihnen kann man wichtige Rückschlüsse auf die Zusammensetzung von Programmblöcken und die zeitliche Positionierung der jeweiligen Sendung ziehen.[287]

---

den Olympischen Spielen von 1992 und 1994 zu sichern; vgl. Goldman (1991), S. B6.

[284] Vgl. Bonnell (1989), S. 308.

[285] Bonnell (1989), S. 306.

[286] Anders ist es, wenn ein Programm hochattraktive Spielfilme zu bestimmten Zeiten und an bestimmten Tagen sendet und unter Umständen diesem Sendeplatz einen Namen gibt, wie z.B. eine "Filmnacht am Mittwoch". Auf diese Weise wird das Einzelprodukt in einem Rahmen gezeigt, der den Zuschauer auch künftig bindet.

[287] "La programmation requiert donc une analyse fine des compositions

Insgesamt hat die Suche nach dem gleichen Publikum zwangsläufig eine Konvergenz der Programminhalte zur Folge. Dies gilt vor allem für die wichtigste Tageszeit, die "Prime Time", in der rund 80 Prozent der Werbeeinnahmen erzielt werden.[288] Einfluß auf die Programmgestaltung nimmt auch die Konkurrenz mit anderen Programmveranstaltern. Es ist nicht ungewöhnlich, daß ein Anbieter sein Programm auf das seines Konkurrenten abstimmt. Hierbei kann er auf zwei allgemein übliche Strategien der Programmgestaltung zurückgreifen:[289] Beim sogenannten "Counter Programming" nimmt der Sender ein Programm auf, das auf eine andere Zielgruppe als die Sendung des Konkurrenten abzielt; z.B. kann ein attraktiver Fernsehfilm, der auf Frauen abzielt, in das Programm aufgenommen werden, während im Konkurrenz-Programm eine Fußball-Übertragung läuft. Dagegen wird beim "Competitive Programming" ein Programm mit derselben Zielgruppe gewählt.[290]

Es ist offensichtlich, daß ein neuer Veranstalter in der Programmgestaltung zunächst auf den Programmtyp mit dem günstigsten Verhältnis zwischen Preis und Zuschauerinteresse (in der Regel zur Zeit noch amerikanische Software) zurückgreift, um die Anlaufverluste zu reduzieren. Die Programmgestaltung in den Ländern der EU muß allerdings auch rechtlichen Anforderungen auf lokaler und europäischer Ebene genügen.[291]

Unter Berücksichtigung der begrenzten Zeit, die der Zuschauer vor dem Fernseher verbringt, der begrenzten Anzahl an verfügbaren Werbeminuten und der Tatsache, daß ein Vollprogramm einen bestimmten Marktanteil haben muß, um die Fixkosten zu decken, wird im allgemeinen davon ausgegangen, daß langfristig nicht mehr als drei durch Werbung finanzierte Vollprogramme auf einem Markt wirtschaftlich arbeiten können.

---

démographiques des émissions de départ et des émissions d'arrivée pour une tranche horaire donnée." Mariet (1990), S. 198.

[288] Vgl. Bonnell (1989), S. 317.

[289] Vgl. Mariet (1990), S. 196.

[290] Ebenda, S. 196.

[291] Die EG-Richtlinie sieht bestimmte Importbeschränkungen bzw. Mindestquoten für europäische Produktionen für das Programm vor. Einige Länder gehen in ihren nationalen Mediengesetzen im Hinblick auf die Quoten sogar noch weiter als die EG-Richtlinie; vgl. Kap. III.2.

3.4.2.2 Spartenprogramme

Ein Spartenprogramm hat im Gegensatz zum Vollprogramm einen bestimmten Programmtyp zum Schwerpunkt oder konzentriert sich auf eine bestimmte Zielgruppe. Als Spartenprogramm lassen sich im Prinzip auch Pay-TV-Kanäle bezeichnen, da sie sich in der Regel ebenfalls auf einen Programmtyp konzentrieren. Im folgenden sollen unter Spartenprogrammen jedoch nur die werbefinanzierten Programme zusammengefaßt und das Zahlfernsehen getrennt analysiert werden. Mit einer Spezialisierung des Programmangebots, d. h. einer Nischenstrategie, versucht der Programmanbieter, zielgruppenspezifische Werbeteilmärkte zu schaffen.[292] Zu den Programmtypen, die sich für eine derartige Strategie anbieten, zählen hauptsächlich Nachrichten, Sport und Musik. Da im Unterschied zum Vollprogramm kein massenattraktives Programm angeboten wird, ist die Programmgestaltung im allgemeinen kostengünstiger.[293]

In Europa sind werbefinanzierte Spartenprogramme bisher die Ausnahme. Dies scheint Untersuchungen zu bestätigen, deren Ergebnis zufolge eine Programmspezialisierung erst bei einer größeren Anzahl von Programmveranstaltern im Markt erfolgt.[294] Werbefinanzierte Spartenprogramme wurden lange Zeit als wirtschaftlich wenig erfolgversprechend bewertet, da sie zu geringe Einschaltquoten aufweisen.[295]

Ein Blick auf die Entwicklung in den USA zeigt jedoch, daß "Narrowcasting" durchaus ein profitables Geschäft sein kann. Der Nachrichtenkanal Cable News Network (CNN), der Sportkanal ESPN oder der Musikprogrammveranstalter MTV haben dies deutlich bewiesen. Das stark gestiegene Angebot an Vollprogrammen und Pay-TV Kanälen hat dort zu einer zunehmenden Fragmentie-

---

[292] Vgl. Jeandou (1988), S. 48; Seufert (1991), S. 604.

[293] Ebenda, S. 48.

[294] Vgl. Seufert (1991), S. 605.

[295] Das z.B. auf Nachrichten spezialisierte Programm Satellite Broadcast News, ein Joint Venture zwischen dem Satellitenbetreiber Comsat, IBM und der Versicherungsgesellschaft Aetna Life, verlor in den 80er Jahren ca. 100 Mio Dollar und wurde daher aufgegeben; vgl. Dunnett (1990), S. 100.

rung des Publikums geführt. Diesem Trend entspricht die Entwicklung von stark spezialisierten Programmen und verstärkt ihn gleichzeitig. Gerichtsfernsehen mit Live-Übertragungen von Verhandlungen, Comics-Programme, Programme mit Kinofilmen der 40er bis 60er Jahre sowie Programme über Pflanzen- und Tierwelt kennzeichnen das neue Angebot auf den amerikanischen Fernsehmärkten.

Sofern die technischen Voraussetzungen gegeben sein werden, ist in Europa mit einer ähnlichen Entwicklung zu rechnen. CNN, ESPN und MTV sind bereits im europäischen Markt vertreten und scheinen sich positiv zu entwickeln.

Für die Werbetreibenden hat das Angebot von spezialisierten Programmen den enormen Vorteil, daß sie ihr Werbebudget deutlich zielgruppenspezifischer einsetzen können, und damit ihre Werbebotschaften eine wesentlich höhere Wirkung erzielen. Klassisches Beispiel für diesen Vorteil ist MTV, dessen Zuschauer in der Regel aus der für die Werbetreibenden so wichtigen Altersgruppe der 15- bis 34jährigen stammen.

Für die Zukunft könnte man sich vorstellen, daß die Spezialisierung sich nicht mehr ausschließlich nach dem Programmtyp richtet, sondern z.B. nach der Altersstruktur des Zielpublikums, dem Familienstand oder sonstigen demographischen Kriterien.[296] Denkbar wäre beispielsweise ein Programm für die Altersklasse 15 bis 35 Jahre, das die Programmtypen Musik, Spielfilm und Sport kombiniert. Erste Tendenzen in diese Richtung lassen sich in den USA bereits mit der Gründung des Family-Channels, des Kinderprogramms Nickelodeon und des Black Entertainment-Television ausmachen.[297]

---

[296] Ein derartiges Programm würde in hohem Maße den Präferenzen der Werbetreibenden entsprechen; vgl. dazu Owen/Wildman (1992), S. 11

[297] Vgl. Mariet (1990), S. 263.

3.4.3 Veranstaltung von konsumentenfinanzierten Programmen

Wie bereits angeführt, ist das Ziel des Veranstalters eines Programms, das direkt durch den Konsumenten finanziert wird, die Maximierung des Umsatzes und nicht zwangsläufig die Maximierung der Einschaltquoten je Sendung.[298] Die Existenz des Zahlfernsehens entspricht der bereits angesprochenen Fragmentierung des Publikums und einer zunehmenden Individualisierung des Fernsehkonsums, die im Pay-per-view ihren vorläufigen Höhepunkt findet. Grundsätzlich gilt für das Zahlfernsehen, daß eine effizientere Ressourcenallokation gewährleistet ist, da sich die Programmgestaltung durch die direkte Kundenbeziehung stärker am Nutzenprofil des Zuschauers orientiert als ein werbefinanziertes Programm.[299]

3.4.3.1 Abonnementsfernsehen

Das Abonnementsfernsehen, oder auch Pay-TV, zeichnet sich durch eine starke Differenzierung der Programmgestaltung von den werbefinanzierten Programmen aus. Pay-TV-Kanäle können in der Regel als Spartenprogramme bezeichnet werden, da sie den Schwerpunkt des Programms auf bestimmte Programmtypen legen. Die Programmgestaltung weist im allgemeinen folgende Merkmale auf:

- Generell exklusive Programmbestandteile

- Aktuelle und erfolgreiche Kinofilme, die zum ersten Mal im Fernsehen gezeigt werden. Dieser Programmtyp ist in der Regel am wichtigsten. Ein Film wird ca. ein Jahr nach der Kinopremiere für Pay-TV verfügbar.

- Aktuelle Sportberichterstattungen

---

[298] Besonders deutlich wird dieser Unterschied beim Pay-per-View, wo es zwar auch auf den Konsum einer einzelnen Sendung ankommt; abhängig von der Preiselastizität der Nachfrage des Konsumenten kann es aber durchaus vorkommen, daß eine geringere Zuschauerzahl bei einem höheren Preis durchaus einen höheren Umsatz generieren kann.

[299] "Advertiser-supported television leads to inefficient allocation of resources as long as advertisers' values of viewers differ from viewers' values of programs." Owen/Wildman (1992), S. 92.

- Zielgruppenspezifische Sendungen (auch für kleinere Zu-
  schauersegmente, da Maximierung des Zuschauerinteresses
  nicht angestrebt wird); im Bereich Kultur z.B. die Übertragung einer Oper.

- Das Programm enthält Sendungen, z.B. im Bereich Erotik,
  die sonst nicht im Fernsehen gezeigt werden.

- Das Programm wird nicht durch Werbung unterbrochen.

Der Erfolg eines Pay-TV Senders wird vor allem durch die Attraktivität des Programms bestimmt. Pro Jahr werden ca. 400 neue Kinofilme ausgestrahlt. Sport gilt als der zweitwichtigste Programmtyp. Ca. ein Drittel der Kunden von Canal + hat den Kanal in erster
Linie aufgrund der exklusiven Sportübertragungen abonniert.

Die Programmversorgung ist folglich die entscheidende Erfolgsva-
riable für Pay-TV; seine Marktchancen hängen somit vom Besitz
von Rechten an attraktiver Software ab.[300] Diese wird durch langfristige Lizenzverträge mit den Produktionsgesellschaften - in erster
Linie den Majors -, die nach Möglichkeit eine Exklusivnutzung gewährleisten sollten, sichergestellt. Darüber hinaus kann die Beteiligung an Produktionen ein wichtiges Instrument der Programmbeschaffung darstellen.

Neben dem Programmkonzept bestimmen auch die folgenden
Faktoren über den Erfolg eines Pay-TV Kanals:

- Marketing- und Vertriebskonzept

  Das Programmkonzept hängt eng mit der Positionierung des
  Pay-TV Kanals zusammen. Ob sich der Pay-TV Veranstalter
  als reine Abspielstation massenattraktiver Kinofilme versteht
  oder als Veranstalter mit einem eigenen Image, das durch
  die ergänzende Ausstrahlung von Nischenprodukten wie
  Autorenfilme, Kultursendungen und speziell für das
  Programm produzierte Sendungen aufgebaut wird, hat einen
  erheblichen Einfluß auf das Zielpublikum und den Abonne-
  mentspreis.

---

[300] Vgl. Kruse (1989a), S. 88.

Anders als in den USA, müssen Pay-TV Veranstalter in Europa einen eigenen Vertrieb aufbauen. In den USA wird der Vertrieb von den jeweiligen Kabelnetzbetreibern übernommen. Sie kümmern sich um Anschluß, laufende Wartungsarbeiten sowie die Fakturierung des Kunden. Außerdem übernehmen sie auch Marketingaufgaben. In Europa ist ein derartig ausgebautes Vertriebsnetz nicht vorhanden. Canal + entwickelte daher die Zusammenarbeit mit dem Fernsehfachhandel als Basis für das Vertriebskonzept. Dieses Konzept wurde auch auf das deutsche Pay-TV Programm Premiere, an dem Canal + beteiligt ist, übertragen. Der Fachhandel ist vor allem für Beratung, Kontoeröffnungen und Vertrieb der Decoder zuständig. Diese Leistungen werden auf Provisionsbasis vergütet.

- Technische Rahmenbedingungen

  Neben der maximalen technischen Reichweite, einem Erfolgsfaktor für alle Programmveranstalter, sind beim Abonnementsfernsehen zusätzlich Technik sowie Kosten der Decoder entscheidende Erfolgsgröße. Verfügbarkeit und Piratensicherheit der Decoder müssen langfristig gewährleistet sein[301].

- Konkurrenzsituation

  Der wirtschaftliche Erfolg eines Abonnementsfernsehsenders hängt in hohem Maße auch vom Wettbewerb mit weiteren Pay-TV Programmen und mit anderen audiovisuellen Medien ab. Da in den meisten europäischen Ländern die jeweiligen Pay-TV Anbieter zur Zeit noch eine Alleinstellung im lokalen Pay-TV Markt genießen, ist vor allem die Konkurrenz mit Videoprodukten und die Anzahl der frei zugänglichen Fernsehprogramme von Bedeutung. Je stärker sich das Prinzip der Direktvermarktung von Videokassetten durchsetzt, die in der Verwertungskette vor dem Pay-TV liegen, und je größer die Zahl der frei zugänglichen Programme wird, desto schwieriger und

---

[301] Die strategische Bedeutung der Decoder hat Canal + beispielsweise dazu veranlaßt, sich an der Decoderproduktion selbst zu beteiligen.

kostspieliger wird voraussichtlich die Akquisition von Abonnenten und desto kürzer auch ein Abonnement.

Die Kosten für einen Pay-TV Kanal werden vor allem durch das Programm bestimmt, das 40 Prozent bis 50 Prozent der Gesamtkosten ausmacht. Üblicherweise setzen sich die Lizenzzahlungen an den Rechteinhaber aus einem Fixum und einem variablen Teil zusammen, der vom Kinoerfolg des jeweiligen Films und der Abonnentenzahl abhängt. Neben den Programmkosten sind Decoder-, Marketing- und Personalkosten die wichtigsten Kostenbestandteile.

Aufgrund des hohen Investitionsvolumens ist es offensichtlich, daß an den zur Zeit in Europa gestarteten Pay-TV Projekten in den wirtschaftlich wichtigsten Ländern große Medienkonzerne beteiligt bzw. federführend sind.

3.4.3.2 Pay-per-view

Pay-per-View kann im Prinzip zur Zeit noch nicht als eine Form der Programmveranstaltung bezeichnet werden. Es handelt sich hier vielmehr um die Plazierung und Ausstrahlung einer einzelnen Sendung bzw. einer Veranstaltung im Fernsehen. Pay-per-View ist - zumindest in der heute auftretenden Form - daher eher mit dem Konsum von Videokassetten zu vergleichen.

Das Entwicklungspotential des Pay-per-View darf jedoch nicht unterschätzt werden. Theoretisch ist es durchaus denkbar, daß der Zuschauer in Zukunft im Rahmen eines Fernsehprogramms für den jeweiligen Konsum einer Sendung belastet wird bzw. entsprechend der kumulierten Laufzeit des Fernsehers in einer bestimmten Periode eine Gebühr zu entrichten hat. Vorstellbar ist auch, daß der Zuschauer sich sein Programm selbst zusammenstellt[302] und dafür zahlt. Dies würde dem Trend zu einer zunehmenden Individualisierung des Fernsehkonsums entsprechen.

---

[302] Z.B. indem er aus einer Filmbibliothek auswählen kann oder auf bestimmte Programmtypen wie Wetter, Nachrichten, Musik etc. Zugriff hat.

Zur Zeit sind die technischen Voraussetzungen für Pay-per-View -
vor allem in Europa - noch nicht gegeben. Es gibt aber bereits Anzeichen, die auf die oben dargestellte Entwicklung hindeuten.[303]

3.4.4 Anforderung an die Wettbewerbsstrategien

3.4.4.1 Die Zukunft des europäischen Fernsehens

Nach Schätzungen von Mediaforschungsinstituten wird es bis zum
Ende dieses Jahrzehnts mehr als 100 europäische Fernsehsender
geben, die ihre Programme über terrestrische Frequenzen, Kabel
oder Satellit z.T. grenzüberschreitend ausstrahlen.[304] Die künftige
Struktur und der wirtschaftliche Erfolg dieser Fernsehvielfalt wird
stark von den Neuerungen in der Übertragungstechnologie -
Verbesserung des Kupferkoaxialkabels, Satellitentechnik, Mikro-
wellentechnik und der Empfangstechnologie (HDTV, Satellitenantennen, Decoder) - abhängen.[305]

Daneben ist auch die rechtliche Entwicklung, vor allem auf europäischer Ebene, von großer Bedeutung. Zur Zeit stellen sich hier noch
viele ungelöste Probleme. Fragen zur Unternehmenskonzentration
bedürfen einer europäischen Lösung. Bisher noch ungeklärt ist
auch der grenzüberschreitende Rundfunk mit seinen Auswirkungen
auf Urheberrechte sowie nationale Gesetzgebungen hinsichtlich
des Jugendschutzes, Werberegeln etc.[306]

Für die Entwicklung des Kabels ist ein europäischer Rahmen notwendig, der nach Möglichkeit eine marktwirtschaftliche, d.h. private, Lösung favorisiert. Nicht zuletzt muß auch die Zukunft des öffentlichen Fernsehens langfristig geregelt werden.

Die sich trotz dieser technologischen und rechtlichen Unsicherheiten abzeichnenden Tendenzen für die Entwicklung der europäischen Fernsehlandschaft lassen sich in den folgenden Punkten zu-
sammenfassen:

---

[303] Vgl. Kap. IV.2.2.

[304] Vgl. Schrape/Kessler (1989), S. 265.

[305] Vgl. Kap. III.1.

[306] Vgl. Kap. III.2.2 und Kap. V.1.

• Erhöhung der Wettbewerbsintensität

Der starke Anstieg der Zahl von Programmanbietern wird zu einer Erhöhung der Wettbewerbsintensität sowohl auf den Beschaffungs- als auch auf den Absatzmärkten führen. Die hohe Nachfrage nach der knappen Ressource Software hat bereits zu drastischen Preissteigerungen auf den Programm-Märkten geführt,[307] wobei zu berücksichtigen ist, daß der Wettbewerb auf einigen Fernsehteilmärkten (z.B. Pay-TV) gerade erst begonnen hat. Zusätzlich ist zu erwarten, daß sich die Kosten für berühmte Fernsehpersönlichkeiten wie Showmaster oder Moderatoren für Nachrichten- und Sportsendungen deutlich erhöhen werden.[308] Das Wachstum der Werbemärkte und Pay-TV Märkte wird daher darüber entscheiden, wieviele Fernsehprogramme langfristig überlebensfähig sind.[309]

• Die steigenden Kosten und ein intensiverer Wettbewerb um das Zuschauerinteresse bedeuten ein größeres Investitionsrisiko für die Programmveranstaltung. Verbunden mit den hohen Finanzierungsanforderungen einer Investition im Fernsehbereich und dem relativ langen Pay-back Zeitraum ist damit zu rechnen, daß nur große und finanzstarke Unternehmen im Wettbewerb bestehen können. Die Folge wird eine steigende Konzentration sein.

• Gering steigender Fernsehkonsum

Untersuchungen haben gezeigt, daß eine größere Fernsehvielfalt den Fernsehkonsum nur geringfügig erhöht.[310] Das zusätzliche Angebot wird dementsprechend eine zunehmende Fragmentierung des Fernsehpublikums und eine Individualisierung des Fernsehkonsums zur Folge haben.

---

[307] Vgl. z.B. Wirth/Bloch (1985), S. 134.

[308] In den USA werden den Nachrichtenmoderatoren der drei Networks bereits Jahresgehälter in Millionenhöhe bezahlt.

[309] Vgl. Kap. IV.2.1.

[310] Vgl. Storck (1992), S. 171.

- Neue Formen des Fernsehens

Steigende Wettbewerbsintensität und zunehmende Fragmentierung des Publikums werden letztendlich die Unternehmen dazu veranlassen, zusätzliche Nischen-strategien zu verfolgen. Damit ist der Trend zum "Narrowcasting" angesprochen,[311] das sich sowohl als werbefinanziertes Spartenprogramm oder als konsu-mentenfinanziertes Pay-TV Programm herauskristallisieren wird. Schließlich ist eine völlig individualisierte Programmgestaltung keine reine Utopie mehr.

3.4.4.2 Schlüsselerfolgsfaktoren der Programmveranstaltung

Die entscheidenden Erfolgsfaktoren bzw. Engpässe sind bereits im einzelnen behandelt worden. Sie sollen deshalb hier nur noch ein-mal kurz für die Formen der Programmveranstaltung zusammenge-faßt werden:

- Umfang der technischen Reichweite

- Gesicherte Programmversorgung

- Hohes und stabiles Finanzierungspotential des Anbieters

Analog zur Software-Produktion stellen diese Erfolgsfaktoren gleichzeitig hohe Markteintrittsbarrieren dar.

3.4.4.3 Kostenführerschaft versus Differenzierung

Die Frage nach der Kostenführerschaft als adäquate Wettbewerbs-strategie der Programmveranstaltung kann in völliger Analogie zur Strategie der Kostenführerschaft bei Software-Produkten beantwortet werden[312]. Die Punkte sollen deshalb an dieser Stelle nur kurz zusammengefaßt werden.

Ähnlich den Software-Produkten ist das Ergebnis der Programmge-staltung, d.h. das Zusammenstellen der einzelnen audiovisuellen Produkte, ein Unikat. Die Kosten stehen in keinem Zusammenhang mit dem Erfolg eines Programms. Im Gegenteil: Programme, die

---

[311] Vgl. Negrine/Papathanassopoulos (1990), S. 127.
[312] Vgl. Kap. V.3.3.4.3.

billige, aus den USA importierte Fernsehserien zeigen, können erfolgreicher sein als Programme mit anspruchsvollen und kostspieligen Eigenproduktionen.[313]

> "La télévision généraliste, comme les autres formes de télévision, demeure une activité de main-d'oeuvre car elle fabrique des prototypes; les gains de productivité sont donc faibles".[314]

Der Erfolg bei der Programmveranstaltung wird grundsätzlich durch das Produkt und die Zusammensetzung der Produkte bestimmt. Daraus läßt sich ableiten, daß Programmveranstalter strategische Wettbewerbvorteile im Prinzip nur durch eine Differenzierungsstrategie erzielen können.

3.4.4.4 Diversifikationsstrategie im Bereich der Programmveranstaltung

Es ist deutlich herausgestellt worden, daß die Attraktivität der vom Programmveranstalter gesendeten audiovisuellen Produkte der entscheidende Schlüssel zum Erfolg ist. Da attraktive Software nur begrenzt zur Verfügung steht,[315] wird der Engpaßfaktor Programmbeschaffung zum bestimmenden Element der Wettbewerbsstrategie eines Programmveranstalters.

Diese Notwendigkeit haben vor allem die amerikanischen Networks zu spüren bekommen. Auf der einen Seite sind sie seit Anfang der 80er Jahre einem immer intensiverem Wettbewerb ausgesetzt, und andererseits waren sie bis 1991 durch die "FinSyn-rules" fast gänzlich vom Eigentum an Software und damit auch vom Syndizierungsmarkt ausgeschlossen.

---

[313] Siehe Beispiel Fininvest versus RAI in Italien. Dabei wird allerdings häufig übersehen, daß die Kosten für die Produktion von Software amerikanischer Herkunft in der Regel über den Kosten von lokalen Eigen- oder Auftragsproduktionen liegen.

[314] Bonnell (1989), S. 306.

[315] Vgl. Kap. IV.1.

"They realized that power over distribution in the evolving media system is increasingly tied to a company's ability to link it to a production clout - that is to generate and control the creative product it distributes."[316]

Neben langfristigen vertraglichen Vereinbarungen über den künftigen Output eines Programmproduzenten und dem Rechtekauf mit langen Lizenzlaufzeiten stellt die vertikale Integration eine Option dar, die die Abhängigkeit des Programmanbieters von den Programmlieferanten reduziert. Dies ist vor allem dann wichtig, wenn der Programmanbieter - wie im Falle des Pay-TV - in seiner Nachfrage auf einen bestimmten Programmtyp beschränkt ist. Diese Minderung der Abhängigkeit kann sich zum einen in einer stärkeren Position bei Preisverhandlungen äußern; zum anderen kann eine eigene Produktion als Hebel für die Kooperation mit anderen Produktionsgesellschaften eingesetzt werden.[317] Welche Bedeutung für einen Programmveranstalter die vertikale Integration der Programmproduktion hat, ist beim Wettbewerb zwischen den Unternehmen British Satellite Broadcasting (BSB) und dem zur News Corp. gehörenden Sky-Channel um den Pay-TV Markt in Großbritannien deutlich geworden. Während BSB ausschließlich auf die durch die Konkurrenz im Preis stark gestiegenen Lizenzen von externen Produktionsgesellschaften angewiesen war (BSB ging ein Commitment von 700 Mio.en Dollar über fünf Jahre ein), konnte Sky Channel vor allem auf die Filmbibliothek des ebenfalls zur News Corp. Konzern gehörenden Filmstudios 20th Century Fox zurückgreifen.[318] In Europa verfolgen vor allem die beiden Programmanbieter Canal + und die Fininvest das Ziel, die Programmproduktion stärker zu integrieren; Canal + über ihre Tochtergesellschaft Canal + Studios und Fininvest über das Joint Venture Penta sowie im Rahmen der eigenen Produktionsgesellschaften.

---

[316] Turow (1992), S. 39.

[317] Dies gilt vor allem dann, wenn diese Produktionsgesellschaften auch mit Programmveranstaltern integriert und auf die Konkurrenzprodukte angewiesen sind.

[318] Vgl. Buscombe (1990), S. 407; News Corp. wäre wahrscheinlich auch der Aufbau des Fox Networks in den USA ohne die Existenz der Film- und Fernsehproduktionsfazilitäten sowie der umfangreichen Filmbibliothek nicht geglückt.

Aus ähnlichen Gründen wie bei der Kontrolle über die Distribution von Softwareprodukten bietet auch für die Programmveranstalter die Integration mit technischen Übertragungswegen (Betrieb von Kabelnetzen) strategische Wettbewerbsvorteile.[319] Diese Vorteile ergeben sich auf beiden Seiten. Für einen Pay-TV-Veranstalter hat es beispielsweise den Vorteil, daß der Betreiber des Kabelnetzes in der Regel wesentlich effizienter die Kundenbetreuung und - werbung betreiben kann. Umgekehrt bringt der Programmveranstalter Erfahrung in der Programmgestaltung mit, die beim Aufbau weiterer Themenkanäle genutzt werden kann.[320] Eine Integration beider Bereiche ist vor allem in den USA zwischen Kabelindustrie und Programmveranstaltung feststellbar.[321]

Die Vorteile der Integration leiten sich aber auch aus der Form der Marktbearbeitung ab. Dem Kunden werden in der Regel Programmpakete angeboten,[322] bei denen der Preis nicht pro Programm, sondern für ein gesamtes Paket bezahlt wird. Auf diese Weise lassen sich auch sehr zielgruppenspezifische Programme wirtschaftlich gestalten, die für sich allein nicht am Markt bestehen könnten, da die Kosten der Kundenbetreuung wie Monitoring, Fakturierung etc. sowie der Kundenwerbung zu hoch wären.[323] Für den Kabelnetzbetreiber bietet dieses sogenannte Channel Bundling den Vorteil, daß er dem Kunden ein höheres Leistungsangebot machen kann und damit in der Preisgestaltung wesentlich flexibler ist.[324]

---

[319] Vgl. Turow (1992), S. 40; Thorpe (1985), S. 150.

[320] Vgl. Meise (1992), S. 253.

[321] In den USA werden über 70 Prozent des Programmangebots von Unternehmen bereitgestellt, die gleichzeitig Kabelnetze betreiben; vgl. Mariet (1990), S. 120.

[322] Dies gilt nicht für die sogenannten Premium Channel, d.h., die Pay-TV-Programme.

[323] "[...] the price per subscriber would be so small that a requirement that these channels be priced individually might result in their disappearance from the market." Woodbury (1985), S. 276; anzumerken ist, daß diese Politik sich allerdings nicht nur auf integrierte Programmveranstalter bezieht.

[324] Ein gutes Beispiel ist das von Time Warner vor zwei Jahren gegründete Lokalprogramm für New York, das über den konzerneigenen Kabelnetzbetreiber Manhattan Cable im Rahmen eines Pakets angeboten wird. Auf sich allein gestellt, könnte sich ein derartiges Programm am Markt wahrscheinlich nicht durchsetzen.

Welche erheblichen Wettbewerbsvorteile die Integration der Distribution - d.h. der Übertragungsweg und damit der direkte Zugang zum Kunden - für die Programmveranstaltung haben kann, zeigte der Kauf des Kabelnetzbetreibers ATC durch Time Inc. Nach der Integration waren 87 Prozent der Kunden von ATC auch Abonnenten des zum Time-Konzern gehörenden Pay-TV Anbieters HBO. Den direkten Konkurrenten Showtime hatten dagegen nur drei Prozent abonniert.[325]

In Frankreich scheint sich ein ähnlicher Prozeß abzuzeichnen. Bei Canal + sind mit der Compagnie Générale des Eaux (CGE) und der Caisse des Dépôts et des Consignations (CDC) zwei Kabelnetzbetreiber beteiligt. Es besteht bereits eine enge Zusammenarbeit, um die für das Angebot eines Kabelnetzes erforderliche Programmvielfalt zu verbessern.[326]

Ebenso vorteilhaft wie die vertikale Integration scheint auch die horizontale Diversifikation zu sein. Die Verbindung von Pay-TV Programmen und werbefinanzierten Programmen, die auf denselben Fernsehmärkten tätig sind, vergrößert die Verhandlungsmacht gegenüber den Anbietern von Software. Darüber hinaus ist ein diversifizierter Programmveranstalter in der Lage, im Vergleich zum Konkurrenten, der ausschließlich werbefinanzierte Programme anbietet, höhere Preise zu zahlen, da das Produkt auf verschiedenen Verwertungsstufen genutzt und amortisiert werden kann.

Schließlich ist für einen Programmveranstalter die Präsenz auf verschiedenen Verwertungsstufen auch im Hinblick auf die Eigen- oder Auftragsproduktion von Vorteil, da ein höheres Budget eingesetzt werden und dies die Attraktivität der Produktion erhöhen kann. Der Programmanbieter erhält dadurch eine zusätzliche Möglichkeit, sich vom Konkurrenten zu differenzieren.

---

[325] Vgl. Hilmes (1990), S. 301: "[...], cable systems tended to promote their own vertically integrated premium services almost exclusively"; vgl. Auch Fabrikant (1990), S. D5.

[326] Vgl. die Ausführungen zu Canal + in Kap. V.2.

3.4.4.5 Kooperationsstrategie

Kooperationen sind im Fernsehbereich eher die Regel als die Ausnahme. In Europa sind es häufig Mediengesetze, die die Beteiligung bzw. das Eigentum an mehreren Veranstaltern in einem nationalen Markt stark einschränken oder grundsätzlich untersagen.[327]
In derartigen Situationen erscheint eine Kooperation das einzig
verfügbare strategische Mittel, um am Wachstum der Fernsehmärkte zu partizipieren.

Kooperationen werden aber auch eingegangen, um ökonomische
Vorteile zu erzielen. Diese können vor allem dann realisiert werden, wenn die Partner im direkten Wettbewerb stehen.[328] Typisch
hierfür ist der bereits zitierte Zusammenschluß der beiden Pay-TV
Anbieter Sky TV und British Satellite Broadcasting in Großbritanni-
en. Da zusätzliche terrestrische Frequenzen nicht verfügbar waren
und die Verkabelung noch sehr schwach ausgebildet ist, strahlten
beide Sender ihre Programme per Satellit aus. Damit stand ihnen
jedoch nur ein kleiner Markt zur Verfügung, da auch die Ausstattung mit Satellitenempfangstechnik in England noch nicht sehr
verbreitet ist. Beide Unternehmen verfolgten in ihrer Programmgestaltung eine äußerst kostspielige Differenzierungsstrategie und
realisierten entsprechend hohe Verluste.[329] Da ein wirtschaftlicher
Erfolg für keinen der beiden Sender abzusehen war, entschlossen
sie sich schließlich zur Kooperation. Das fusionierte Unternehmen,
BSkyB, ist nun konkurrenzlos im Markt und konnte deshalb mit den
Majors Verträge neu verhandeln, die deutlich bessere Konditionen
aufweisen. Innerhalb eines Jahres nach der Fusion hat BSkyB operativ den Break-even erreicht.[330]

---

[327] Vgl. Kap. III.2.

[328] Vgl. Buscombe (1990), S. 407.

[329] Das Beispiel verdeutlicht, daß von einem intensiven Wettbewerb der
Programmveranstalter vor allem die Programmlieferanten, in diesem Fall
die amerikanischen Majors, profitieren; vgl. auch vorheriges Kapitel. Der
Konkurrent Premiere, ein Joint Venture zwischen der British Telcom,
Maxwell Communications und einigen amerikanischen Majors, schied 1989
aus dem Markt aus, da er nicht mehr in der Lage war, die hohen Preise für
Software zu zahlen; vgl. Collins (1990), S. 83.

[330] Clarke (1992), S. 56; vgl.auch SEC report News Corp, Form 20-F (1993),
S. 15.

Bei der Gründung des Pay-TV Joint Ventures Premiere in Deutschland zwischen Canal +, Bertelsmann und dem Filmhändler Leo Kirch wurde der Konkurrenzkampf von vornherein vermieden. Kirchs Pay-TV Kanal Teleclub war bereits im Markt tätig, als Bertelsmann und Canal + ein zweites Abonnementsfernsehen in den Markt bringen wollten. Die Eingliederung des Teleclubs und die gleichzeitige Beteiligung Kirchs an Premiere vermied den Wettbewerb auf einem noch nicht entwickelten Absatzmarkt.

Inhalt und Ziel einer Kooperation kann es auch sein, die Stärken von Unternehmen zusammenzuführen, um daraus einen strategischen Wettbewerbsvorteil zu ziehen. Dies bietet sich im Audiovisionsbereich vor allem in der Kombination von Film- und Fernsehproduktion und Programmveranstaltung an. Ein Parade-Beispiel hierfür ist die 1993 geschaffene strategische Allianz zwischen dem amerikanischen Programmveranstalter Tribune Broadcasting und dem zum Time Warner gehörenden Filmstudio Warner Bros (die weltgrößte Film- und Fernsehproduktionsgesellschaft). Ziel ihrer Kooperation ist die für 1995 angestrebte Gründung eines fünften Networks in den USA.[331]

Auch im Rahmen der Internationalisierung eines Unternehmens wird die Kooperation häufig als strategisches Instrument zum Markteintritt gewählt. Canal + versucht, sein Wachstum auf ausländischen Märkten mit einer klaren Kooperationsstrategie zu realisieren, die sich auf finanzstarke und erfahrene lokale Partner stützt.[332] Das hohe Investitionsvolumen und das damit verbundene finanzielle Risiko im Bereich der Programmveranstaltung spricht in der Regel ebenfalls für eine Kooperationslösung. Die fast ruinösen Verluste von Hachette durch sein Engagement bei dem Fernsehsender La Cinq machen dies sehr deutlich.[333] Immerhin zählt Hachette zu den größten Medienkonzernen der Welt.

---

[331] Vgl. Geschäftsbericht Time Warner Inc. (1993), S. 30.

[332] Vgl. Geschäftsbericht Canal + (1991), S. 2.

[333] Obwohl Hachette offiziell nur 25 % der Anteile hielt, übernahm das Unternehmen nach seinem Einstieg offensichtlich das volle finanzielle Risiko.

3.4.4.6 Globalisierungsstrategie

Die europäischen Unternehmen werden künftig immer stärker dem Wettbewerb mit amerikanischen und japanischen Konkurrenten ausgesetzt sein.[334] Dieser Wettbewerb wird sich über die Hegemonie der amerikanischen Produktionsgesellschaften im Software-Bereich auch auf die Programmveranstaltung ausdehnen.[335] Dies ist vor allem auf drei Entwicklungen zurückzuführen:

- Das Konsumverhalten hat sich zunehmend globalisiert,[336] so daß nicht nur globale Software, sondern auch globale Programmkonzepte nachgefragt werden.[337]

- Die zunehmende Vielfalt im Fernsehen führt zur Fragmentierung der Zuschauerschaft und bei den Programmveranstaltern zum Versuch einer stärkeren Differenzierung in der Programmgestaltung. Diese Veränderungen zeigen den klaren Trend zum "Narrowcasting" auf.

- Die Satellitentechnik erlaubt die grenzüberschreitende, internationale Verbreitung eines Fernsehprogramms.

Damit sind die Umwälzungen angesprochen, "[...] which transform television from a purely domestic affair to a more regional, international and even global dimension."[338] Die aufgeführten Aspekte können auch als Voraussetzungen für die erfolgreiche Globalisierung amerikanischer Spartenprogrammkonzepte gewertet werden. Die bekanntesten Programmveranstalter dieser Art sind der Nachrichtensender CNN und der Musik-Kanal MTV. Beide haben bereits damit begonnen, ihr Programm über den Astra-Satelliten und durch die Einspeisung in Kabelnetze auch in Europa anzubieten und den europäischen Markt für sich zu erschließen. Eine Globalisierungsstrategie in anderer Form verfolgt die italienische Fininvest. Der Medienkonzern versucht, in jedem wirtschaftlich attraktiven euro-

---

[334] Vgl. Jeandou (1988), S. 210.

[335] Vgl. Eger (1987), S. 5.

[336] Vgl. Kap. IV.2.1.2.

[337] Ein gutes Beispiel für diese Entwicklung wurde durch das Verlagshaus Gruner + Jahr gegeben, das ein identisches Zeitschriftenkonzept von Deutschland erfolgreich nach Frankreich und England exportierte; vgl. Wilke (1990), S. 11.

[338] Negrine/Papathanassopoulos (1990), S. 1.

päischen Land mit einem Programm vertreten zu sein. Das Programmkonzept sieht ein Vollprogramm vor, das sich vor allem stark auf den billigen Import amerikanischer Fernsehserien und Spielfilme stützt.[339]

Canal + verfolgt eine völlig unterschiedliche Globalisierungsstrategie. Das Unternehmen exportiert nicht das in Frankreich erfolgreiche Programmkonzept, vielmehr versucht es, ein Marketing- und Vertriebskonzept global umzusetzen.

Mit einer Globalisierungsstrategie bei der Programmveranstaltung könnte ein Unternehmen einen entscheidenden Wettbewerbsvorteils erzielen. Dies läßt sich am Beispiel des amerikanischen Nachrichtensenders CNN gut darstellen. CNN bietet sein Programm inzwischen in 89 Ländern an.[340] Darüber hinaus hat der Sender mit dem Ableger CNN-Headline News eine weitere Abspielstation für dasselbe Nachrichtenmaterial (nur in anderer Form aufbereitet) geschaffen. Die Möglichkeit zur Verteilung der enorm hohen Fixkosten einer weltweiten Nachrichtenorganisation auf eine wesentlich größere Zuschauerbasis schafft die Voraussetzungen für den Ausbau des Korrespondentennetzes, die Verbesserung von Übertragungstechnik etc. Dies ermöglicht CNN langfristig eine qualitativ bessere und vor allem schnellere Berichterstattung aus allen Teilen der Welt - im Nachrichtensektor eine wesentliche Erfolgsgröße, womit sich CNN deutlich von der Konkurrenz abheben kann.[341] Darüber hinaus hat die von CNN verfolgte Strategie einen weiteren entscheidenden Vorteil: Durch den inzwischen hohen Bekanntheitsgrad und der starken internationalen Präsenz bietet sich der Kanal in Zukunft als globaler Werbeträger für die Werbeindustrie an.[342]

---

[339] Die Fininvest versucht, eine "europäische Fünf" aufzubauen; mit Canale 5 in Italien, Tele 5 in Deutschland, La Cinco in Spanien, La Cinq in Frankreich und Channel 5 in Großbritannien. Diese Strategie hat allerdings durch den Konkurs von La Cinq und den Ausstieg der CLT aus Tele 5 Rückschläge erlitten.

[340] Vgl. Mariet (1990), S. 248.

[341] "CNN's strategy of reselling its output repeatedly throughout the day, over two channels, and to cable and broadcaster customers at home and abroad, has been crucial to its success." Owen/Wildman (1992), S. 177.

[342] Vgl. Kapitel IV.2.1.2.

Aus der Analyse der Entwicklung von CNN scheint sich im übrigen die These zu bestätigen, daß die Reihenfolge des Markteintritts die Marktdurchdringung und die Margen beeinflußt.[343] Im Nachrichtensektor zeichnet sich neben der Globalisierung von CNN noch eine weitere transnationale Entwicklung ab, die ebenfalls ihren Ursprung in den USA hat. Filmagenturen wie Visnews und WTN, die bisher täglich Bildmaterial für die Nachrichten international vertrieben,[344] bieten inzwischen fertig gebaute Berichte an.[345] Programmveranstaltern gibt dies die Möglichkeit, die Kosten der Nachrichtensendungen deutlich zu senken. Allerdings besteht dabei die Gefahr, daß die Berichterstattung gleichförmig wird.

Zusammenfassend ist aber festzustellen, daß sich die Internationalisierung der Programmveranstaltung in Europa noch in den Anfängen befindet. "It is, [...], an industry in the process of being created."[346]

3.5 Der Audiovisionsbereich als Bestandteil einer multimedialen Unternehmensstruktur

Die strategische Notwendigkeit einer Investition in den Audiovisionsbereichen wurde in den vorangegangenen Kapiteln aus der dynamischen Entwicklung der Audiovisionsmärkte abgeleitet. Es wurden Strategiekonzepte präsentiert, die Handlungsempfehlungen für die Aktivitäten in der Film- und Fernsehproduktion und der Programmveranstaltung enthielten. Der strategische Wert einer umfassenden Bearbeitung des Audiovisionsmarktes wäre aber heute nicht mehr vollständig dargestellt, wenn nicht die Wettbewerbsvorteile berücksichtigt würden, die sich aus einer multimedialen Unternehmensstruktur ergeben. Angesprochen ist hier die Realisierung von Synergiepotentialen zwischen verschiedenen Mediensektoren.

---

[343] Vgl. auch Thorpe (1985), S. 148, der dies bei Kabelgesellschaften festgestellt hat. Allerdings überrascht das dort weniger, da der Betrieb von Kabelnetzen ohnehin als natürliches Monopol gekennzeichnet werden kann. Dennoch bietet offensichtlich auch zielgruppenorientierten Programmen der frühe Zeitpunkt des Markteintritts Wettbewerbsvorteile; vgl. Owen/Wildman (1992), S. 174.

[344] Vgl. Negrine/Papathanassopoulos (1990), S. 171.

[345] Vgl. Eudes (1989), S. 189f.

[346] Negrine/Papathanassopoulos (1990), S. 146.

Diese Synergiepotentiale basieren zum einen auf den drei fundamentalen Antriebskräften, die die Existenz und die Struktur von jeder Form von Massenmedien bestimmen.[347] Diese drei Antriebskräfte sind:

- Die Existenz von Skalenerträgen, die sich aus dem Massenkonsum von Medienprodukten ergeben.

- Die Nachfrage von Werbetreibenden nach dem Zugang zu den Konsumenten der Medienprodukte, sofern diese auch potentielle Kunden der beworbenen Produkte sind.

- Der Wettbewerb zwischen den Medienunternehmen um die Sicherung von attraktiven Inhalten, um Käufer oder Abonnenten zu gewinnen bzw. eine Zuschauer-, Zuhörer- oder Leserschaft für die Werbetreibenden zu generieren.

  "These forces produce diverse media with different specialization and reach and different mixtures of support from advertisers and consumers."[348]

Zum anderen ergeben sich die Verbundpotentiale aus der Möglichkeit, die gleichen Inhalte in verschiedenen Medien zu nutzen, sofern ein Unternehmen Eigentümer der Rechte an diesen Inhalten ist.[349] Bei einem Medienunternehmen mit Interessen in allen Geschäftssegmenten lassen sich diese Verbundwirkungen am Verwertungspotential eines einzigen Verlags- und Filmrechts wie folgt beispielhaft darstellen:

- Vorveröffentlichung des Buches eines Erfolgsautors in der unternehmenseigenen Zeitung oder Zeitschrift

- Publikation des Buches zunächst als Hardcover und dann als Taschenbuch im eigenen Verlag, anschließend Vertrieb im eigenen Buchclub

---

[347] Vgl. Owen/Wildman (1992), S. 152.

[348] Owen/Wildman (1992), S. 152.

[349] Für den Audiovisionsbereich ist dieser Sachverhalt in den beiden vorangegangenen Kapiteln detailliert ausgeführt worden. "In such sectors as financial services, computin, office equipment, entertainment, and health care, interrelationships among previously district business are perhaps the artial concern of strategy." Porter (1989), S. 54 [Unterstreichung durch Verfasser].

- Verfilmung des Buches und weltweite Distribution des Filmes durch die zum Konzern gehörenden Studios

- Weltweite Verwertung als Video, Ausstrahlung im Fernsehen - zunächst über Pay-per-View im eigenen Pay-TV Kanal und schließlich im werbefinanzierten Fernsehsender

- Weltweiter Verkauf der Fernsehrechte

- Schließlich läßt sich auch noch die Vermarktung der Filmmusik vorstellen.[350]

  "In this vision, [...], global media and entertainment conglomerates would bring together movie companies, cable outlets, book publishers, and magazine publishers under a single roof. Each operation would make the others stronger and more profitable than anyone could be alone."[351]

Der Wettbewerbsvorteil, den der Marktteilnehmer durch diese multimedialen Strukturen erzielen kann, basiert auf verschiedenen Aspekten. Ideen und interessante Geschichten sowie kreative Persönlichkeiten sind im Medienbereich eine sehr knappe Ressource. Besonders wichtig für die Filmproduktion kann daher die Zusammenarbeit mit dem Verlagsbereich sein. Die Filmindustrie leidet unter einem chronischen Mangel an interessanten Ideen für Drehbücher. Sehr häufig wird daher auf die Verfilmung von Bestsellern einzelner Starautoren zurückgegriffen.[352]

Eine multimediale Struktur bringt einem Unternehmen erhebliche Vorteile, sich dieses kreative Potential zu sichern, da aufgrund der breiten Auswertungsmöglichkeiten höhere Preise für Rechte geboten werden können.[353] Darüber hinaus gewährleistet die Kontrolle

---

[350] Soundtracks waren lange Zeit vor allem ein wirksames Mittel, einen Film bekannt zu machen. Inzwischen ist die Musik zu einem Film zu einem eigenen, zum Teil sehr profitablen Geschäft geworden. So wurde die Filmmusik zu dem Walt Disney Zeichtrickfilm Alladin auf 3 Mio. CDs verkauft; vgl. Geschäftsbericht Walt Disney (1993), S. 9.

[351] Grover (1991), S. 202.

[352] Z.B. die Bücher von Tom Clancy: "Hunt for Red October" und "Patriot Games", oder von John Grisham: "The Firm" und "The Pelican Brief"; insgesamt basieren ca. 40 % der Skripte von Spielfilmen auf bereits veröffentlichten Büchern.

[353] Beispiele für Multi-Media Verträge mit Künstlern stellen die Vereinbarungen zwischen Sony und Barbra Streisand sowie Warner und Madonna bzw. Michael Jackson dar. Diese oft langfristig ausgestalteten

über die gesamte mediale Verwertungskette auch einen größeren
Einfluß auf den Erfolg des Produkts. Zwischen den einzelnen Ver-
wertungsstufen können z.B. Werbemaßnahmen abgestimmt und
damit das Produkt besser gefördert werden. Außerdem läßt sich der
Erfolg des Produkts durch die Optimierung der Dauer der
Auswertung auf jeder Stufe erhöhen.[354] Diese größere Kontrolle
über den Erfolg eines Produktes wirkt sich nicht nur positiv auf die
Rendite aus, sondern stellt auch für den Künstler einen Anreiz dar,
sein Werk durch ein derartiges Unternehmen verwerten zu lassen.
Dabei spielen sicher nicht nur monetäre Ziele eine Rolle, sondern
auch der Wunsch nach einem Publikumserfolg. Die Möglichkeit zu
einer stärkeren Unterstützung des Produkts erlaubt häufig auch,
weniger bekannten kreativen Persönlichkeiten zum Erfolg zu
verhelfen.Ein multimediales Angebotsprofil läßt sich auch im
Verhältnis zu den Werbetreibenden nutzen.[355]

Aufgrund des stark gestiegenen Medienangebots und der
wachsenden Fragmentierung der Konsumenten werden die
Werbetreibenden immer wählerischer bei ihren Media-Ent-
scheidungen. Ihnen geht es vor allem darum, die Effizienz ihrer
Werbung zu verbessern. Hier kann sich für ein Medienunternehmen
ein deutlicher Differenzierungsvorteil ergeben, wenn dem
Werbetreibenden ein Paket angeboten wird, das die Werbung in
verschiedenen Medien umfaßt. Vor allem läßt sich mit einer
Kombination von mehreren Medien ein höherer Wirkungsgrad beim
Zielpublikum erreichen. Darüber hinaus bietet ein Paket grundsätzlich die Möglichkeit, die verschiedenen Werbeplätze aufgrund ge-
ringerer Transaktionskosten insgesamt kostengünstiger anzubieten
als eine getrennte Buchung. Nicht zuletzt bietet auch die Abrech-
nung eines Pakets (Rechnungschreibung, Verbuchung etc.) die
Möglichkeit zu Kosteneinsparungen beim Werbetreibenden.[356]

Verträge umfassen Musik- und Filmproduktionen sowie Live-Konzerte. Vgl.
Cox (1992), S. A18. Im Prinzip kann ein bekannter Künstler auch mit jeder
Verwertungsstufe getrennt Verträge abschließen. Hier fallen jedoch hohe
Transaktionskosten an.

[354] So kann z.B. das Video zu einem Film schneller als üblich in den Markt
gebracht werden, wenn der Film in den Kinos kein Kassenschlager war; auf
diese Weise wird noch vom Werbeeffekt der Kinoeinführung profitiert.

[355] Vgl. Mariet (1990), S. 450.

[356] Time Warners Zeitschriftenbereich bot z.B. Werbepakete für die

Unternehmen	Audiovisions-bereich	Musikbereich	Printbereich Buch	Printbereich Zeitschriften/ Zeitungen
News Corp.	+++	-	+++	+++
Paramount/Viacom	+++	-	+++	+
Walt Disney	+++	+	-	-
Time Warner	+++	+++	++	+++
Matsushita (MCA/Universal)	+++	+++	-	-
Sony	+++	+++	-	-
Fininvest	++	-	++	+
Canal +	++	-	-	-
Bertelsmann	+	+++	+++	+++

+++ sehr starke Präsenz
++ starke Präsenz
+ Präsenz
- nicht präsent

Abb. 19: Multimediale Strukturen von Medienunternehmen
Quellen: Geschäftsberichte, SEC reports, Form 10-K und 20-F

Es scheint daher absehbar, daß die Sektoren der Medienindustrie technologisch und wirtschaftlich zusammenwachsen.[357] Die Ausführungen haben gezeigt, daß multimediale Strukturen für die Marktteilnehmer einen deutlichen Wettbewerbsvorteil bedeuten können. "Entertainment companies have begun to recognize the possibilities for coordinated strategies in different media" (vgl. Abbildung).[358] Diese Erkenntnis muß in den künftigen Wettbewerbsstrategien von Medienunternehmen berücksichtigt werden.

Zeitschriften Time, Fortune, Life, Sports Illustrated, Money und People an; vgl. Turow (1992), S. 242. Hohe Publizität erhielt auch die Vereinbarung zwischen Time Warner und dem Autohersteller Chrysler. Für eine Summe von 40 - 50 Millionen Dollar sollten alle Unternehmensbereiche von Time Warner zwei Jahre lang für Chrysler-Werbung zur Verfügung stehen; vgl. Donaton/McManas (1990), S. 162.

[357] Vgl. Turow (1992), S. 4.

[358] Porter (1985), S. 322. Es muß allerdings darauf hingewiesen werden, daß durch multinationale Unternehmensstrukturen in einem Markt durchaus Probleme im Hinblick auf die Unabhängigkeit der Berichterstattung, von Künstlern und Autoren etc. entstehen können.

VI. ZUSAMMENFASSUNG UND SCHLUSS-BETRACHTUNG

Die Umwälzungen im technologischen Bereich, der Umbruch bei den rechtlichen Strukturen, die jahrzehntelang Bestand hatten, gestiegene Konsumentenbedürfnisse und letztendlich der Wechsel von staatlichen bzw. halbstaatlichen Kräften zu privaten Marktteilnehmern haben in Europa dazu geführt, daß sich in den einzelnen Ländern und auch länderübergreifend industrielle Strukturen im Audiovisionsbereich bilden. Dieser Prozeß ist noch nicht abgeschlossen. Ein Vergleich des heutigen Zustands der Audiovisionsmärkte in Europa mit Entwicklungen in den USA weist auf erhebliche Wachstumspotentiale hin. Dies betrifft auf der Finanzierungsseite die Werbemärkte sowie neue Formen des Konsums von Audiovisionsprodukten und auf der Investitionsseite den Ausbau der Übertragungswege, die Programmveranstaltung und insbesondere die Software-Produktion.

In jedem Fall wird die Zukunft der Audiovisionsindustrie von Medienunternehmen und nicht mehr von staatlichen Marktteilnehmern bestimmt werden. Die Besetzung und Bearbeitung dieses Wachstumsmarkts stellt hohe Anforderungen an die Wettbewerbsstrategien der Medienunternehmen. Für sie gilt es, ein Strategiekonzept zu entwickeln, das die industriellen Trends, aber auch die medienökonomischen und -rechtlichen Besonderheiten berücksichtigt. Diese Trends und Besonderheiten herauszuarbeiten und aus ihnen adäquate Strategiekonzepte abzuleiten, war das Hauptanliegen dieser Arbeit.

Die Analyse hat gezeigt, daß die amerikanischen Medienunternehmen im künftigen Wettbewerb deutliche Vorteile haben. Dies liegt in erster Linie an ihrem erheblichen Erfahrungsvorsprung durch die hochentwickelte Industriestruktur in ihrem Heimatmarkt.[1] Im Unterschied zu ihren europäischen Konkurrenten sind sie grundsätzlich

---

[1] Porter meint hierzu allgemein, aber sehr zutreffend: "A country is a desirable global platform in an industry if it provides an environment yielding firms domiciled in that country an advantage in competing globally in that particular industry". Porter (1986), S. 25.

sowohl im Bereich der Software-Produktion als auch in der Programmveranstaltung stark vertreten. Darüber hinaus verfügen sie über erhebliche Stärken in der Distribution ihrer Produkte und können so die spezifischen medienökonomischen Vorteile der Verwertungskette eines audiovisuellen Werks uneingeschränkt nutzen. Für vergleichbare Voraussetzungen auf den europäischen Audiovisionsmärkten zu sorgen, d.h. marktwirtschaftlich leistungsfähige Industriestrukturen aufzubauen, ist eine der wesentlichen Herausforderungen für Medienunternehmen und Regierungen. Dies sollte sich nicht nur auf einzelne Länder beschränken, sondern auch einen gesamteuropäischen Ansatz verfolgen.

Im Bereich der Software-Produktion wird es notwendig sein, die Position des Produzenten im Produktionsprozeß sowie des Filmverleihers im Verwertungsprozeß zu stärken. Gleichzeitig müssen die klassischen Finanzierungsgesellschaften (Banken, Venture Capital Fonds etc.) stärker für Investitionen in die Film- und Fernsehproduktion interessiert werden. Dabei könnte der Staat einen wichtigen Beitrag leisten, indem er den Prozeß z.B. durch steuerliche Maßnahmen oder Bürgschaften fördert. Nur auf dieser Basis wird sich in Europa eine leistungsstarke Film- und Fernsehproduktion bilden können.

Im Bereich der Programmveranstaltung ist es erforderlich, einen rechtlichen Rahmen auf europäischer Ebene zu finden, der die unterschiedlichen nationalen Werberegeln, Programmauflagen von Audiovisionsbehörden und schließlich auch die Regeln zur Medienkonzentration vereinheitlicht, um eine Wettbewerbsverzerrung zu vermeiden. Dies ist heute umso wichtiger geworden, da - unter anderem durch die Technologie bedingt - auch die Programmveranstaltung zunehmend einem Internationalisierungstrend folgt. Diese Regelungen sollten jedoch nicht so restriktiv sein, daß sie den Aufbau einer ernstzunehmenden europäischen Konkurrenz zu den starken amerikanischen Medienkonzernen verhindern.

Eine im Audiovisionsbereich erfolgreiche Wettbewerbsstrategie muß - wie beschrieben - die Veränderungen von Marktstrukturen und von Produkten sowie die Spezifika der Medienindustrie berücksichtigen.

Der Markterfolg entscheidet sich in erster Linie über das Produkt und die Fähigkeit des Unternehmens, dieses Produkt maximal auswerten zu können.

Diesen Notwendigkeiten trägt die Arbeit bei der Entwicklung eines Strategiekonzepts Rechnung. Dieses berücksichtigt die beiden wesentlichen Bestandteile des Audiovisionssektors - die Produktion von audiovisueller Software und ihrer Distribution sowie die Programmveranstaltung. Das Konzept basiert auf der Differenzierungsstrategie als eine der beiden wesentlichen generischen Wettbewerbsstrategien und integriert Teilstrategien, die Marktgegebenheiten und -entwicklungen berücksichtigen. Diese Teilstrategien beschreiben die Richtung der Investition (horizontale Diversifikation/vertikale Integration), deren Form (Alleinentwicklung versus Kooperation) und den Grad der Internationalisierung (multilokale versus globale Marktbearbeitung).

Wollen sie ihre Stellung auf den Audiovisionsmärkten erfolgreich ausbauen, müssen Medienunternehmen mit ihren Produkten aus dem Film- und Fernsehbereich auf internationaler Ebene präsent sein und die Möglichkeit haben, alle Stufen der Verwertungskette zu bearbeiten. Dies setzt voraus, daß sie die heute vorherrschenden Anforderungen an globale Produktinhalte und -standards erfüllen können. Außerdem muß ihre Produktionsleistung einem Mindestumfang an audiovisuellen Werken entsprechen. Nur wenn diese Bedingungen erfüllt sind, rechtfertigt sich der Aufbau von weltweiten Distributionskapazitäten. Die Kontrolle der Distribution aber ist eine der entscheidenden strategischen Variablen im Bereich der Software-Produktion.

Darüber hinaus sichert die vertikale Integration des Kinobetriebs die Unabhängigkeit bei der Marketing- und Absatzstrategie für ein audiovisuelles Produkt. Da das Kino die erste Stufe in der Verwertungskette darstellt, wird der Gesamterfolg eines Films ganz wesentlich von den Einspielergebnissen in den Kinos beeinflußt.

Ein einzelnes Unternehmen kann diese strategischen Anforderungen nur schwer erfüllen: Mangelnde Produkterfahrung, geringe globale Marktkenntnisse, vor allem aber auch der enorme Kapitalbedarf bedeuten für eine Alleinentwicklung ein hohes Risiko. Daher muß das Strategiekonzept eine zunehmende Bildung von Koalitionen anstelle der klassischen Wettbewerbsbeziehungen berücksichtigen.

Auch für die Programmveranstaltung ergibt sich die Notwendigkeit, die Trends zur Globalisierung und zur verstärkten Kooperation in einer interdependenten Gesamtkonzeption zusammenzufassen. Hier gilt es, der zunehmenden Individualisierung des Fernsehkonsums durch horizontale Diversifikation in Nischenmärkte Rechnung zu tragen. Von großer Bedeutung ist ebenfalls die langfristige Sicherung der Versorgung mit Programmen und die Sicherung der Übertragungswege, aus der sich der Bedarf der vertikalen Integration ableiten läßt. Die technologische Entwicklung und die wachsende Konvergenz der Werbemärkte in Europa wird auch im Bereich der Programmveranstaltung zu wachsenden Globalisierungsanforderungen führen. Dies betrifft vor allem die Internationalisierung von Programmkonzepten und die Schaffung von globalen Marketing- und Vertriebskonzepten.

Analog zu den Gründen für Koalitionen im Software-Bereich ist auch für die Programmveranstaltung eine adäquate Kooperationsstrategie geboten. Hier spielen zudem rechtliche Beschränkungen ein wichtige Rolle für das Eingehen von Koalitionen. Diversifikations-, Globalisierungs- und Kooperationsstrategie bilden in diesem Ansatz eine einheitliche und koordinierte Wachstumsstrategie.

Aber nicht nur die Aussicht auf ein hohes Marktwachstum veranlassen Medienunternehmen zur Investition in den Audiovisionsbereich. Auch die Sicherung der Unternehmenskontinuität spielt eine wesentliche Rolle bei den strategischen Überlegungen. Multimediale Strukturen werden in der Zukunft für die Marktbearbeitung immer bedeutender werden; für Medienunternehmen stellt sich somit die Aufgabe, in allen verbundenen Geschäftssegmenten vertreten zu sein. Nur eine derartige Politik garantiert unternehmerische Unabhängigkeit und entspricht der Tendenz einer zunehmenden Verzahnung der Massenmedien.

Mit der Integration der bisher separaten Print-, Musik- und Audiovisionssektoren zu einem interdependenten Mediensektor ist die Entwicklung aber noch nicht abgeschlossen. Auch industrieübergreifend sind vergleichbare Prozesse feststellbar. Die Telekommunikations- und Audiovisionsindustrie wachsen schon seit längerem enger zusammen. Inzwischen ist die Computerindustrie - ausgelöst durch die Multimedia-Entwicklung - ebenfalls in diesen Kreis eingetreten. Die wachsende Integration von Telekommunikations-, Medien- und Computerindustrie weist den Weg zu einer Kommunikations- und Informationsgesellschaft.

Literaturverzeichnis

AAKER, D. A. (1989):
Managing Assets and Skills: The Key to a Sustainable Competitive Advantage, in: CMR, Winter 1989, S. 91-106.

ALDERMAN, B. (1992):
Europe's Quiet Giant Stirs - CLT, the Tortoise of European TV, is Gaining Ground on the Hares, in: Var., 24.2.1992, S. 1 und 272f.

AMIHUD, Y./LEV, B. (1991):
Risk Reduction as a Managerial Motive for Conglomerate Mergers, in: BJE, Vol. 12, No. 2, 1981, S. 605-617.

AMIT, R./LIVNAT, J. (1988):
Diversification strategies, business cycles and economic performance, in: SMJ, Vol.9, 1988, S. 99-110.

ANDREWS, K.R. (1987):
The Concept of Corporate Strategy, 3. Aufl., Homewood 1987.

ANSOFF, H. I. (1965):
Corporate Strategy - An Analytical Approach to Business Policy for Growth and Expansion, New York 1965.

ANSOFF, H. I. (1984):
Implanting Strategic Management, Englewood Cliffs u.a., 1984.

ARNOLD, E. (1990):
Competition and Technological Change in the Television Industry: an Empirical Evaluation of Theories of the Film, London 1985.

ASTHEIMER, S. (1991):
Ordnungen für einen europäischen Rundfunk, in: Internationales Handbuch für Rundfunk und Fernsehen 1992, hrsg. vom Hans-Bredow-Institut für Rundfunk und Fernsehen an der Universität Hamburg, Baden-Baden, 1991, S. D1-D15.

AUSTIN, B. A. (1990):
Home Video - The Second-Run "Theater" of the 1990s, in: Hollywood in the Age of Television, hrsg. von Balio, T., Boston 1990, S. 319-350.

AYDIN, N./TERPSTRA, V./YAPRAK, A. (1984):
The American Challenge in International Advertising, in: JA, Vol. 13, No. 4, 1984, S. 49-59.

BAER, W. S. (1985):
Telephone and Cable Companies - Rivals or Partners
in Video Distribution, in: Video Media Competition -
Regulation, Economics, and Technology, hrsg. von
Noam, E. M., New York 1985, S. 187-213.

BAGDIKIAN, BEN H. (1990):
The Media Monopoly, 3. Aufl., Boston 1990.

BALIO, T. (1990a):
Responding to Network Television, in: Hollywood in
the Age of Television, hrsg. von Balio, T., Boston
1990, S. 3-39.

BALIO, T. (1990b):
Responding to New Television Technologies, in:
Hollywood in the Age of Television, hrsg. von Balio,
T., Boston 1990, S. 259-296.

BALLE, F. (1984):
Médias et société, 3. Aufl., Paris 1984.

BARNOUW, E. (1982):
Tube of Plenty: The Evolution of American Television,
New York 1982.

BARTLETT, C. A./DOZ, I./HEDLUND, G. (1990):
Managing the Global Firm, hrsg. von Bartlett, C.
A./Doz, I./Hedlund, G., London/New York 1990.

Bartlett, C. A./Ghoshal, S. (1987a):
Managing across Borders: New Strategic Require-
ments, in: SMR, Vol. 29, 1987, S. 7-17.

BARTLETT, C. A./GHOSHAL, SUMANTRA (1987b):
Managing across Borders: New Organizational Re-
sponses, in: SMR, Vol.29, 1/Fall 1987, S. 43-53.

BARWISE, P., UND EHRENBERG, A. (1988):
Television and its Audience, London 1988.

BECKER, J. (1985):
Activities in foreign countries and new technologies of
a transnational corporation: The example of
Bertelsmann, in: MCS, Vol.7, No. 3, 1985, S. 313-330.

BERGREEN, L.:
Look Now, Pay Later: The Rise of Network Television,
New York, 1980.

BETTIS, R. A./MAHAJAN, V. (1985):
Risk/return performance of diversified firms, in: MS,
Vol.31, No. 7, 1985, S. 785-799.

BLOCK, A. B. (1990):
Outfoxed, New York 1990.

BONNELL, R.(1989):
La vingt-cinquième image: Une economie de l'audiovisuel, Paris 1989.

BOOZ ALLEN & HAMILTON (1987):
Subscription Television: A Study for the Home Office, London 1987.

BRANSON, R. (1985):
Risk Taking, in: JoGM, Vol.11, No.2, 1985, S. 5-11.

BRAUNSCHWEIG, S./KEIDEL, H. (1991):
Strukturen der europäischen Film- und Fernsehproduktion, in: MP, 12/1991, S. 777-793.

BUCHHOLZ, A. (1990):
Privatfunk wohin? Bd.7 der medien skripten, München 1990.

BULLINGER, M. (1988):
Europäische Rundfunkordnungen im Übergang, in: Offene Rundfunkordnung - Prinzipien für den Wettbewerb im grenzüberschreitenden Rundfunk, hrsg. von Mestmäcker E.-J., Gütersloh 1988, S. 45-87.

BURGERS, W. P./HILL, C./KIM, W. C. (1993):
A theory of global strategic alliances - The case of the global auto industry, in: SMJ, Vol. 14, No. 6, 1993, S. 419-432.

BUSCOMBE, E. (1990):
Coca-Cola Satellites? Hollywood and the Deregulation of European Television, in: Hollywood in the Age of Television, hrsg. von Balio, T., Boston 1990, S. 393-416.

BUSSIEK, J.(1989):
Wie entsteht eine Unternehmensplanung?, Wiesbaden 1989.

CARROLL, P.B./ROBERTS, J.L. (1992):
IBM, Time Warner Discuss a Technology and Media Mix, in: WSJ, 30.4.1992, S. B1, B6.

CASTLEMAN, H., UND PODRAZIK, W. J. (1982):
Watching TV: Four Decades of American Television, New York 1982.

CAYROL, R. (1991):
Les médias - Presse écrite, radio, télévision, Paris 1991.

CHAKRAVARTHY, B.S. (1984):
Strategic Self-Renewal: A Planning Framework for Today, in: AMR, Vol.9, No. 3, 1984, S. 536-547.

CHANDLER, A. D. JR (1962):
Strategy and Structure: Chapters in the History of the Industrial Enterprise, Cambridge, Ma., 1962.

CHARON, J.-M. (1987):
Les médias éléctroniques, une chance pour les quotidiens francais?, in: Electronic Mass Media in Europe. Prospects and Developments - A Report from the FAST-Programme of the Commission of the European Communities, hrsg. von Bens, E./Knoche M., Dordrecht/Boston/Lancaster/ Tokyo 1987, S. 85-137.

CHATTERJEE, S. (1986):
Types of Synergy and Economic Value: The Impact of Acquisitions on Merging and Rival Firms, in: SMJ, Vol.7, No. 2, 1986, S. 119-139.

CHATTERJEE, S./WERNERFELT, B. (1991):
The Link Between Ressources and Type of Diversification: Theory and Evidence, in: SMJ, Vol.12, No. 1, 1991, S. 33-48.

CLARK, J. (1991):
Frontiers an Affront to Euro TV's Ideals, in: Var., 11.11.1991, S. 35, 38.

CLARK,J. (1992):
Penta Power Worries Italo Distribs, in: Var.v. 14.4.1992, S. 27, 30.

CLARKE, S. (1992):
Sat Booms in Britain as Pay-TV Provider, in: Var. v. 7.12.1992, S. 56.

CLEMENS, J. (1987):
Television Advertising in Europe - The Emerging Opportunities, in: CJWB, Vol.22, 1987, S. 35-42.

COLEMAN, T. (1991):
An On-Going Renaissance of Theatrical Exhibition in Europe, in: HR, 1991, International Exhibition Special Report, S. S6-S14.

COLLINS, R. (1992):
Das britische Satellitenfernsehen zu Beginn der 90er Jahre, in: MP, 2/1992, S. 116-125.

COLLINS, R. (1990):
Satellite Television in Western Europe, London 1990.

COMPAINE, B. M./STERLING, C./GUBACK, T./NOBLE, J. K.(HRSG.) (1982):
Who Owns the Media? White Plains, N.Y. 1982.

COX, M. (1992):
Sony Corp. is Said Near to Signing New Streisand Deal, in: WSJ, 12.05.1992, S. A18.

CRANE, R. J.(1979):
The Politics of International Standards - France and the Color TV War, Norwood 1979.

DAVIS, H. H. (1991):
Televisione e Cultura nazionale in Gran Bretagna, in: Le Televisioni in Europa, Turin 1991, S. 111-139.

DAVIDSON, K. (1985):
Strategic Investment Theories, in: JBS, Vol.6, 1985, S. 16-28.

DE BENS, E./KNOCHE, M. (1987):
Impact of New Communication Technologies on Media Industry in the EC-Countries. Final Report. FAST Occasional Papers No.160, Brüssel 1987.

DEMPSEY, J. (1991):
P-P-V on Verge of Big-$ Breakthrough, Special Report on Pay-per-View, in: Var., 22.7.1991, S. 47/50.

DESS, G.G./DAVIS, P.(1984):
Porter's (1980) Generic Strategies as Determinants of Strategic Group Membership and Organizational Performance, in: AMJ, Vol.27, No. 3, 1984, S. 467-488.

DICKE, K. (1989):
Eine europäische Runfunkordnung für welches Europa? in: MP, 4/1989, S. 193-199.

DITTMERS, M. (1983):
Die optimale Betriebsgröße von Rundfunkanstalten, in: Rundfunkökonomie, hrsg. von Peter Eichhorn und Achim von Loesch, Beiheft 5/1983 der Zeitschrift für öffentliche und gemeinwirtschaftliche Unternehmen, Baden-Baden 1983, S. 105-119.

DITTMERS, M. (1990):
Medienökonomische Aspekte des Wettbewerbs im dualen Rundfunksystem, in: MP, 6/1990, S. 390-403.

DONALD, W. (1992):
Advertising - International Advertising will Outpace U.S., in: S & P: Industry Surveys - Media Basic Analysis, Februar 1992, Vol. 169, No. 7, Sec. 1, S. M15-M18.

DONATON, S./McMANUS, J. (1990):
$ 50M Time-Chrysler Deal Near, in: AA, Vol.61, Nr.45,
29.10.1990, S. 1, 62.

DOUGLAS, S.P./WIND, Y. (1987)
The Myth of Globalization, in: CJWB, Winter 1987, S.
19-29.

DOZ, Y. (1986):
Strategic Management in Multinational Companies,
Oxford/New York 1986.

DUNNETT, P. (1990):
The World Television Industry - An economic
Analysis, New York 1990.

EGER, J. M. (1987):
Global Television - An Executive Overview, in: CJWB,
Vol.22, 1987, S. 5-10.

EG-KOMMISSION (1984):
Fernsehen ohne Grenzen. Grünbuch über die Errich-
tung des gemeinsamen Marktes für den Rundfunk,
insbesondere über Satellit und Kabel. Mitteilung der
Kommission an den Rat. KOM (84) 300 endg., Brüssel
1984.

EICHHORN, P. (1983):
Gegenstand und Fragestellungen der Rundfunköko-
nomie, in: Rundfunkökonomie, hrsg. von Peter
Eichhorn und Achim von Loesch, Beiheft 5/1983 der
Zeitschrift für öffentliche und gemeinwirtschaftliche
Unternehmen, Baden-Baden 1983, S. 1-7.

ELINDER, E. (1965):
How International Can European Advertising Be? in:
JM, April 1965, S. 7-11.

ELLER, C./FROOK, J. E. (1992):
'91 b.o. down, spirits up at confab, in: Var.,
19.2.1992, S. 5 und S. 33.

ELLIOTT, S. (1992a):
Perrier, Going Global - Bids Adieu to its Local Agencies, in: NYT, 30.11.92, S. D9.

ELLIOTT, S. (1992b):
Omnicom Group to Acquire Goodby, Berlin, in: NYT,
24.1.1992, S. D1/D5.

FABRIKANT, G. (1990):
Pay Cable Channels Are Losing Their Momentum, in:
NYT, 28.5.1990, S. D5.

FACIUS, G. (1992):
"Lernbedarf" in Sachen Sponsoring - Zu einem
Grundsatzurteil des Bundesgerichtshofs, in: Die Welt,
21.3.1992, S. 2.

FAUL, E. (1991):
Das Fernsehprogrammangebot im dualen Rundfunk-
wesen der Bundesrepublik Deutschland, in: Kabelfernsehen in Deutschland, hrsg. von Jäckel,
M./Schenk, M., München 1991, S. 51-92.

FLICHY, P. (1987):
Les Nouveaux Reseaux d'Images en France, in:
Electronic Mass Media in Europe. Prospects and Developments - A Report from the FAST-Programme of
the Commission of the European Communities, hrsg.
von de Bens, E./Knoche, M.,
Dordrecht/Boston/Lancaster/ Tokyo 1987, S. 3-26.

FRÉCHES, J. (1985):
La Télévision par Câble, Paris 1995.

FRANK, B./GERHARD, H. (1991):
Fernsehnutzung in den 80-er Jahren, in: Kabelfern-
sehen in Deutschland, hrsg. von Michael Jäckel und
Michael Schenk, München 1991, S. 129-145.

FRANKE, H. (1992):
Fernsehwerbung: Switcher, Hopper, Zapper, in:
Capital, 1/1992, S. 25-27.

FRICCIUS, E. (1991):
Zur Novellierung des Filmförderungsgesetzes, in: MP
12/1991, S. 806-809.

FRY, A. (1991):
The Year of European Media Revolutions, in:
Marketing, 28.03.1991, S. 25-26.

GABRIEL-BRÄUTIGAM, K. (1988):
Das Verhältnis von Rundfunkkompetenz und Fernmel-
dekompetenz in der Bundesrepublik Deutschland, in:
Offene Rundfunkordnung - Prinzipien für den Wett-
bewerb im grenzüberschreitenden Rundfunk, hrsg. von
Mestmäcker, E.-J., Gütersloh 1988, S. 103-120.

GÄLWEILER, A. (1987):
Strategische Unternehmensführung, Frankfurt
(Main)/New York 1987.

GARNHAM, N. (1987):
The Development of Transmission systems in the U.K. - A fifteen-year forecast, in: Electronic Mass Media in Europe. Prospects and Developments - A Report from the FAST-Programme of the Commission of the European Communities, hrsg. von de Bens, E./Knoche, M., Dordrecht/Boston/Lancaster/ Tokyo 1987, S. 141-151.

GELLNER, W. (1989):
Hollywood im Glottertal - Die Macher und die Nutzer europäischen Fernsehens, in: Europäisches Fernsehen - American Blend?: Fernsehmedien zwischen Amerikanisierung und Europäisierung, hrsg. von Gellner, W., Berlin 1989, S. 15-35.

GHEMAWAT, P. (1986):
Sustainable advantage, in: HBR, No. 5, 1986, S. 53-58.

GHOSHAL, S. (1987):
Global Strategy: An Organizing Framework, in: SMJ, Vol. 8, 1987, S. 425-440.

GILDER, G. (1991):
Into the Telecosm, in: HBR, No. 2, 1991, S. 150-161.

GLÄSER, M. (1987):
Nachfrageorientierte Programmressourcen-Steuerung bei Rundfunk-Unternehmen. Zur Methodik des Controlling im Rundfunk, in: Planung, Aufsicht, und Kontrolle von Rundfunk-Unternehmen, hrsg. von Florian H. Fleck, Bd. 2 der Beiträge zur Rundfunkökonomie, Stuttgart u.a. 1987, S. 121-146.

GOLDMAN, K. (1991):
CBS Takes $ 322 Million Pretax Charge On Sports Contracts, Posts Quarterly Loss, in: WSJ, 4.11.1991, S. B6.

GOMERY, D. (1985):
U.S. Film Exhibition: The Formation of a Big Business, in: The American Film Industry, hrsg. von Balio T., Madison 1985, S. 218-228.

GOMERY, D. (1990):
Building a Movie Theater Giant - The Rise of Cineplex Odeon, in: Hollywood in the Age of Television, hrsg. von Balio, T., Boston 1990, S. 377-392.

GOMES-CASSERES, B. (1989):
Joint Ventures in the Face of Global Competition, in: HBR, Vol.30, No. 3, 1989, S. 17-26.

GRASSI, G. (1991):
Study: Italians Ready for Pay-TV, in: HR, 3.9.1991, S. I-5.

GREEN, R. T./CUNNINGHAM, W. H./CUNNINGHAM I. C. M (1975):
The Effecticeness of Standardized Global Advertising,
in: JA, Vol. 4, No. 3, 1975, S. 25-30.

GREIFFENBERG, H. (1988):
Medienrechtliche und kartellrechtliche Kontrolle der
Konzentration im Rundfunk, in: Offene Rundfunkord-
nung - Prinzipien für den grenzüberschreitenden
Rundfunk, hrsg. von Mestmäcker, E.-J., Gütersloh
1988, S. 311-348.

GROVER, R. (1991):
The Disney Touch: How a daring Management Team
revived an Entertainment Empire, Homewood 1991.

GROVES, D. (1992):
Majors' Grip Slips as their Euro Share Dips, in: Var.,
27.1.1992, S. 1 und S. 71f.

GUBACK, T. (1986):
The United States Filmed Entertainment Industry: Report to the European Institute for the Media, Novem-
ber 1986.

GUILLOU, B. (1987)):
Tendances de l'audiovisuel en France à l'horizon
2000, in: Electronic Mass Media in Europe. Prospects
and Developments - A Report from the FAST-Programme of the Commission of the European Communities, hrsg. von de Bens, E./Knoche, M.,
Dordrecht/Boston/Lancaster/ Tokyo 1987, S. 27-83.

GUPTA, A. K./GOVINDARAJAN, V. (1986):
Resource sharing among SBU's - Strategic antece-
dents and administrative implications, AMJ, Vol.29,
1986, S. 695-714.

GUPTA, A. K./GOVINDARAJAN, V.(1984):
Business Unit Strategy, Managerial Characteristics,
and Business Unit Effectiveness at Strategy Implementation, in: AMJ, Vol.27, No. 1,1984, S. 25-41.

HAHN, D. (1984):
Strategische Planung, in: Strategische Unternehmensplanung - Stand und Entwicklungstendenzen,
hrsg. von Hahn, D./Taylor, B., 3., durchges. Aufl.,
Würzburg/Wien 1984, S. 19-39.

HALEFELDT, E. (1990):
Auf der Fährte der Rundfunk-Zukunft, in: MP, 5/1990,
S. 305-310.

HALL, E. H., JR./ST. JOHN, C. H. (1994):
A methodological note on divernity measurement, in:
SMJ, Vol. 15, No. 2, Februar 1994, S. 153-168.

HAMEL, G./PRAHALAD, C.K. (1985):
Do You Really Have a Global Strategy ?, in: HBR, No. 4, 1985, S. 139-148.

HAMEL, G./DOZ, Y. L./PRAHALAD, C.K. (1989):
Collaborate with Your Competitors - and Win, in: HBR, No. 1, 1989, S. 133-139.

HANSEN, E. (1992):
TV boom may bust for foreign outfits, in: Var., 23.11.1992, S. 42.

HANSEN E. (1992):
Yank Majors dominate Distribution Scene, in: Var., 14.4.1992, S. 43.

HARRIGAN, K.R. (1985a):
Vertical integration and corporate strategy, in: AMJ, Vol.28, No. 2, 1985, S. 397-425.

HARRIGAN, K. R. (1985b):
Strategies for Joint Ventures, Lexington 1985.

HARRIGAN, K.R. (1987):
Strategic Alliances: Their New Role in Global Competition, in: CJWB, Vol.22, No. 2, 1987, S. 67-70.

HARRIGAN, K. R. (1988):
Joint Ventures and Competitive Strategy, in: SMJ, Vol. 9, No. 2, 1988, S. 141-158.

HART, STUART L. (1992):
An Integrative Framework for Strategy-Making Processes, in: AMR 1992, Vol. 17, No.2, S. 327-351.

HASEBRINK, UWE:
Neue Fernsehzuschauer?, in: RuF, Nr. 2, 1990, S. 264-275.

HASPESLAGH, PHILIPPE L./JEMISON, DAVID B.:
Acquisitions - Myths and Reality, in: SMR, Vol.28, No. 2, 1987, S. 53-58.

HEARST, S. (1991):
Die neue Rundfunkgesetzgebung in Großbritannien, in: MP, 3/1991, S. 170-177.

HEARST, S. (1988):
Systemveränderung im Britischen Rundfunk: Zum White Paper der Regierung, in: MP, 12/1988, S. 775-781.

HEDLEY, B. (1984):
Strategy and the "Business Portfolio", in: Strategische Unternehmensplanung - Stand und Entwicklungstendenzen, hrsg. von Hahn,D./Taylor, B., 3. durchges. Aufl., Würzburg/Wien 1984, S. 132-143.

HENRY, J.B. (1985):
The Economics of Pay-TV Media, in: Video Media Competition - Regulation, Economics, and Technology, hrsg. von Noam, E. M., New York 1985, S. 19-55.

HENZLER, H./RALL, W. (1986):
Facing up to the globalization challenge, in: MQ, Winter 1986, S. 52-68.

HILL, C. W. L./HOSKISSON, R. E. (1987):
Strategy and Structure in the Multiproduct Firm, in: AMR, Vol.12, No. 2, 1987, S. 331-341.

HILL, C.W.L./HWANG, P./KIM, W. C. (1990):
An Eclectic Theory of the Choice of International Entry Mode, in: SMJ, Vol. 11, No. 2, 1990, S. 117-128.

HILMES, M. (1990):
Pay Television - Breaking the Broadcast Bottleneck, in: Hollywood in the Age of Television, hrsg. von Balio, T., Boston 1990, S. 297-318.

HILMES, M. (1990):
Hollywood and Broadcasting - From Radio to Cable, Urbana/Chicago 1990.

HINTERHUBER, H. H. (1989):
Strategische Unternehmensführung I, Strategisches Denken, 4., völlig neubearb. Aufl., Berlin/New York 1989.

HIRSCH, MARIO:
Die Renaissance der nationalen Medienpolitik: Stolperstein der europäischen Fernsehliberalisierung, Das Beispiel der CLT/RTL, in: RuF, Nr. 2, 1988, S. 163-173.

HOFFMANN, K. (1991):
Video - ein Übergangsmedium?, in: MP, 12/1991, S. 810-818.

HOLLINS, T. (1984):
Beyond Broadcasting: Into the Cable Age, Champaign 1984.

HOSKINS, C./MIRUS, R.(1988):
Reasons for the U.S. Dominance of the International Trade in Television Programmes, in: MCS, Vol.10, 1988, S. 499-515.

HOSKISSON, ROBERT E. (1987):
Multidivisional Structure and Performance: The Contingency of Diversification Strategy, in: AMJ 1987, Vol. 30, No. 4, S. 625-644.

HOUT, T./PORTER, M. E./RUDDEN, E. (1982):
How global companies win out, in: HBR, No. 5, 1982, S. 98-108.

HOWELL, W.J., JR. (1989):
World broadcastimg in the age of the satellite, 2. Auflage, Norwood 1989.

HUMPHREYS, P. J. (1990):
Media and Media Policy in West Germany: The Press and Broadcasting since 1945, New York/Oxford/Munich 1990.

HUO, P. Y./MCKINLEY, W. (1992):
Nation as a Context for Strategy: The Effects of National Characteristics on Business-Level Strategies, in: MIR, Vol.32, No. 2, 1992, S. 103-113.

ILOTT, T. (1993):
Multiplexing still perplexing, in: Var., 4.1.1993, S. 52.

ILOTT, T./YOUNG, D. (1992):
Yanks still fill Europe's bill, in: Var., 7.12.1992, S. 1 und 90.

ITO, YOUICHI:
Information Society Studies Today, in: Medienökonomie, hrsg. von Michael Schenk/Joachim Donnerstag, München 1989, S. 13-34.

JÄCKEL, M. (1991):
Kabelfernsehen, Programmvermehrung, private Konkurrenz - ein einleitender Überblick, in: Kabelfernsehen in Deutschland, hrsg. von Jäckel, M./Schenk, M., München 1991, S. 9-29.

JEANDOU, J. P. (1988):
Impact des nouvelles technologies sur la concurrence dans l'industrie de la télévision en Europe, Brüssel/Luxemburg 1988.

KASINDORF, JEANIE:
Payback Time. Despite a Smashing Holiday Season, There's Real Fear in Hollywood, in: NYM, 27.1.1992, S. 33-40.

KESSLER, M./SCHRAPE, K. (1990):
Fernsehmarkt Westeuropa, in: MP, 1/1990, S. 25-32.

KIEFER, M.-L. (1990):
Europa - ist das kulturelle Fernsehdilemma pro-
grammiert?, in: MP, 10/1990, S. 609-620.

KILLING, J. P. (1982):
How to make a global joint venture work, in: HBR,
Vol.60, No. 3, 1982, S. 120-127.

KIM, W.C./HWANG, P./BURGERS W. P. (1989):
Global Diversification Strategy and Corporate Profit
Performance, in: SMJ, Vol.10, 1989, S. 45-57.

KLEINSTEUBER, H. J. (1990):
Europäische Medienpolitik am Beispiel der EG-Richtlinie, in: EG-Medienpolitik: Fernsehen in Europa zwischen Kultur und Kommerz, hrsg. von Kleinsteuber, H.
J./Wiesner, V./Wilke, P., Berlin 1990, S. 35-53.

KLEINSTEUBER, H. J. (1991):
Kabel und Satellit in der westeuropäischen Techno-
logie- und Medienpolitik, in: RuF, Nr. 4, 1991, S. 506-
526.

KLINGSPORN, J. (1991):
Zur Lage der deutschen Kinowirtschaft, in: MP, 12/91,
S. 794-805.

KOFLER, G. (1989):
"Allenthalben wird noch ein Toter am Wegesrand zu
finden sein" - Komponenten und Entwicklungen des
audiovisuellen   Programmgeschäfts   in   der
Bundesrepublik Deutschland und in Europa, in: Europäisches Fernsehen - American Blend?: Fernsehmedien zwischen Amerikanisierung und Europäisierung,
hrsg. von Gellner, W., Berlin 1989, S. 53-65.

KOGUT, B. (1985a):
Designing Global Strategies - Comparative and Com-
petitive Value-Added Chains, in: SMR, Vol.26, No. 4,
Summer 1985, S. 15-26.

KOGUT, B. (1985b):
Designing Global Strategies: Profiting from Operatio-
nal Flexibility, in: SMR, No. 5, Fall 1985, S. 27-38.

KOPPER, G. G. (1982):
Medienökonomie - Mehr als "Ökonomie der Medien",
in: MP, 4/1982, S. 102-125.

KOPPER, G. G. (1991):
BBC-Finanzierungsregelungen als staatliche Rationa-
lisierungsstrategie, in: MP, 11/1991, S. 709-719.

KREIKEBAUM, H. (1989):
Strategische Unternehmensplanung, 3. neubearb. u.
erw. Aufl., Stuttgart u.a. 1989.

KREILKAMP, E. (1987):
Strategisches Management und Marketing, Berlin/New York 1987.

KRÜGER, U. M. (1990):
Werbung im Fernsehen - Angebotsformen, Tageszeiten und Produkte, in: MP, 4/1990, S. 219-240.

KRUSE, J. (1989a):
Ordnungspolitik im Rundfunk, in: Medienökonomie, hrsg. von Schenk, M./Donnerstag, J., München 1989, S. 77-109.

KRUSE, J. (1989b):
Märkte für Fernsehrechte, in: Medienökonomie, hrsg. von Schenk, M./Donnerstag, J., München 1989, S. 255-263.

KTITAREFF, M. (1994):
Télévision numérique: le grand départ, in: LEI, 1.6.1994, S. 28f.

KUHN, R. (1987):
Television in Great Britain - From Public Service to Consumer Sovereingty? in: CJWB, Vol.22, 1987, S. 11-18.

LADEUR, K.-H. (1990):
Kartellrecht und Rundfunkrecht, in: RuF, Nr. 1, 1990, S. 5-20.

LANDRO, L. (1990):
Warner Bros., Awash in Hits, Turns Out for Gala, in: WSJE, 6.6.1990, S. 5.

LANGE, B.-P. (1987):
The Evolution of Media Infrastructure in the Federal Republic of Germany, in: Electronic Mass Media in Europe. Prospects and Developments - A Report from the FAST-Programme of the Commission of the European Communities, hrsg. von de Bens, E./Knoche, M., Dordrecht/Boston/Lancaster/ Tokyo 1987, S. 183-198.

LANGE B.-P./KONERT, B. (1987):
Wirtschaftliche Entwicklung ausgewählter Großverlage, Unternehmensstrategien und das Engagement im kommerziellen Rundfunk, in: MP, 12/1987, S. 744-752.

LANZENDORF, P. (1986):
Medien von Morgen - Schöne Aussichten für die Zukunft, München 1986.

LARDNER, JAMES (1987):
Fast Forward: Hollywood, the Japanese, and the VCR Wars, New York 1987.

LAVINE, JOHN M./WACKMAN, DANIEL B.:
Managing Media Organizations, New York & London 1988.

LEARNED, E.P./CHRISTENSEN, C.R./ANDREWS, K.R./GUTH, W.D.(1965):
Business Policy: Text and Cases, Homewood, II, 1965.

LE FÉBVRE, G. (1987):
Le choc des télés, Paris 1987.

LEONTIADES, J. C. (1985):
Multinational Corporate Strategy - Planning for World Markets, Lexington, Mass./Toronto 1985.

LESCURE, P. (1994):
Message du President, in: Geschäftsbericht Canal + 1993, Paris 1994, S. 2f.

LEV, M. (1991):
Advertisers Seek Global Messages, in: NYT, 18.11.1991, S. D9.

LEVIN, G. M. (1994):
chairman's message, in: Geschäftsbericht Time Warner Inc. 1993, New York 1994, S. 2-5.

LEVY, C. (1990):
L'immagine europea della televisione - Il passagio della TV tradizionale alla neo-TV in Gran Bretagna, in: Le Televisioni in Europa, Turin 1991, S. 141-177.

LEVY, J.D./PITSCH, P.K. (1985):
Statistical Evidence of Substitutability Among Video Delivery Systems, in: Video Media Competition - Regulation, Economics, and Technology, hrsg. von Noam, E.M., New York 1985, S. 56-92.

LEWIS, J. D. (1990):
Partnerships for Profit - Structuring and Managing Strategic Alliances, New York 1990.

LEWITT, T. (1983):
The Globalization of Markets, in: HBR, No. 3, 1983, S. 92-102.

LIEB, R. (1992):
Unity reshapes TV Scene, in: Var., 23.11.1992, S. 41f.

LIEBERMAN, M.B./MONTGOMERY, D.B. (1988):
First-Mover Advantages, in: SMJ, Vol. 9, Special Issue 1988, S. 41-58.

LIPMAN, J. (1991):
Product Placement Can Be Free Lunch, in: WSJ, 25.11.1991, S. B6.

LITMAN, B. R. (1979):
The Economics of the Television Market for Theatrical
Movies, in: JC, Vol.29, Autumn 1979, S. 21-25.

LOCKSLEY, GARETH:
TV Broadcasting in Europe and the New Technologies,
S. 211 - Quote from Var., 24. Sept. 1986;
Luxembourg: Office for Official Publications of the
European Communities, 1988 .

LORANGE, P./ROOS, J. (1991):
Why Some Strategic Alliances Succed and Others
Fail, in: JBS, Vol.12, No. 1, 1991, S. 25-30.

LORANGE, P./ROOS, J. (1992):
Strategic Alliances - Formation, Implementation, and
Evolution, Cambridge, Mass./Oxford 1992.

LUDES, P. (1989):
"Amerikanisierung", "Kommerzialisierung", oder
"Modernisierung" der Fernsehmedien in der
Bundesrepublik Deutschland?, in: Europäisches
Fernsehen - American Blend?: Fernsehmedien zwi-
schen Amerikanisierung und Europäisierung, hrsg. von
Gellner, W., Berlin 1989, S. 37-52.

LUYKEN, G.-M. (1989):
Strukturen und Perspektiven der Europäischen Film-
und Fernsehindustrie, in: Europäisches Fernsehen -
American Blend?: Fernsehmedien zwischen Amerika-
nisierung und Europäisierung, hrsg. von Gellner, W.,
Berlin 1989, S. 87-94.

LUYKEN, G.-M. (1987):
Direktempfangbare Satelliten in Europa - Gegenwärti-
ger Stand und zukünftige Entwicklung, in: MP,
10/1987, S. 615-629.

MACDONALD, J. FRED:
One Nation Under Television: The Rise and Decline of
Network TV, New York 1990.

MARICH, R. (1991):
Pay TV "Breakout" Overseas: Film Sales Up at 15%
Annual Rate, in: HR, 17.9.1991, S. 1/59.

MARIET, F. (1990):
La Télévision Américaine - Médias, Marketing et
Publicité, Paris 1990.

MARIN, R. (1992):
   The Stepford Channel, in: NYT, 4.10.1992, Section 9,
   S. 1,2 und 11.

MARKIDES, C. C. (1992):
   Consequences of Corporate Refocusing: EX Ante Evidence, in: The AMJ 1992, Vol.35, No.2, S. 398-412.

MARKOWITZ, H. M. (1959):
   Portfolio Selection. Efficient Diversification of In-
   vestments, New York/London 1959.

MCBRIDE, J. (1991):
   Boxing is Medium's undisputed Champ, in: Var.,
   22.7.1991, Special Report on Pay-per-View, S. 47/52.

MCCONAGLE JR., JOHN J. (1992):
   Time-Warner Epilogue: A Legal Shield for Strategig
   Plans, in: M & A 1992, Vol. 26, No. 5, S. 28-32.

MCQUAIL, D./SIUNE, K. (HRSG.)(1986):
   New Media Politics: Comparative Perspectives in
   Western Europe, London 1986.

MEINEL, W. (1988):
   Das italienische Fernsehduopol - Grundlagen und
   Ausprägung, in: RuF, Nr. 2, 1988, S. 220-228.

MEISE, M. (1992):
   Zur Situation des französischen Fernsehens, in: MP,
   4/1992, S. 236-255.

MELODY, W. H. (1988):
   Paneuropäisches Fernsehen: Kommerzielle und kulturelle Implikationen europäischer Satellitenprogramme,
   in: RuF, Nr. 2, 1988, S. 149-162.

MESTMÄCKER, E.-J.(1988):
   Wege zur Rundfunkfreiheit in Europa, in: Offene
   Rundfunkordnung -Prinzipien für den Wettbewerb im
   grenzüberschreitenden Rundfunk, hrsg. von Ernst-
   Joachim Mestmäcker, Gütersloh 1988, S. 9-45.

MINTZBERG, H. (1987a):
   The Strategy Concept I: Five Ps For Strategy, in:
   CMR, Fall 1987, S. 11-24.

MINTZBERG, H. (1987b):
   Crafting strategy, in: HBR, No. 4, 1987, S. 66-75.

MINTZBERG, H. (1990):
   The Design School: Reconsidering the basic Premises
   of Strategic Management, in: SMJ, Vol. 11, 1990, S.
   171-195.

MIRACLE, G. E. (1966):
Management of International Advertising, Ann Arbor, Mi., 1966.

MISSION TV CABLE (HRSG.) (1986):
Le Cable: La télévision au pluriel. De A à Z toutes les réponses à vos questions, Paris 1986.

MOHR, I./SPEKMANN, R. (1994):
Characteristics of partnership success - Partnership attributes, communication behaviour, and conflict resolution techniques, in: SMJ, Vol. 15, Nr. 2, 1994, S. 135-152.

MONTGOMERY, C. A./SINGH, H. (1984):
Diversification strategy and systematic risk, in: SMJ, Vol.5, 1984, S. 181-191.

MÜLLER-RÖMER, F. (1991):
Rundfunkversorgung (Hörfunk und Fernsehen) - Verbreitung von Rundfunkprogrammen und neue Rundfunkdienste, in: Internationales Handbuch für Rundfunk und Fernsehen 1992, hrsg. vom Hans-Bredow-Institut für Rundfunk und Fernsehen an der Universität Hamburg, Baden-Baden 1991, S.A125-A156.

MURDOCK, G. (1992):
Ausverkauf des Familiensilbers - Das kommerzielle Fernsehen in Großbritannien nach der Lizenzauktion, in: MP, 4/1992, S. 222-235.

MURRAY, A.I. (1988):
A Contingency View of Porter`s "Generic Strategies", in: AMR, Vol. 13, No. 3, 1988, S. 390-400.

MUZIK, P. (1990):
Die Medienmultis, 2. Auflage, Wien 1990.

NATALE, R. (1991):
Look who's hawking: Vid Vendors big spenders, in: Var., 22.7.1991, S. 1 und S. 77.

NATALE, R.(1992):
The Pay-Per Chase for Film & B'Way Preems, in: Var., 24.2.1992, S. 1/271.

NEGRINE, R./PAPATHANASSOPOULOS, S. (1990):
The Internationalisation of Television, London 1990.

NEGRINE, R., (HRSG.)(1988):
Satellite Broadcasting: The Political Implications of the New Media, London 1988.

NEUSCHWANDER, C./CHARPENTIER, J. M./CARLES, G./MARGERIE, G. DE/DOUSSET, O. (1986):
La communication dans tous ses états, Paris 1986.

NICKEL, V. (1991):
Wandel am Werbemarkt. Kritischere Verbraucher und Medienvielfalt, in: FAZ, Blick durch die Wirtschaft, 10.4.1991, S. 7.

NOAM, E. M. (1985):
Economies of Scale in Cable Television: A Multiproduct Analysis, in: Video Media Competition: Regulation, Economics, and Technology, hrsg. von Noam, E. M., New York 1985, S. 93-120.

NOAM, E. M. (1987):
Broadcasting in Italy - An Overview, in: CJWB, Vol.22, 1987, S. 19-26.

NOAM, E. M. (1991):
Television in Europe, New York 1991.

NOHRIA, N./GARCIA-PONT, C. (1991):
Global Strategic Linkages and Industry Structure, in: SMJ, Vol. 12, Summer Special, 1991, S. 105-124.

o.V. (1991a):
Saatchi & Saatchi-Studie über die Medien-Milliarden, in: HB, 27.3.1991, S. 4

o.V. (1991b):
M & A Almanac 1991, in: M & A, Vol. 26, No. 6, 1991, S. 37-61.

o.V. (1992a):
Kaufkassetten sorgen für Wachstum am Videomarkt, in: FAZ, 25.3.1992, S. 11.

o.V. (1992b):
Zehn Millionen Haushalte haben Kabelanschluß, in: FR, 25.3.1992a), S. 4.

o.V. (1994):
report - Der Medien-Informationsdienst, 9/1994, S. 1-6.

OHMAE, K. (1982):
The Mind of the Strategist, New York 1982.

OHMAE, K. (1985):
Triad Power: The Coming Shape of Global Competition, New York 1985.

OHMAE, K. (1988):
Getting Back to Strategy, in: HBR, No. 6,.1988, S. 149-156.

OHMAE, K. (1990):
The Borderless World: Power and Strategy in the interlinked Economy, New York 1990.

ONKVISIT, S./SHAW, J. J. (1987):
Standardized international Advertising - A Review and
Critical Evaluation of the Theoretical and Empirical
Evidence, in: CJWB, Vol.22, 1987, S. 43-56.

OSBORN, R. N./BAUGHN, C. C. (1990):
Forms of interorganizational Governance for multinational Alliances, in: AMJ, Vol. 33, No. 3, 1990, S. 503-
519.

OWEN, B. M./WILDMAN, S. S. (1992):
Video Economics, Cambridge, Mass./London 1992.

PADIOLEAU, J G. (1987):
The management of communications, in: MCS, Vol.9,
No. 3, 1987, S. 291-300.

PAEFGEN, T. C. (1984):
Globales und Euro-Marketing: eine juristische Quer-
schnittsanalyse grenzüberschreitender Werbung,
Baden-Baden 1989.

PALEPU, K. (1985):
Diversification strategy, profit performance, and the
entropy measure, in: SMJ, Vol.6, 1985, S. 239-255.

PEACOCK, A. (1986):
The Report of the Committee on Financing the BBC
(The Peacock Report), London 1986.

PEASEY, J. (1989):
Der Markt für Fernsehprogramme in Westeuropa 1988-
1998, in: MP, 8/1989, S. 481-489.

PEEBLES, D. M./RYANS, J. K. JR./VERNON, I. R. (1978):
Coordinating International Advertising, in: JM, Januar
1978, S. 28-34.

PERLMUTTER, H. V./HEENAN, D. H. (1986):
Cooperate to compete globally, in: HBR, Vol 64, No.
2, 1986, S. 136-152.

PETERS, B. (1990):
Fernsehen in Europa. Die Bedeutung für Wirtschaft
und Arbeitsmarkt, in: EG-Medienpolitik: Fernsehen in
Europa zwischen Kultur und Kommerz, hrsg. von
Kleinsteuber, H. J./Wiesner, V./Wilke, P., Berlin
1990, S. 55-95.

PICARD, R. G. (1989):
Media Economics - Concepts and Issues, Newbury
Park, Cal./London/New Delhi 1989.

PORTER, M. (1980):
Competitive Strategy, New York 1980.

PORTER, M. (1985):
Competitive Advantage, New York 1985.

PORTER, M. E. (1986):
Changing Patterns of International Competition, in:
CMR, Vol.28, No. 2, 1986, S. 9-40.

PORTER, M. E. (1987):
From competitive advantage to corporate strategy, in:
HBR, No. 3, 1987, S. 43-59.

PRAHALAD, C.K./BETTIS, R. A. (1986):
The dominant logic: a new linkage between diversity
and performance, in: SMJ, Vol.7, 1986, S. 485-501.

PRETZSCH, D. (1991):
Werbefernsehboom hält an, in: MP, 3/1991, S. 147-
160.

PRODOEHL, H. G. (1990):
Das Verfahren zur Festlegung der Runkfunkgebühr -
Probleme und Perspektiven, in: MP, 6/1990, S. 378-
389.

PTACEK, G. (1991):
The Theatrical Wave of the Future - U.S. Companies
Are Seeking Opportunities in International Exhibition,
in: HR, International Exhibition Special Report, 1991,
S.S1-S4.

PÜMPIN, C. (1986):
Management strategischer Erfolgspositionen, 3.,
überarb. Aufl., Bern/Stuttgart 1986.

PURUSHOTHAMAN, S. (1992):
Walt Disney Sets a Eurobond Issue Tied to Film Results, in: WSJ, 12.10.1992, S. C11.

QUELCH, J. A./HOFF, E. J (1986):
Customizing Global Marketing, in: HBR, No. 3, 1986,
S. 59-68.

RAMANUJAM, V./VARADARAJAN, P. (1989):
Research on Corporate Diversification: A Synthesis,
in: SMJ, Vol. 10, 1989, S. 523-551.

RAUEN, B. (1990):
Italien: Kartellbildung von Medien und Industrie, in:
MP, 3/1990, S. 156-174.

RAWSTHORN, A. (1990):
Media Buying in Europe. Leaping from the Shadow, in:
FT, 24.5.1990, S. 8.

RICHERI, G. (1987):
Impact of New Communication Technologies in the Media Industry in Italy, in: Electronic Mass Media in Europe. Prospects and Developments - A Report from the FAST-Programme of the Commission of the European Communities, hrsg. von de Bens, E./Knoche, M., Dordrecht/Boston/Lancaster/ Tokyo 1987, S. 441-464.

RIDDER, C.-M. (1989):
Strukturen der amerikanischen Programmindustrie und des Marktes für Fernsehprogramme, in: Europäisches Fernsehen - American Blend?: Fernsehmedien zwischen Amerikanisierung und Europäisierung, hrsg. von Gellner, W., Berlin 1989, S. 95-107.

RIDDER-AAB, C.-M. (1988):
Der Werbemarkt der Zukunft, in: MP, 4/1988, S. 185-197.

RIESENBECK, H./FREELING A. (1991):
How global are global brands? in: MQ, No. 4, 1991, S. 4-18.

RING, P. S./VAN DE VEN, A. H. (1992):
Structuring cooperative Relationships between Organizations, in: SMJ, Vol. 13, No. 7, 1992, S. 438-498.

ROBIN, J. A. (1993):
Organization as strategy - Restructuring production in the film industry, in: SMJ, Vol. 14, (Special issue), Summer 1993, S. 103-118.

RONNEBERGER, F. (1991):
Medienpolitischer Regelungsbedarf im Wandel - Entscheidungen und Gestaltungsfelder, in: Kabelfernsehen in Deutschland, hrsg. von Jäckel, M./Schenk, M., München 1991, S. 31-50.

RÖPER, H. (1991):
Formationen deutscher Medienmultis 1991, in: MP, 1/92, S. 2-23.

ROSEN, B. N./BODDEWYN, J. J./LOUIS, E. A. (1988):
Participation By U.S. Agencies in International Brand Advertising: An Empirical Study, in: JA, Vol. 17, No. 4, 1988, S. 14-22.

RUMELT, R. P. (1974):
Strategy, Structure, and Economic Performance, Boston 1974.

RUMELT, R. P. (1982):
Diversification Strategy and Profitability, in: SMJ, Vol. 3, 1982, No. 10, S. 359-369.

SALTER, M. S./WEINHOLD, W. A. (1979):
Diversification through Acquisition. Strategies for Creating Economic Value, London 1979.

SAUER, U. (1991):
Auswirkungen des neuen Mediengesetzes in Italien, in: MP, 3/1991, S. 161-169.

SCHARF, A. (1986):
Zukunftsaspekte des Rundfunks in Europa, in: Zukunftsaspekte des Rundfunks: kommunikationspol. und ökonom. Beiträge, hrsg. von Florian H. Fleck, Stuttgart u.a. 1986, S. 59-72.

SCHENK, M. (1989):
Einführung in die Medienökonomie, in: Medienökonomie, hrsg. von Schenk, M./Donnerstag, J., München 1989, S. 3-11.

SCHILLACI, C. E. (1987):
Designing Successful Joint Ventures, in: JBS, Vol.8, Nr. 2, Fall 1987, S. 59-63.

SCHILLER, H. I. (1988):
Disney, Dallas und der elektronische Informationsfluß, in: MP, 12/1988, S. 782-796.

SCHMIDT, H. (1989):
Amerika vs. Europa? Die Frage anders stellen, in: Europäisches Fernsehen - American Blend?: Fernsehmedien zwischen Amerikanisierung und Europäisierung, hrsg. von Winand Gellner, Berlin 1989, S. 77-81.

SCHRAPE, K./KESSLER, M. (1989):
Film - Fernsehen - Video, Programmbedarf bis zum Jahr 2000, in: Medienökonomie, hrsg. von Schenk, M./Donnerstag, J., München 1989, S. 265-283.

SCHULER-HARMS, M. (1991):
Das Rundfunksystem der Bundesrepublik Deutschland, in: Internationales Handbuch für Rundfunk und Fernsehen 1992, hrsg. vom Hans-Bredow-Institut für Rundfunk und Fernsehen an der Universität Hamburg, Baden-Baden 1991, S. A64-A84.

SCHULZ, F. F. (1990):
Konzentrationstrend in Frankreichs Medienlandschaft, in: MP, 3/1990, S. 175-193.

SEEGER, P. (1991):
Elektronische Textmedien - Bildschirmtext und Videotext, in: Internationales Handbuch für Rundfunk und Fernsehen 1992, hrsg. vom Hans-Bredow-Institut für Rundfunk und Fernsehen an der Universität Hamburg, Baden-Baden 1991, S. A157-A162.

SEPSTRUP, P. (1984):
Implications of Current Developments in West European Broadcasting, in: MCS, No. 11, 1989, S. 29-54.

SEUFERT, W. (1991):
Zur medienökonomischen Entwicklung in den 80er Jahren, in: Kabelfernsehen in Deutschland, hrsg. von Jäckel, M./Schenk, M., München 1991, S. 91-107.

SHAN, W./HAMILTON, W. (1991):
Country Specific Advantage and International Cooperation, in: SMJ, Vol.12, No. 6, 1991, S. 419-432.

SHAPIRO, E. (1992):
Blockbuster Agrees to Buy Music Store Chain, in: NYT, 20.10.1992, S. D3.

SIEBEN, G./OSSADNIK, W./WACHTER, A. (1988):
Planung für öffentlich-rechtliche Rundfunkanstalten, Bd. 115 der Schriften zur öffentlichen Verwaltung und öffentlichen Wirtschaft, Baden-Baden 1988.

SIEBEN, G./SIELAFF, M., HRSG. (1989):
Unternehmensakquisiton. Bericht des Arbeitskreises 'Unternehmensakquisition' der Schmalenbach-Gesellschafft - Deutsche Gesellschaft für Betriebswirtschaft e. V., Stuttgart 1989.

SIEGMUND, J. E. (1991):
Entertainment, in: US Industrial Outlook 1992, hrsg. von U.S. Department of Commerce, International Trade Administration, Washington 1991, S. 31-1 - 31-3.

SIMMONDS, P. G. (1990):
The combined Diversification Breadth and Mode Dimensions and the Performance of large diversified Firms, in: SMJ, Vol. 11, No. 5, 1990, S. 399-410.

SONNENBERG, U. (1990):
Programmangebote und Programmproduktion in den Ländern der Europäischen Gemeinschaft, in: EG-Medienpolitik: Fernsehen in Europa zwischen Kultur und Kommerz, hrsg. von Kleinsteuber, H. J./Wiesner, V./Wilke, P., Berlin 1990, S. 97-124.

STANDARD & POOR'S (1992):
Industry Surveys - Media Basic Analysis, Februar 1992, Vol. 169, No. 7, Sec. 1, M15-M46.

STEINBACH, J. (1990):
Werbewachstum ungleich verteilt, in: MP, 4/1990, S. 201-212.

277

STOFFERS, K.-D. (1991):
Verminderte Werbewirkung von Fernsehfilmen befürchtet, in: FAZ, Blick durch die Wirtschaft, 3.5.1991, S. 7.

STOLTE, D. (1989):
Europa im Medien-Monopoly? in: Medien-Monopoly, hrsg. von Ungureit, H., Mainz 1989, S. 11-20.

STORCK, M. (1992):
Werbefernsehboom - ein Geschäft für die Privatsender, in: MP, 3/1992, S. 158-171.

STRATEGOR, HRSG. (1988):
Strategie, Structure, Décision, Identité, Paris 1988.

TEECE, D. J. (1980):
Economies of Scope and the Scope of the Enterprise, in: JEBO, Vol. 1, No. 1, 1980, S. 223-247.

THEUNE, K. (1988):
Werbemarktentwicklung in Frankreich, in: MP, 4/1988, S. 208-213.

TONNEMACHER, J. (1987):
Future Trends of the Electronic Textmedia in West-Germany, in: Electronic Mass Media in Europe. Prospects and Developments - A Report from the FAST-Programme of the Commission of the European Communities, hrsg. von de Bens, E./Knoche, M., Dordrecht/Boston/Lancaster/ Tokyo 1987, S. 199-215.

TRACY, M. (1987):
Europe's TV Audiences - What will they really watch? in: CJWB, Vol.22, 1987, S. 77-85.

TUNSTALL, J. (1983):
The Media are American, London 1983.

TUNSTALL, J. (1987):
Impact of New Communication Technologies on Media Industry in the European Community: Audi-Visuel Media in Britain, in: Electronic Mass Media in Europe. Prospects and Developments - A Report from the FAST-Programme of the Commission of the European Communities, hrsg. von de Bens, E./Knoche, M., Dordrecht/Boston/Lancaster/ Tokyo 1987, S. 153-179.

TUROW, J. (1992):
Media Systems in Society - Understanding Industries, Strategies, and Power, New York, London 1992.

TYDEMAN, J./KELM, E. J (1986).:
New Media in Europe: Satellites, Cable, VCR's and Videotext, New York 1986.

VARADARAJAN, P. R./CLARK, T./PRIDE, W.M. (1992):
Controlling the Uncontrollable: Managing Your Market
Environment, in: SMR, No. 2, 1992, S. 39-47.

VERONIS/SUHLER & ASSOCIATES (1993):
Communications Industry Forecast - Historical and
Projected Expenditures for 9 Industry Segments, hrsg.
von Veronis, Suhler & Associates, New York 1993.

VIACOM INC. AND PARAMOUNT COMMUNICATIONS INC. (1994):
Joint Proxy Statement/Prospectus, Wilmington
Delaware, 6.6.1994.

VIANELLO, R. (1984):
The Rise of the Telefilm and the Networks' Hegemony
Over the Motion Picture Industry, in: QRFS, Vol.9,
Summer 1984, S. 204-218.

VOGEL, H. L. (1990):
Entertainment Industry Economics - A Guide for Financial Analysis, 2. Aufl., Cambridge 1990.

WAGNER, CHRISTOPH:
Konzentrationskontrolle im privaten Rundfunk, in:
RuF, Nr. 2, 1990, S. 165-182.

WALTERS, P. G. P. (1986):
International Marketing Policy: A Discussion of the
Standardization Construct and Its Relevance for Cor-
porate Policy, in: JIBS, Vol.17, No. 2, Summer 1986,
S. 55-69.

WATERMAN, D. (1985):
Prerecorded Home Video an the Distribution of Thea-
trical Feature Films, in: Video Media Competition -
Regulation, Economics, and Technology, hrsg. von
Noam, E. M., New York 1985, S. 221-243.

WATSON, G. (1992):
Sell-Through Salvation, in: Var., 16.11.1992, S. 57,
60.

WEDELL, G./LUYKEN, G.-M. (1986):
Media in Competition, Manchester 1986.

WENGER, K. (1988):
Kommunikation und Medien in der Bundesrepublik
Deutschland, München 1988.

WERNERFELT, B./MONTGOMERY, C.A. (1986):
What is an attractive industry ? in: MS, Vol.32, 1986,
S. 1223-1230.

WERNERFELT, B./KARNANI, A. (1989):
Competitive Strategy under Uncertainty, in: SMJ, Vol. 8, 1987, S. 187-194.

WHEELER, D. (1992):
The Euopean Media Industry: Consolidation in the Mass Communications Market, in: AM, Januar 1992, S. 53-57.

WHITE, L. J. (1985):
Antitrust and Video Markets - The Merger of Showtime and The Movie Channel as a Case Study, in: Video Media Competition - Regulation, Economics, and Technology, hrsg. von Noam, E. M., New York 1985, S. 338-363.

WIEDEMANN, V. (1988):
Der Zugang zum Rundfunk in Großbritannien, in: Offene Rundfunkordnung - Prinzipien für den Wettbewerb im grenzüberschreitenden Rundfunk, hrsg. von Mestmäcker, E.-J., Gütersloh 1988, S. 89-102.

WILD, C. (1991):
Tendenzen in der Videonutzung, in: MP, 12/1991, S. 819-829.

WILDE, G. (1992):
Der Markt für Fernsehprogramme in Westeuropa 1990 bis 2000, in: MP, 2/1992, S. 108-115.

WILDMAN, S. S./SIWEK, S. E. (1987):
The Privatization of European Television: Effects on International Markets for Programs, in: CJWB, Vol.22, No. 3, Fall 1987, S. 71-76.

WILKE, P. (1990):
Medienmarkt Europa. Ein vergleichender Überblick, in: EG-Medienpolitik - Fernsehen in Europa zwischen Kultur und Kommerz, hrsg. von Kleinsteuber, H. J./Wiesner, V./Wilke, P., Berlin 1990, S. 7-34.

WILLIAMS, A. (1985):
Italy - The Advent of Private Broadcasting, in: The Politics of Broadcasting, hrsg. von Kuhn, R., Kent 1985.

WILLIAMS, M. (1992):
French Resistance: Growth Going Slow ?, in: Var., 07.12.1992, S. 56.

WINRAM, S. (1984):
The Opportunity for World Brands, in: International JA, No. 3, 1984, S. 17-26.

WIRTH, M. O./BLOCH, H. (1985):
The Broadcasters - The Future Role of Local Stations and the Three Networks, in: Video Media Competition - Regulation, Economics, and Technology, hrsg. von Noam, E. M., New York 1985, S. 121-137.

WÖSTE, M. (1991):
Aufwendungen des Fernsehens für Leistungen der Filmwirtschaft 1989/90, in: MP, 12/1991, S. 769-776.

WOODBURY, J. R. (1985):
Comment - Welfare Analysis and the Video Marketplace, in: Video Media Competition - Regulation, Economics, and Technology, hrsg. von Noam, E. M., New York 1985, S. 274-282.

YAO, D.A. (1988):
Beyond the Reach uf the Invisible Hand: Impediments to Economic Activity, Market Failures, and Profitability, in: SMJ, Vol. 9, Special Issue 1988, S. 59-70.

YIP, G. S. (1982):
Diversification Entry: Internal Development versus Acquisition, in: SMJ, Vol. 3, No. 10, 1982,S. 331-345.

YIP, G. S. (1989):
Global Strategy...In a a World of Nations?, in: SMR, Vol. 31, No. 1, 1989, S. 29-40.

YIP, G. S. (1992):
Total Global Strategy - Managing for Worldwide Competitive Advantage, Englewood Cliffs 1992.

YOUNG, D. (1992a):
Funds drying up for Italo producers, in: Var., 5.10.1992, S. 33f.

YOUNG, D. (1992b):
Showbiz Tightens Its Belt, in: Var., 07.12.1992, S. 63, 68.

ZAJAC, E. J./BAZERMAN, M.H. (1991):
Blind Spots in Industry and Competitor Analysis: Implications of Interfirm (Mis)perceptions for Strategic Decisions, in: AMR, Vol. 16, No.1, 1991, S. 37-56.

ZIELINSKI, S. (1989):
HIVision, HDTV, Advanced Television..., in: MP, 7/1989, S. 389ff.

ZIMMER, J. (1989):
"Europäisches" Fernsehen - Programme, Probleme und Perspektiven, in: Europäisches Fernsehen - American Blend?: Fernsehmedien zwischen Amerikanisierung und Europäisierung, hrsg. von Gellner, W., Berlin 1989, S. 121-134.

ZOHLNHÖFER, W. (1989):
Zur Ökonomie des Pressewesens in der Bundesrepublik Deutschland, in: Medienökonomie, hrsg. von Schenk, M./Donnerstag, J., München 1989, S. 35-75.

SONSTIGE QUELLEN:

Geschäftsberichte

SEC reports, Form 10-K

SEC reports, Form 20-F

Analysen von Investmentbanken

RECHTLICHE VORSCHRIFTEN UND ENTSCHEIDUNGEN:

Richtlinie des Rates der Europäischen Gemeinschaften zur Koordinierung bestimmter Rechts- und Verwaltungsvorschriften der Mitgliedstaaten über die Ausübung der Fernsehtätigkeit, Nr. Kommissionsvorschlag: 7037189ETS44PI431, Com (89) 247 Syn 52, Luxemburg 1991.

Staatsvertrag über den Rundfunk im vereinten Deutschland vom 31. August 1991, abgedruckt in RuF, 39. Jg., Nr. 4, 1991.

Urteil des Bundesverfassungsgerichts 1 BVF 1/84 vom 4.11.1986, BverfGE 73, S. 159-169

EUROPÄISCHES
MEDIENINSTITUT e.V.

Aus unserem Programm

Franz Bedacht
Global Sourcing
Analyse und Konzeption der internationalen Beschaffung
1995. XVIII, 210 Seiten, Broschur DM 89,-/ ÖS 694,-/ SFr 89,-
GABLER EDITION WISSENSCHAFT
"Markt- und Unternehmensentwicklung", hrsg. v. Prof. Dr. Arnold Picot und
Prof. Dr. Dr. h.c. Ralf Reichwald
ISBN 3-8244-6192-7
F. Bedacht untersucht auf der Basis einer empirischen Studie, wie ein Global-
Sourcing-Konzept gestaltet werden kann, das an den spezifischen Rahmen-
bedingungen der Branche ausgerichtet und unternehmensindividuell ange-
paßt ist.

Michael Conen
Tonträgermarketing
Marktdynamik und Anpassungsmanagement
1995. XVI, 275 Seiten, 39 Abb., Broschur DM 98,-/ ÖS 725,-/ SFr 92,-
ISBN 3-8244-0258-0
Der Tonträgermarkt ist durch hohe Komplexität, Dynamik und Unberechen-
barkeit durch mangelnde Marktinformationen gekennzeichnet.Der zentrale
Ansatz dieser Arbeit besteht daher in einem Konzept zur Verbesserung der
Marktinformationen.

Thomas Goette
Standortpolitik internationaler Unternehmen
1994. XXVI, 374 Seiten, 57 Abb., 18 Tab.,
Broschur DM 118,-/ ÖS 921,-/ SFr 118,-
ISBN 3-8244-0205-X
Ein fundierter und überprüfbarer Rahmen für Standortentscheidungen inter-
nationaler Unternehmungen. Spezielles Augenmerk legt der Verfasser auf die
Entwicklung eines gedanklichen Konzeptes für den neuen Standort im Vorfeld
der Auswahlentscheidung.

Britta Lenders
Kultur des Managements im Kulturmanagement
1995. XVI, 206 Seiten, 7 Tab., Broschur DM 89,-/ ÖS 694,-/ SFr 89,-
ISBN 3-8244-0248-3
Ausgehend von verschiedenen Diskussionsbeiträgen von Praktikern und Wis-
senschaftlern zum Thema Kulturmanagement wird mit dem Ansatz der
Rekonstruktion der Praxis der Bedarf nach Veränderungen des betriebenen
Kulturmanagements aufgezeigt.

DUV Deutscher Universitäts Verlag _____
GABLER · VIEWEG · WESTDEUTSCHER VERLAG

Corinna zur Nedden
Internationalisierung und Organisation
Konzepte für die international tätige Unternehmung mit Differenzierungs-
strategie
1994. XVIII, 351 Seiten, Broschur DM 118,-/ ÖS 921,-/ SFr 118,-
GABLER EDITION WISSENSCHAFT
ISBN 3-8244-6098-X
Das Buch stellt einen organisatorischen Gestaltungsrahmen vor, mit dessen
Hilfe in international tätigen Unternehmungen sowohl neue als auch bislang
eingesetzte Koordinations- und Motivationskonzepte überprüft werden kön-
nen.

Ingo Stein
Motive für internationale Unternehmensakquisitionen
1992. XVIII, 338 Seiten, 35 Abb., 12 Tab.,
Broschur DM 98,-/ ÖS 765,-/ SFr 98,-
ISBN 3-8244-0130-4
Für das Zustandekommen von internationalen Unternehmensakquisitionen
gibt es eine Vielzahl von Erklärungen, die in dieser Arbeit in einem Aussage-
system integriert werden.

Jan Weber
**Modulare Organisationsstrukturen internationaler Unternehmens-
netzwerke**
1995. XIII, 277 Seiten, Broschur DM 98,-/ ÖS 756,-/ SFr 98,-
GABLER EDITION WISSENSCHAFT
ISBN 3-8244-6191-9
Durch eine Typologie, die von den drei grundsätzlichen Internationalisie-
rungsmotiven Ressourcen-, Markt- und Technologieorientierung ausgeht, gibt
der Autor konkrete, empirisch fundierte Gestaltungsempfehlungen.

Die Bücher erhalten Sie in Ihrer Buchhandlung!
Unser Verlagsverzeichnis können Sie anfordern bei:

Deutscher Universitäts-Verlag
Postfach 30 09 44
51338 Leverkusen